ليوتار

والوضع ما بعد الحداثي

الفكر المعاصر

سلسلة أوراق فلسفية

ليوتار
والوضع ما بعد الحداثي

تحرير: د. أحمد عبد الحليم عطية

دار الفارابي

الكتاب: ليوتار: والوضع ما بعد الحداثي

تحرير: د. أحمد عبد الحليم عطية

الغلاف: فارس غصوب

الناشر: دار الفارابي ـ بيروت ـ لبنان

ت: 301461(01) ـ فاكس: 307775(01)

ص.ب: 3181/ 11 ـ الرمز البريدي: 2130 1107

e-mail: info@dar-alfarabi.com

www.dar-alfarabi.com

الطبعة الأولى 2011

ISBN: 978-9953-71-523-0

القسم الأول

ليوتار والوضع ما بعد الحداثي

ليوتار وما بعد الحداثة^(*)

أحمد أبو زيد^(**)

في الرابع عشر من تشرين أول/ أكتوبر عام 1979 نشر الكاتب الصحفي الفرنسي كريستيان دوكان في جريدة «لوموند» الفرنسية نص حديث أجراه مع المفكر الفرنسي جان فرنسوا ليوتار الذي كان يعمل في ذلك الحين أستاذاً بجامعة باريس الثامنة، والذي يعتبر رائداً لحركة ما بعد الحداثة في فرنسا. وكان الحديث يدور حول الملامح الأساسية لتفكير ليوتار وآرائه في الحياة والثقافة والمجتمع، وارتياده لحركة ما بعد الحداثة، وإسهامه في تلك الحركة، ومدى تقبل الفكر العالمي لها.

وقد لاحظ ليوتار في بداية الحديث أن العالم يمر بمرحلة تتميز بما أسماه «الانفجار الاتصالي عن بعد». وأنه يشهد تفكك

_____

(*) نشرت في مجلة العربي الكويتية، يناير 2001.
(**) أستاذ الأنثروبولوجيا بجامعة الإسكندرية.

9

المذاهب والنظريات والاتجاهات الفكرية الكبرى في المعرفة الأدبية والعلمية، ويعاني من غياب أو اختفاء أنساق المعتقدات التي توجه الإنسان في تفكيره وقيمه وسلوكياته وعلاقاته بالآخرين، وأن هذه المظاهر كلها تعتبر أهم العناصر التي تميز فترة أو مرحلة أو حتى حالة «ما بعد الحداثة».

وقد اعترف ليوتار في بداية المقابلة بأنه استعار مصطلح «ما بعد الحداثة» من الفكر الأميركي لكي يصف حالة الثقافة في الوقت الراهن، وذلك على اعتبار أن المجتمعات «الحديثة» وهي التي بدأت في الظهور بعد نهاية العصور الوسطى؛ مجتمعات تربط خطاب الصدق وخطاب العدالة بعدد من «القصص» أو الحكايات التاريخية الكبرى وذلك على العكس من مرحلة ما بعد الحداثة التي نمر بها الآن، فإنها تفتقر إلى مشروعية ما هو صادق وما هو عادل، وأن ذلك هو الذي أدى إلى ظهور واستفحال الحركة الإرهابية، كما دفع الكثيرين إلى اعتناق الستالينية والمادية وما إليهما، وإلى تعرض رأس المال والرأسمالية إلى أزمة حقيقية طاحنة، كما أن التقدم يلاقي كثيراً من الصعوبات، بحيث يكاد يتوقف تماماً أو حتى ينحسر وينتكس إلى الوراء. ثم يردف ذلك بقوله: إن الأزمة ليست في واقع الأمر مجرد أزمة ارتفاع أسعار البترول ـ كان ذلك في عام 1979 ـ إنما هي أزمة القصص والحكايات الكبرى ذاتها.

وهذه العبارات المستمدة من الحديث تكشف لنا عن نمط التفكير الذي يسود في كثير من الكتابات في فرنسا وأميركا خلال العقدين الماضيين، وهو نموذج لفكر ما بعد الحداثة الذي يثير

حوله كثيراً من الحماسة والتأييد، كما يثير كثيراً من النقد، بل والسخرية في بعض الأحيان.

ولم يتفق المفكرون بعد على تعريف واحد واضح لما بعد الحداثة، ولكن الفكرة الأساسية وراء ذلك المفهوم تقوم على الاعتقاد بأن أساليب العالم الغربي في الرؤية والمعرفة والتعبير، طرأ عليها في السنوات الأخيرة تغير جذري نجم ـ في الأغلب ـ عن التقدم الهائل في وسائل الإعلام والاتصال والتواصل الجماهيري وتطور نظم المعلومات في العالم ككل، مما يترتب عليه حدوث تغيرات في اقتصاديات العالم الغربي التي تعتمد على التصنيع، وازدياد الميل إلى الانصراف عن هذا النمط من الحياة الاقتصادية، وظهور مجتمع وثقافة من نوع جديد.

وتمثل ما بعد الحداثة حركة فكرية تقوم على نقد، بل ورفض الأسس التي ترتكز عليها الحضارة الغربية الحديثة، كما ترفض المسلمات التي تقوم عليها هذه الحضارة، أو على الأقل ترى أن الزمن قد تجاوزها وتخطاها، ولذا يذهب الكثيرون من مفكري ما بعد الحداثة إلى اعتبارها حركة أعلى من الرأسمالية، التي تعتبر هي الطابع الأساسي المميز لتلك الحضارة. بل أن البعض يرون أن عصر الحداثة قد انتهى بالفعل، وأن ما بعد الحداثة تهيىء ـ باعتبارها مفهوماً نقدياً للفكر السابق ـ لقيام مجتمع جديد يرتكز على أسس جديدة تماماً غير تلك التي عرفها المجتمع الغربي الحديث. ويبدو أن مفكري ما بعد الحداثة قد تأثروا في ذلك بأفكار بعض الفلاسفة الألمان بالذات، مثل نيتشه وهايدغر اللذين كانا قد أثارا فكرة إمكان قيام أسس جديدة للفكر الإنساني الحديث والمعاصر.

11

ولكن هذا لا يمنع من وجود اتجاهات أخرى ترى أن الأمر لا يعدو أن يكون بعض التعديلات والتحويرات في بعض عناصر الثقافة الغربية (الحديثة) مثلما يحدث في كل الثقافات والحضارات خلال تاريخها، وأن هذه التعديلات والتحويرات نشأت نتيجة لتغير الظروف والأوضاع التي تحيط بتلك الثقافات، ولكنها مهما يبلغ عمقها، فإنها تخرج عن أن تكون تغيرات هامشية لا تؤثر في جوهر الثقافة الغربية ومقوماتها الأساسية. وهذا ما معناه أن ثمة اختلافاً بين المفكرين حول إذا ما كانت ما بعد الحداثة تمثل مرحلة قائمة بذاتها ولها مقوماتها ومقتضياتها الخاصة، أم أنها مجرد استمرار لمرحلة الحداثة رغم كل ما طرأ عليها من تغيرات، وبذلك تكون مجرد حالة للفكر والثقافة تتميز بوجود أنماط ثقافية لم يتم الاتفاق بعد على تحديد ملامحها.

بل أن ثمة اختلافاً بين الكتاب حول المفكرين الذين ينتمون إلى تيار ما بعد الحداثة لدرجة أن بعض الكتابات تعتبر مؤرخاً مثل أرنولد توينبي صاحب العمل الموسوعي الشهير (دراسة في التاريخ) أحد رواد هذا التيار الفكري أو الحركة الفكرية، ولا أقول النظرية أو المذهب، وربما يرجع ذلك إلى موقف توينبي من الحضارة الغربية في القرن العشرين، وعوامل التفكيك التي تعتريها. بل لقد وصل الأمر بالبعض إلى اعتبار أن ما بعد الحداثة تتمثل في الفجوة التي تفصل بين الثقافة الرفيعة التي كانت سائدة في الغرب ـ بخاصة في القرن التاسع عشر وحتى منتصف القرن العشرين ـ والثقافة الشعبية العامة أو على الأصح ثقافة الـ POP حسب التعبير الشائع في الغرب، مما يعني ضمناً أن ما بعد الحداثة تمثل في حالة التدهور والانحطاط الاجتماعي والثقافي،

أي أن المسألة ليست مجرد تتابع زمني أو تاريخي بين الحداثة وما بعدها، وإنما المسألة هي اختلاف جوهري بين (حالتين) أو (وضعين) للثقافة لكل منهما خصائصه ومقوماته المتميزة والمميزة.

ولم يتفق مفكرو ما بعد الحداثة فيما بينهم على تحديد المسار الذي سوف تسلكه الثقافة الغربية، وما سوف تنتهي إليه في ظل التغيرات الهائلة التي يمر بها العالم الآن، وبخاصة العالم الغربي بتحولاته السريعة والفجائية، كما أنهم لم يتفقوا حتى على تبين معنى الثقافة في المستقبل وأهميتها بالنسبة لمجتمع الغد، مما يعني أن الأمور لم تتضح تماماً في أذهان هؤلاء المفكرين وأنهم لا يزالون في مرحلة استكشاف جوانب المشكلة ومحاولة التعرف إلى خصائصها وأبعادها. وهذا هو ما دفع أحد كتاب ما بعد الحداثة في أميركا إلى أن يقول: إن المفهوم يتضمن (استحالة تحديد).

وقد تكون هذه الاستحالة راجعة إلى غموض المفهوم ذاته في أذهان أصحابه، ولكنه قد يكون مؤشراً على مدى اتساع مجاله بحيث يشمل كل ما يتعلق بالمعرفة الإنسانية بمختلف فروعها وتفرعاتها وتنوعها، وما تحرزه من تقدم سريع بفضل التقدم التكنولوجي الهائل في مختلف المجالات، وليس فقط في المجال العلمي الدقيق.

والسؤال المهم الذي يتبادر إلى الأذهان هو: هل هذه التغيرات تعني أن عصر الحداثة قد انتهى إلى غير رجعة؟ وأن الحضارة (الحديثة) ـ أو حضارة الحداثة ـ قد زالت واندثرت؟ أو أنها في سبيلها إلى الزوال والاختفاء بكل ما أنجزته من تقدم في مجالات الفكر الإنساني والكشف العلمي والإبداع الفني؟ وأننا على أبواب

حضارة أخرى من حضارة وثقافة ما بعد الحداثة؟ وما مقومات هذه الثقافة وما أثرها على الإبداع وعلى طبيعة المجتمع ذاته بوجه عام؟

الواقع أنه حتى الآن لا توجد إجابة قاطعة، إنما تختلف وجهات النظر بين أنصار ومؤيدي ما بعد الحداثة ومعارضيها من الناحية الأخرى.

وأنصار وأتباع ما بعد الحداثة يوجهون كثيراً من الانتقادات إلى إنجازات عصر وموقف (الحداثة) من الفكر والفن والسياسة والحياة، وهو موقف يعلي من شأن العقل ويرى فيه مصدر كل تقدم في المعرفة وفي المجتمع، وأنه وحده هو مصدر الصدق وأس المعرفة المنهجية، وأنه وحده هو القادر على اكتشاف المعايير النظرية والعلمية التي يهتدي بها الفكر والفعل على السواء، وإن كانوا يعترفون ــ في الوقت ذاته ــ أن مبادىء فلسفة التنوير هي التي ساعدت على قيام الثورة الديموقراطية في فرنسا وأميركا وزوال عهد الإقطاع وقيام النظام الاجتماعي الذي يؤمن بالعدل والمساواة، كما يعترفون بأن كثيراً من منجزات عصر الحداثة تغلغلت إلى كثير من جوانب حياة الإنسان الحديث: ابتداء من التكنولوجيا المختلفة والسلع الاستهلاكية ووسائل النقل والمواصلات، إلى ظهور النزعات الفردية والاتجاهات العلمانية والعقلانية والنظم البيروقراطية والاتجاه نحو التصنيع وزيادة معدلات التحضر وما ارتبط بذلك من تفاضل ثقافي في المجتمع (الحديث). ومع ذلك، فإن ما بعد الحداثة ترى أن الزمن قد تغير، وأن الظروف العامة قد تجاوزت كل هذه الإنجازات نتيجة لتقدم أساليب الإعلام والاتصال بوجه خاص، وما أدى إليه من

ظهور (حالة) جديدة من التاريخ تتطلب قيام نظريات ومفاهيم تتلاءم مع الأنماط المعرفية الجديدة والتطورات التي طرأت على النظام الرأسمالي نفسه بعد ازدياد الاتجاه نحو العولمة، وتعقد الخبرات والتجارب الإنسانية، وتعدد الاتجاهات الثقافية وتنوع المواقف الفكرية، بل وظهور اتجاهات جديدة في الفن تجاوزت المدارس (الحديثة) مثل الانطباعية والتعبيرية وما إليها، وتحررت من كل القيود التقليدية وبخاصة في العمارة حيث يمكن الجمع بين عناصر غير متجانسة تخرج تماماً عن المألوف، وامتداد ذلك إلى بقية الفنون التعبيرية مثل الرقص والباليه بل والموسيقى والأفلام السينمائية. وعلى ذلك، فقد يمكن القول: إن ما بعد الحداثة تبدأ من التشكك أو عدم الوثوق في كثير من الأسس والمبادىء العامة والكلية الشاملة التي سادت في عصر التنوير ووجهت الفكر الحديث، أو حسب تعبير جان فرنسوا ليوتار: إن ما بعد الحداثة تبدأ بالميل إلى التشكيك فيما يسميه بالحكايات الثقافية العليا أو ما وراء الحكايات التي ورثها الفكر الحديث عن ذلك العصر، كما أنها ترفض التسليم بوجود أي مجموعة من المبادىء أو المعتقدات أو المسميات الفكرية العامة التي تسيطر على إبداعات مفكري عصر الحداثة. وإذا كانت الحداثة ترى أن النظرية العامة الشاملة الكلية تعكس الواقع، فإن ما بعد الحداثة ترى ـ على العكس من ذلك ـ أن النظرية لا تقدم في أفضل الأحوال سوى منظورات جزئية عن الموضوع الذي تدور حوله.

وقد يرى بعض الكتاب أن الاختلافات ليست اختلافات شاسعة، إنها مجرد اختلاف في الدرجة وليس في النوع، بل أن بعض أنصار الحداثة يذهبون إلى أن ما بعد الحداثة ليست سوى

نوع من الألعاب اللغوية أو التلاعب باللغة التي يحذقه الفلاسفة ومفكرو ما بعد البنائية. وليس من شك أن مفكري ما بعد الحداثة استحدثوا كثيراً من المصطلحات التي لم يستقر بعضها في شكله الأخير أو في معناه النهائي. وهذه المصطلحات مستمدة من كتابات ما بعد البنائية مثل التفكيك والإرجاء، ولكن البعض الآخر جديد مثل اللغة الطفيلية والعقلية والجدلية والمنطقية Dialogic والتركيبية والاجتماعية والميتا-حكاية والميتالغة وما إليها، وأنه إذا كانت ما بعد الحداثة لعبة لغوية، فإنها لعبة قوية وفعالة تهدف إلى توجيه الانتباه إلى أبعاد الحقيقة الإنسانية، التي كثيراً ما نغفلها أو حتى ننكرها تماماً كما ترمي إلى إبراز الديناميات التي حاولت الحداثة طمسها أو إخفائها أو على الأقل عدم الاهتمام بها على أساس أن الذي يهم في المحل الأول هو الأحكام الكلية الشاملة. ربما كانت كتابات جان فرنسوا ليوتار أفضل ما يكشف لنا عن كل هذه الخصائص، على الرغم مما يكتنف هذه الكتابات من غموض، شأنها في ذلك شأن كل كتابات مفكري ما بعد الحداثة.

وقد بدأ أسم ليوتار يلمع في مجال الفكر الفلسفي منذ الخمسينيات من القرن العشرين حين ظهر كتابه في «الفينومينولوجيا» 1954 وهو في الثلاثين من عمره، ولكن أهم كتاباته عن ما بعد الحداثة والتي وجهت إليه الأنظار ظهرت في فترة السبعينيات، وذلك حين ظهر كتابان كان لهما ـ ولا يزال ـ شأن كبير في الكشف عن أبعاد هذه الحركة الفكرية: الكتاب الأول يحمل عنواناً غريباً هو «الاقتصاد الشهواني» أو الاقتصاد الشبقي، فقد استخدم في العنوان كلمة (الليبدو) التي تشير إلى

اللذة الجنسية، وقد ظهر الكتاب 1971، والكتاب الثاني وهو «حالة ما بعد الحداثة» وقد ظهر عام 1979 ويحمل عنواناً فرعياً هو «تقرير عن المعرفة»، وبين هذين التاريخين ظهرت له مجموعة أخرى من الكتب والمقالات المهمة، كما أنه تابع الكتابة في مختلف مجالات ما بعد الحداثة في الثمانينيات والتسعينيات، وصدر عام 1982 كتاب آخر مهم هو «شرح ما بعد الحداثة»، بل أنه نشر عام 1986 عملاً طريفاً بعنوان «شرح ما بعد الحداثة للأطفال» مما يعطي فكرة عن إيمانه العميق بأهمية هذه الحركة الفكرية والدور الذي تلعبه في تشكيل عقل الإنسان المعاصر، وهذا هو ما دفع بعض الكتاب إلى القول: إن أعمال ليوتار أرست ـ أكثر من أعمال غيره من المفكرين ـ قواعد ما بعد الحداثة في مجال النظرية ومجالات الأخلاق والسياسة والجماليات، وأنه كان على رأس المفكرين الذين قطعوا الصلة بنظرية الحداثة ومناهجها وعملوا على نشر «البدائل بعد الحداثية». وعلى أي حال، فإن ليوتار في كتابه عن (الاقتصاد الشهواني) يحاول أن يربط بين الاقتصاد الشهواني والرغبة الدفينة العميقة، بينما في كتابه عن حالة ما بعد الحداثة، يحاول تحليل ظاهرة التفكيك والتفسخ في المعلوماتية والسيبرينية وبنوك المعلومات، ويبين طبيعة التغيرات التي تحدث في الوقت الحالي في مجال تصنيف المعارف وأساليب الحصول عليها وطرق استخدامها، وأثر التسارع المتزايد في مجالات المعرفة في تغيير الحياة اليومية في المجتمع المعاصر.

ولد جان فرنسوا ليوتار في فرساي في العاشر من آب/ أغسطس عام 1924 في عائلة متواضعة، ولكنه كان طيلة الوقت

طواقاً للكشف عن مصادر المعرفة وارتياد مجالاتها المختلفة المتنوعة، ولذا أراد في أول الأمر أن ينخرط في سلك الرهبنة، ثم اتجه إلى الفن لكي يصبح رساماً مصوراً، وانتقل منه إلى التاريخ، ولكنه لم يفلح في أي من هذين الميدانين. وكما يقول ـ هو نفسه ـ في ذلك: إن رغباته الجنسية المتأججة منعته من الرهبنة، بل ودفعته دفعاً إلى الزواج، كما أن ملكاته وقدراته الفنية المتواضعة لم تكن تؤهله في الرسم والتصوير، كما أنه لم يكن يتمتع بقوة الذاكرة التي يحتاج إليها المؤرخون، ولذا اتجه في نهاية الأمر إلى الفلسفة وحصل فيها على درجته الجامعية العليا من «الإيكول نورمال سوبيريور ـ مدرسة المعلمين العليا» عام 1958 ثم على دكتوراه دولة من السوربون عام 1971 وهو في السابعة والأربعين من عمره، وكان يميل إلى فلسفة هيغل وهوسرل وهايدغر، كما كان مغرماً بكتابة الشعر.

وقد اشتغل جان فرنسوا ليوتار بتدريس الفلسفة في المدارس الثانوية بفرنسا لسنوات عدة، ورحل أثناء ذلك ومعه عائلته إلى الجزائر للتدريس، وظل هناك عامين 1950 ـ 1952، وكانت تجربته في الجزائر عاملاً مهماً في تشكيل ما يسميه هو نفسه (ضميره السياسي)، إذ شاهد هناك ـ عن قرب ـ آثار الاستعمار والتفرقة والفقر، ودفعته هذه التجربة إلى الانضمام إلى الجماعة المعروفة بإسم (الاشتراكية أو البربرية) أي الهمجية والتخلف والانحطاط، وهي الجماعة التي انحلت عام 1966. وكان لذلك أثره في توجهه السياسي بحيث تعاطف وتجاوب مع حركة الطلاب والعمال في باريس عام 1968. كذلك عمل لسنوات طويلة ـ حوالى عشرين سنة ـ في عدد من الجامعات الفرنسية لتدريس

الفلسفة وانتهى به الأمر إلى أن يصبح أستاذاً متفرغاً بجامعة باريس الثامنة، كما أصبح عضواً بمجلس الكلية الدولية للفلسفة، وذلك كله إلى جانب عمله لفترة من الفترات بتدريس اللغة الفرنسية في جامعة كاليفورنيا في إرفن بالولايات المتحدة، ومنها انتقل إلى تدريس الفلسفة واللغة الفرنسية بجامعة إيموري في أتلانتا عام 1995. وقد هاجمه مرض السرطان في السنوات الأخيرة، ولكنه ظل محتفظاً بقواه العقلية وبإنتاجه الفكري إلى أن توفي ليلة 20 ــ 21 نيسان/ أبريل من عام (1998).

ليس من السهل فهم كتابات ليوتار، كما أنه ليس من السهل قبول بعض أفكاره، ولكنه كان يؤازر الدعوة إلى الاختلاف والتعدد في كل المجالات النظرية، ويحارب في غير هوادة النظريات والمناهج العامة الكلية أو الشمولية ويؤكد التغاير بين أنواع الخطاب المختلفة، وأن لكل منها قواعده ومعاييره ومناهجه الخاصة، كما أن للأحكام النظرية والعملية والجمالية استقلالها وقواعدها ومحاكاتها المتميزة، كما يرفض الأفكار المتعلقة بإمكان قيام نظرية كلية شاملة أو أساسية، أو وجود منهج أو مجموعة من المفاهيم تتمتع بسلطة فائقة في العصر الحديث، وكل ذلك يرجع إلى إسناده لقوة وفاعلية ما يسميه ليوتار أحياناً بالأساطير، وأحياناً أخرى بالحكايات والقصص العليا أو ما وراء الحكايات أو (الميتا-حكايات). وقد شغل ليوتار نفسه بمحاولة الكشف عن هذه الأساطير وتحليلها وفحصها، وكان يقصد بالميتا-حكايات: التفسيرات والتكنولوجيات الميتافيزيقية العليا المسيطرة في تاريخ الجنس البشري. وقد ميز ليوتار على الخصوص بين ثلاث من تلك الميتا-حكايات وهي العلم الوضعي باعتباره مفتاحاً للتقدم

البشري ـ على ما يقول ماخ ـ وهيرمينوطيقا (المعنى) باعتبارها مفتاحاً للتكوين الذاتي البشري على ما يذهب همبولت والمثالية الألمانية، والصراع الطبقي كمفتاح لخلاص الجنس البشري أو الإنسان على ما يقول ماركس. إلا أن هذه الميتا-حكايات أو الأساطير الثلاث قد ظهر فسادها على الرغم من كل ما قدمته من قضايا ونظريات عامة وكلية وشاملة، وهو الشمول الذي يرفضه ليوتار وفلاسفة ما بعد الحداثة ويقفون منه موقف التشكيك والمعارضة. فمشروعية المعرفة في مجتمع ما بعد الحداثة تتم عن طريق أمور أخرى بعد أن فقدت هذه الأساطير مصداقيتها، ولم تعد هناك في نظر ليوتار أي أسطورة أو قصة أو حكاية عليا مسبقة، كما لم يعد هناك أي صورة واحدة أو صيغة واحدة للخطاب يمكن أن تقوم وتعلو وترتفع فوق غيرها من الصور أو الصيغ، كما أنه لم يعد هناك شكل واحد للمعرفة يمكن اعتباره أساساً لبقية أشكال المعرفة الأخرى، وإنما هنالك بدل من أشكال وأنواع وصيغ متعددة لما يسميه (الألعاب اللغوية)، وهو مصطلح مستمد من كتابات فتغنشتاين المتأخرة، وتقوم فكرة ليوتار على أساس أنه لكي نعرف معنى كلمة أو عبارة ما فلا بد من أن نعرف طريقة استخدامها وكيف تؤدي دورها في التفاعل بين الناس. وعلى ذلك، فليس هناك لغة عليا (أو متعالية) واحدة يمكن أن تضم كل أشكال وألوان العبارات والتعبيرات وتؤلف خلفية أو أرضية لها كلها. وإذا كان العلم يصدر أحكاماً وتعبيرات معرفية، فإن هناك أنواعاً أخرى كثيرة من التعبيرات تخرج عن نطاق العلم كالتعبيرات الأدائية، فحين يعلن رئيس جامعة ـ مثلاً ـ أن العام الدراسي قد بدأ، فإن هذه العبارة لا تؤلف تعبيراً أو حكماً

معرفياً، وإنما هو تعبير عن فعل أدائي فحسب. وعلى ذلك فإن قواعد وشروط الخطاب ليست مقررة سلفاً، وإنما هي تظهر وتتضح أثناء الحديث نفسه. لذا فقد يكون من التعسف محاولة إقرار نوع وفرض نوع واحد وشكل واحد من أشكال الخطاب أو التفكير، وليوتار يصف مثل هذه المحاولات بأنها (شمولية) أو حتى (إرهابية) خليقة بأن تقابل بالرفض لأنها تهدف إلى تحطيم الآخر. وخلاصة هذا كله، هي عدم وجود أي معيار كلي مطلق للصدق، وإن ما بعد الحداثة تؤلف من الناحية المعرفية الحركة الأخيرة في «الحرب ضد الشمولية» والكلية العمومية التي كانت تسيطر على الفكر الغربي الحديث حتى منذ ما قبل أيام ماكس فيبر.

ليوتار والوضع ما بعد الحداثي

الظاهريات أم ما بعد الحداثة:
نهاية البداية أم بداية النهاية؟

د. حسن حنفي (*)

العجيب أن يكتب ليوتار أحد ممثلي ما بعد الحداثة «الظاهريات» وفرق بين الظاهريات كنهاية البداية وما بعد الحداثة كبداية النهاية. فالظاهريات حركة إصلاحية للفلسفة الغربية، تميزها بين الموت وفقدان الحياة والبعث كالفينيق الذي يبعث من الرماد وفقدان الحياة وكما عبر عن ذلك هوسرل في نهاية أزمة العلوم الأوروبية(**).

هل أراد ليوتار تقديم الظاهريات إلى الجمهور في سلسلة شعبية «ماذا أعرف»؟ وبالتالي تتحول أصعب الفلسفات لغة ومصطلحاً وأسلوباً إلى تيار شعبي عام، من النخبة إلى الجماهير، ومن

(*) أستاذ الفلسفة بجامعة القاهرة.

(**) J.F. Lyotard: La phénomenologie, Aue sais-je? P.U.F, Paris, 1954.

الخاصة إلى العامة، ومن ذهن الفيلسوف إلى الحياة اليومية، أم أنه تشبث بآخر أمل في الفلسفة الأوروبية ما زال يحرص على عالم الماهيات والباعث الأفلاطوني ضد نزعات الشك والتجريبية والوضعية من جانب، أو الصورية والتجديد والفراغ من جانب آخر؟ هل وقع ليوتار في حيرة بين التشبث بنهاية البداية والعودة إلى الذات والبحث في الأنا الخالص من ناحية، وبين الاستسلام لروح العصر في العدمية واللاأدرية ونقد العقل والقانون والنظام والعلم وكل ما بناه الغرب منذ بداية العصور الحديثة من الحداثة إلى ما بعد الحداثة؟ هل أراد ليوتار أن يدحض منهج العصر الذي ساد منذ النصف الأول من القرن العشرين، منذ «بحوث منطقية» 1900 ـ 1901 أم أنه أراد أن يستسلم لروح العصر، هل أراد ليوتار أن يعيد البناء كما فعل بيكون في «إعادة البناء العظيم» أو ديكارت في «التأملات» أو كانط في «نقد العقل الخالص» وإعادة اكتشاف الأنا الترانسندنتالي وكما فعل هيغل في «ظاهريات الروح» واصفاً الوعي المتحقق على التاريخ وكما أكمل هوسرل في العود إلى ديكارت في «تأملات ديكارتية» باحثاً عن نقطة البداية أو البداية الجذرية التي منها يعاد بناء العلوم الأوروبية، أم أنه أراد هدم ما أفرزه الوعي الأوروبي من عقل وعلم وإنسانية كما تفعل ما بعد الحداثة؟ هل أراد أن يعود إلى ما بعد الحياة والمعيش والشعور الذي ينطلق نحو موضوعه وإلى عالم ما قبل الحمل المنطقي، إلى الأشياء ذاتها في الشعور كما تحاول الظاهريات، أم أنه أراد الاستمرار في فقدان الحياة وإسقاط الوجدان ووداع العقل والبداية من الصفر كما تفعل ما بعد الحداثة؟ وربما أراد ليوتار ممارسة التفلسف بمناسبة الظاهريات، حنيناً إلى الماضي

24

القريب، وتعويضاً عن عالم ما بعد الحداثة، حيث يغيب المعنى والقصد حتى يشبع في نفسه الحاجة إلى التأمل والبحث عن الزمن المفقود.

تحدث ليوتار أولاً، عن عالم الماهيات «باعتباره العالم الجديد الذي حاول هوسرل إثباته وكشفه من أجل إنقاذ الوعي الأوروبي من نزعته الوضعية والتجريبية والحسية والنفسية والجسمية واللاإرادية والنسبية وباختصار العدمية التي بشر نيتشه بقدومها. وهي ماهيات متداخلة في دوائر تتعمق وتتسع، من ماهيات عالم الأشياء إلى ماهيات الوجود الصوري ومن العالم الطبيعي الحي إلى العالم الإنساني إلى العالم الخالص الذي تتوحد فيه المعرفة بالوجود؛ وكما عرض هوسرل في الجزء الثالث من «الأفكار» في نظرية الإيضاح. فقد وضع هوسرل عالم الأشياء الذي تغرق فيه الوضعية بين قوسين في قاعدة «الرد» وكما عرض في الجزء الأول من «الأفكار». كما حاول تكوين العالم كتجربة حية في الشعور في القاعدة الثانية «التكوين»؛ في الجزء الثاني من «الأفكار» أعاد هوسرل اكتشاف الذات الترانسندنتالية التي ضاعت في النزعة النفسية الجسمية في المذهب التجريبي عند لوك وهيوم، والتي لم يستطع كانط التخلي عنها والتخلص منها. فقد جعلها مجرد قوالب فارغة تملؤها الحساسية الخارجية والداخلية بطريقة الصورة والمادة، في حين اكتشف هوسرل عالم القصدية، الإحالة المتبادلة بين الذات والموضوع بين صورة الشعور ومضمونه، بين الكوجيتو و«الكوجيتنانوم» بين «النويز» و «النويمم» من أجل رفع العالم من مستوى المادة إلى مستوى الشعور وإنزال الذات من مستوى القوالب الفارغة إلى عالم الحياة، والتحول من السكون إلى

25

الحركة، ومن السلب إلى الإيجاب، ومن الاستقبال إلى الإرسال، ومن الأخذ إلى العطاء. وقد حاول هيغل ذلك من قبل على نحو رومانسي أسطوري، وخيالي شعري، وغامض مشتبه. وأعاد هوسرل المحاولة بروح ديكارت الحدس والعقلانية، والوضوح والتميز.

لقد أراد هوسرل اكتشاف منطق العلاقة كما هو الحال في المنطق الحديث، في مقابل الجواهر في المنطق القديم، فليست القضية هي الذات والموضوع، رد الذات إلى الموضوع كما هو الحال في الحسية التجريبية، أو رد الموضوع إلى الذات كما هو الحال في المثالية الصورية، بل العلاقة بينهما في القصدية. فالشيء إحالة الشيء يتجه نحو الشعور، شعاع من الخارج إلى الداخل، والشعور يتجه نحو الشيء، شعاع من الداخل إلى الخارج حتى يتم الإدراك بتقابل الشعاعين معاً؛ في نظرية الشعاع المزدوج في «بحوث منطقية»، يرفع هوسرل المنطق من أدنى إلى أعلى، من المستوى النفسي إلى مستوى الشعور الخالص. وفي «المنطق الصوري والمنطق الترانسندنتالي» ينزل هوسرل المنطق من المستوى الصوري إلى المستوى الشعوري. وفي «التجربة والحكم» يؤسس هوسرل المنطق ابتداء من التجارب الحسية السابقة على الحمل المنطقي من أجل العودة إلى الأشياء ذاتها وإعادة اكتشاف العالم كتجربة حية في الشعور بعد وضعه بين قوسين «كعالم مادي» ورؤيته في الزمان بعد استبعاده من المكان، ووضعه في «الجواني» بعد إخراجه من البراني. وقد استأنف هوسرل في ذلك جهود ديلتاي وبرنتانو في «الإحساس الداخلي بالزمان» في 1905 وفكرة الظاهريات في 1907؛ ومن ثم يعيد هوسرل إلى الوعي

الأوروبي وحدته بعد أن بدا منقسماً على نفسه منذ ثنائية ديكارت ـ رتق الفتق بتعبير الصوفية ـ وقضى على اغتراب الذات عن ذاتها وضياعها في العالم، المادة الساذجة، عالم الصورة الفارغ. ويشير إلى الطريق الثالث الذي يخرج من ثنائية العصر الحديث منبئاً ببداية جديدة تقوم على التكامل والتوحيد وليس على التفريق والتشتيت، من الكل إلى الأجزاء، من الظاهريات إلى ما بعد الحداثة.

ثم تحدث ليوتار ثانياً عن الظاهريات والعلوم الإنسانية من أجل إنقاذها من مادية العلوم الطبيعية وصورية العلوم الرياضية. واختار ثلاثة علوم: علم النفس وعلم الاجتماع وعلم التاريخ. لقد استطاعت الظاهريات أن تنقذ الأنا الخالص من براثن «السيكوفيزيقا» في «علم النفس» وأن تعيد الذات إلى ذاتها عن طريق الاستبطان وقلب النظرة من الخارج إلى الداخل، واكتشاف عالم الشعور الخالص والتجارب الحية، وتجاوز عالم الرموز وفكها بعد أن توسطت بين العقل والعالم تستر ولا تكشف، تبعد ولا تقرب تحجب ولا تظهر؛ وهو الطريق الذي سار فيه هايدغر في الحقيقة باعتبارها كشفاً. يعود هوسرل إلى حكمة سقراط الأولى «أعرف نفسك بنفسك» والتي استأنفها أوغسطين «في داخلك أيها الإنسان تكمن الحقيقة» والتي أعاد ديكارت إثباتها في بداية العصور الحديثة في «أنا أفكر» وكانط في «الأنا الترانسندنتالي وهيغل في ظاهريات الروح»، وهي عودة إلى عبارة المسيح: ماذا لو كسبت العالم وخسرت نفسك؟

وفي علم الاجتماع استطاعت الظاهريات أن تؤسس علم الاجتماع الوصفي الذي يفرق بين التفسير والفهم وبين الشرح

والرؤية، مؤسساً بذلك علم الهيرمينوطيقا وهو تطبيق للظاهريات في النص، وأنقذت العلوم الاجتماعية الموازية مثل الأنثروبولوجيا من براثن الوضعية الاجتماعية. فالظواهر الاجتماعية ليست أشياء أو موضوعات أو إحصائيات كمية، بل هي ظواهر حية يدركها الشعور بالحدس الداخلي، وعلاقات بين الذوات يحللها هوسرل في التأمل السادس من «تأملات ديكارتيه».

فالشعور ليس محايداً بل يضع موضوعاته. واليقين ليس في تطابق الحكم مع الواقع كما هو الحال في العلم، بل تطابق التجربة الشعورية بين الأنا والآخر في تجربة مشتركة ثم تطابقها مع عالم المناطق الأنطولوجية العامة.

وفي علم التاريخ أسست الظاهريات علم التاريخ الظاهرياتي استئنافاً لديلتاي وتطويراً للوعي التاريخي. وميزت بين التاريخ والتاريخانية، التاريخ المادي والوعي بالتاريخ، المادية الجدلية في الماركسية واستدعاء الذاكرة في الوعي الخالص. بل أن الظاهريات في أواخر عهدها ـ وكما وضحت في مخطوطات K ـ تحولت إلى ظاهريات حضارية أو «علم اجتماع الثقافة» كما يقول ليوتار. وفيها خرج علم الاجتماع الوصفي عند تونيس وماكس شيلر وغيرفيتش. الظاهراتية فلسفة في التاريخ تعيد قراءة الماضي في الحاضر، والحاضر في الماضي. فالحقيقة تتقدم وتكتمل في الثمار، وترجع وتعود إلى الجذور. وهو ما أسماه برغسون «ثرائي الحاضر في الماضي»: فالمسافة بين هيغل وهوسرل ليست بعيدة. إنما الفرق في روح العصر بين الرومانسية كرد فعل على كانط والعقلانية عوداً إلى ما قبل كانط عند ديكارت. لقد تطور هوسرل منذ «فلسفة الحساب» و «مفهوم العدد» ونقد النزعة الصورية دفاعاً

عن النزعة النفسية في الرياضيات، إلى «بحوث منطقية» في نقد النزعة النفسية الجسمية دفاعاً عن المنطق الخالص، إلى «الأفكار الموجهة لتأسيس فينومينولوجيا وفلسفة ترانسندنتالية» حيث يكتشف عالم الماهيات والمثل الأفلاطونية، إلى «التجربة والحكم» عندما يعود إلى عالم الأشياء ذاتها. ومن هذه الرحلة الرابعة والأخيرة أخرجت «الأنطولوجيا الظاهراتية» عند هايدغر وسارتر أو «الظاهريات الأنطولوجية» عند ميرلوبونتي وغابريل مارسيل وياسبرز. فهل استأنف ليوتار في ما بعد الحداثة هذا التطور معيداً اكتشاف العالم أم أنها ـ ما بعد الحداثة ـ غرقت فيه فلم تعد ترى شيئاً من ماضي الحداثة؟ تاهت في الأجزاء فلم تعد ترى الكل السابق عليها. وتركت ذلك للعولمة التي ثمنها تفتيت العالم وتنازل الفلسفة عن دورها.

ليوتار والوضع ما بعد الحداثي

30

جان فرنسوا ليوتار

«رد على سؤال: ما معنى

ما بعد الحداثة؟»[*]

عبد الوهاب علوب[**]

نشرت هذه المقالة في مجلة «Critique» العدد 49 (نيسان/
أبريل 1982)، ثم ترجمت (إلى الإنكليزية) في كتاب بعنوان
«Inovation/ Renovation» للناشرين حسن وحسن (1983)، ثم
نشرت كملحق للترجمة الإنكليزية لكتاب ليوتار بعنوان «The
Postmodern Condition» ويركز هذا النص على المناقشات الدائرة
حول ما بعد الحداثة الثقافية. ففي حين يواصل هابرماس بحثه عن
أخلاقيات اجتماعية تقوم على العقل ليذهب إلى أن الهدف ليست

(*) ترجم المقال إلى الإنكليزية على يد ريجيس دوران ونشر في the
Postmodern Condition: A Report on Knowledge (Manchester,
1948), pp. 71-88.

(**) أستاذ بكلية القاهرة.

له أسس أخلاقية أو فلسفية أو «شرعية»، يرى ليوتار أن المعايير التي تنظم «دعاوى الحقيقة» المعرفية مشتقة من «ألعاب لغوية» تعتمد على السياق لا على القواعد المطلقة أو الثوابت. ويولي نموذجه الرئيسي أولوية للإجراءات والتأثيرات المختلفة التي تميز المعرفة العلمية والروائية. وقد سعى العلم في مرحلته الحديثة إلى الحصول على شرعيته من واحد من نمطين قصصيين: النمط القصصي الخاص بالتحرر الإنساني المرتبط بالتنوير، والتراث النقدي أو الخاص بالاتحاد المرتقب بين كل المعارف المتصلة بالنزعة الهيغلية.

يرى ليوتار أن أياً من هذين النمطين فوق القصصيين اللذين يسعيان إلى اكتساب الشرعية له مصداقيته. بل العلم «بعد الحديث» يتتبع الأهداف التقنية والتجارية للأداء الأمثل، وهو تغيير أوجده تقدم تكنولوجي جديد يجعل من المعلومات كماً سياسياً. إلا أن هذا النظام التكنوقراطي يتعارض مع واقع تجريبي يشكك في مثل العلم «العادي». وما يطلق عليه ليوتار اسم «نشاط المغالطة» المستخدم في التبرير غير المنطقي أو المتناقض يؤدي إلى اقتحام مجاهل المعارف الحديثة. وهكذا، يظهر مصدر جديد للشرعية يتم استثماره في أنماط قصصية أكثر تواضعاً ويدين في قاعدته الإبداعية الراديكالية للتجريب و «التجديد» ومن ثم، يظهر الفن بعد الحديث الذي تتم دراسته في ما يلي باعتباره فناً استقصائياً. ولا يأتي في الترتيب في أعقاب الحداثة؛ بل يصف أحوالها. وحسب تعبير ليوتار، فإن ما بعد الحديث يعد «بلا شك جزءاً من الحديث».

ولا تخلو النتائج المترتبة على ذلك من الغموض. لذا يمكن

القول: إن ليوتار ومعه نزعة التفكيك برمتها قد اعترفا بنوع غير محوري من ما بعد الحداثة يتوافق مع التعددية في العناصر الاجتماعية ومع كل ما هو محلي ومؤقت وبراغماتي، ولا تتقرر أحكامه السياسية أو الأخلاقية سلفاً. ومن ناحية أخرى، تبدو آراؤه وكأنها تؤيد نوعاً رومانسياً من الفوضوية يركز على البلاغة ويهمل التحول الاجتماعي المادي.

مطلب

هذه حقبة تتسم بالتراخي والتباطؤ. وأشير ها هنا إلى سمة العصر. إذ إننا نجد التشجيع من كل صوب لكي نضع نهاية للعملية التجريبية، سواء في الفنون أو غيرها. فقرأت لأحد مؤرخي الفن يمجد الواقعية ويشتعل مقاله حماساً لظهور نزعة ذاتية جديدة. وقرأت لأحد نقاد الفن يغلف ما وراء الإبداعية ويبيعها في سوق الفن التشكيلي. وقرأت أن المعماريين يعملون على الخلاص من مشروع «باوهاوس» باسم ما بعد الحداثة، ويلتقون بالوليد الذي تمخض عنه التجريب إلى مخلفات المذهب النفعي. وقرأت أن فيلسوفاً جديداً اكتشف ما أسماه بالنزعة اليهودية المسيحية ويهدف من ورائها إلى وضع حد لحالة تدهور التدين التي يفترض أننا ساهمنا في انتشارها. وقرأت في مجلة فرنسية أن البعض ساخطون على كل من دولوز وغوتار لأنهم ـ أي هذا البعض ـ يتوقعون أن يكافأوا بقدر من المعنى، خاصة من قراءة عمل فلسفي. وقرأت ما كتبه أحد مشاهير المؤرخين عن أدباء ومبدعي 1960 و1970 أنهم نشروا الرعب في استخدام اللغة وأن

شروط قيام تغيير مثمر يجب الوفاء بها عن طريق فرض نهج موحد للحديث على المثقفين، وهو نهج المؤرخين.

وقرأت لأحد الباحثين المسرحيين الموهوبين أنه كان يرى أن ما بعد الحداثة بكل ألاعيبها وجموحها تمثل وزناً ضئيلاً للغاية في مواجهة السلطة السياسية، خاصة حين يكون هناك رأي عام قلق يشجع تخويل السلطة سياسة رقابية شمولية في مواجهة ماطر إشعال حرب نووية.

وقرأت لمفكر له شهرته يدافع عن الحداثة ضد من أسماهم بالمحافظين الجدد. وكان هذا المفكر يود أن يتخلص ـ تحت شعار ما بعد الحداثة ـ من مشروع الحداثة الذي لم يكتمل، وهو مشروع التنوير. وحتى آخر المدافعين عن التنوير، أمثال بوبر أو أدورنو، لم يستطيعوا سوى أن يدافعوا عن المشروع ـ حسب رأي مؤلف «المجتمع المفتوح» ـ أو مجال الفن في رأي مؤلف «النظرية الجمالية». ويرى يورغن هابرماس أن الحداثة لو فشلت في شيء، فقد فشلت في السماح لمجمل الحياة بأن ينشطر إلى تخصصات مستقلة تترك للتنافس الضيق بين المتخصصين، في حين يمر الفرد بتجربة «المعنى المفقود للسمو» و «الشكل المفكك» لا باعتباره تحرراً، بل في صورة ذلك السأم الشديد الذي وصفه بودلير منذ قرن مضى.

ويرى هابرماس طبقاً لوصفه من البريشت ويلمر أن علاج هذا التمزق أو انشطار الثقافة وانفصالها عن الحياة لا يأتي إلا «بتغيير وضع التجربة الجمالية طالما أن التعبير عنها لم يعد يتم في ضوء أحكام الذوق»، بل حين «يتم استخدامها في استكشاف موقف

تاريخي حي»، أي «حين توضع في علاقة مع مشكلات الوجود»،
إذ إن هذه التجربة حينئذ «تتحول إلى جزء من لعبة لغوية خرجت
عن إطار لغة النقد الجمالي» فتشترك في «عمليات إدراكية وتوقعات
معيارية» وفي «تغيير الأسلوب الذي تشير فيه تلك اللحظات
المختلفة كل إلى الأخرى». ويتلخص ما يطلبه هابرماس من
الفنون وما تقدمه من تجارب في سد الفجوة بين الخطاب
الإدراكي والأخلاقي والسياسي، وبالتالي، فتح الطريق أمام وحدة
التجربة.

ويتصل سؤالي بتحديد نوعية الوحدة التي يقصدها هابرماس.
فهل يهدف مشروع الحداثة إلى تشكيل وحدة ثقافية اجتماعية تتخذ
في داخلها كل عناصر الحياة اليومية وعناصر الفكر في كيانها
الإجمالي؟ أم هل ينتمي الممر بين الألعاب اللغوية المتعددة
العناصر ـ أي ألعاب الإدراك والأخلاقيات والسياسة ـ إلى نظام
مختلف عن ذلك؟ وإذا كان الأمر كذلك، فهل يمكن له أن يوجد
توفيقاً حقيقياً بينها؟

أن الفرضية الأولى ذات المصدر الهيغلي لا تدحض فكرة
وجود تجربة إجمالية جدلية. والثانية أقرب إلى روح كانط في
«Critique of judgment» ولكنها يجب أن تخضع لإعادة النظر
الدقيق التي تفرضها ما بعد الحداثة على فكر التنوير وعلى فكرة
وجود هدف تكاملي للتاريخ. وهذا هو النقد الذي بدأه كل من
فتغنشتاين وأدورنو، بل بدأته أيضاً قلة أخرى من المفكرين ـ
فرنسيين وغير فرنسيين ـ ممن لم يحظوا بشرف قراءة أعمالهم من
جانب الأستاذ هابرماس، وهو ما ينقذهم على الأقل من الحصول
على تقديرات ضعيفة على نزعتهم المحافظة الجديدة.

الواقعية

إن المطالب التي بدأت بها لا تتساوى جميعاً. بل أنها قد تتناقض في ما بينها، فكان بعضها باسم ما بعد الحداثة وبعضها الآخر بهدف تفنيدها ومكافحتها. ولا يعد ذلك بالضرورة من قبيل صياغة مطلب يطالب بواقع موضوعي وبشيء من المعقولية المقبولة وبجمهور متلق أو بتعبيرية ذاتية أو بشيء من إجماع الآراء. ولكن هناك دعوة إلى النظام ورغبة في التوحد وفي تحقيق الذات والأمان أو الشهرة متضمنة في الدعوة إلى وقف التجريب الجمالي الفني. فيجب إعادة الفنانين والأدباء إلى قلب المجموع أو على الأقل يجب أن توكل إليهم مهمة شفاء المجتمع إن كان سقيماً.

وهناك دليل قاطع على هذه النزعة المشتركة. فبالنسبة لكل هؤلاء الأدباء، لا شيء أكثر إلحاحاً من تصفية ميراث الإبداعيين. وينطبق ذلك ـ بصورة خاصة ـ على ما يطلق عليه «ما وراء الإبداعية» (transavantgardism).

والإجابات التي يجيب بها أكيل بونيتو أوليفا على التساؤلات التي يطرحها كل من برنار لامارش فاديل وميشيل أنريك لا تدع أي مجال للشك في ذلك. فمن خلال وضع الإبداعيين في عملية مزج، نجد أن الفنان والناقد ـ على السواء ـ يشعران بالثقة في قدراتهما على كبت هذه التساؤلات أكثر من قدرتهما على شن هجوم مباشر عليها. إذ في مقدورهم أن يحولوا الأنظار عن أشد أشكال الانتقائية تشاؤماً كسبيل لتجاوز آفاق الهوية التفكيكية التي تتميز بها التجارب السالفة، في حين أنهم إذا ما أداروا ظهورهم صراحة إليهم، فإنهم قد يتهمون بأنهم أكاديميون جدد فيصبحون

موضع سخرية. وكانت الصالونات والدوائر الأكاديمية ـ عندما
كانت البورجوازية في مراحل تثبيت دعائمها ـ تستطيع أن تقوم
بدور تطهيري وأن تمنح الجوائز للسلوك الأدبي الطيب تحت غطاء
من الواقعية. إلا أن الرأسمالية تمتلك في ذاتها القوة لأن تنزع
الواقعية عن الأشياء المألوفة والأدوار الاجتماعية والمؤسسات
لدرجة لا يستطيع معها ما يسمى بالتمثيل الواقعي أن يستحضر
الواقع إلا في صورة حنين أو سخرية، وباعتباره مناسبة للمعاناة لا
للإشباع. وتبدو النزعة الكلاسيكية وكأنها نحيت جانباً في عالم
اضطراب فيه الواقع بصورة لا تتيح الفرصة للتجربة، بل للتقويم
والتجريب.

يعد هذا الموضوع مألوفاً لدى كل قراء والتر بنيامين، إلا أنه
من الضروري أن نحدد مداه بصورة دقيقة. إن التصوير
الفوتوغرافي لم يظهر ليتحدى الفن التشكيلي من الخارج، كما لم
تظهر السينما لكي تتحدى الأدب الروائي. فكان التصوير
الفوتوغرافي يضع اللمسة الأخيرة على برنامج إتقان الصورة في
حين كانت السينما بمثابة الخطوة الأخيرة في دمج الأحداث في
وحدات عضوية متكاملة، وهو ما كان حلماً يراود الرواية التعليمية
العظيمة منذ القرن الثامن عشر. ولم يكن ظهور الآلي والصناعي
كبديل عن اليد أو الصناعة اليدوية كارثة في حد ذاته، إلا إذا كان
المرء يؤمن بأن الفن في جوهره هو التعبير عن العبقرية الفردية
تساعد براعة في الصنعة.

إن التحدي يكمن أساساً في أن التصوير الفوتوغرافي والتصوير
السينمائي ينجزان العمل بصورة أفضل وأسرع وأغزر مئات المرات
من الواقعية الروائية أو التصويرية، وهي مهمة أسندتها النزعة

الأكاديمية للواقعية، أي الحفاظ على مختلف أشكال الوعي من أن يداخلها الشك. ويتفوق التصوير الفوتوغرافي الآلي والسينما على كل من الفن التشكيلي والرواية عندما يكون الهدف إقرار الصورة وترتيبها طبقاً لوجهة نظر تضفي عليها معنى يمكن إدراكه واستنطاق الكلمات والعبارات بما يمكن المتلقي من اكتشاف ما استغلق عليه من صور وتتابع بصورة سريعة، وبالتالي، الوقوف بسهولة على الوعي بهويته والتصديق على ما يتلقاه عن الآخرين. لأن بناء الصور وتتابعها بهذه الطريقة يعد بمثابة شفرة اتصال بينها جميعاً. وبهذه الطريقة، تتضاعف تأثيرات الواقع أو نزوات الواقعية إن شئنا.

إن الفنان التشكيلي أو الكاتب الروائي إذا شاء أن يؤيد ما هو قائم، فإن عليه أن يرفض أن يكون موضع استغلال باعتباره علاجاً للأدواء. فعليه أن يتشكك في أسس الفن التشكيلي أو الكتابة الروائية التي تعلمها وتلقاها عن أسلافه. وسرعان ما تتكشف له تلك الأسس عن مجرد وسائل للخداع، مما يجعلها من المستحيل أن تتسم بالصدق. وهناك تفتيت غير مسبوق يحدث باسم الفن التشكيلي والأدب. فمن يأبى أن يعيد النظر في أسس الفن يحظى بمستقبل باهر بالتزامه بالأعراف السائدة و«القواعد الصحيحة» والرغبة في تحقيق الواقع بمواقف قادرة على إشباع تلك الرغبة. والتصوير الإباحي يعد استخداماً للتصوير الفوتوغرافي والسينما لهذا الغرض، ويتحول إلى نموذج يحتذى بالنسبة للفنون المرئية أو الروائية التي لم تواجه تحديات الإعلام المكثف.

أما بالنسبة للفنانين والأدباء الذين يشككون في أسس الفنون التشكيلية والروائية وقد يتبادلون شكوكهم من خلال نشر أعمالهم،

فمن المقدر لهم أن يحظوا بأقل قدر من المصداقية في عيون من يولون اهتمامهم «للواقع» و «الهوية». وليس هناك ما يضمن إقبال الجمهور على أعمالهم. ومن ثم، فمن الممكن إرجاع جدليات الإبداعيين إلى التحديات التي يفرضها واقع الصناعة والتبادل المكثف للأفكار على الفن التصويري والفن الروائي. والسؤال الجمالي الحديث بالنسبة لتييري دي دوف ليس «ما هو الشيء الجميل؟»، بل «ما الذي يمكن أن يوصف بأنه فن (أو أدب)؟».

إن الواقعية تقف دوماً في موقف وسط بين النزعة الأكاديمية التقليدية وبين ما هو أدنى. فعندما تتخذ القوة إسم حزب من الأحزاب، يمكن للواقعية وتتمتها الكلاسيكية الجديدة وأنصارها على الإبداع التجريبي بحظره وتحريمه ـ أي بتقديم الصور «الصحيحة» والقصص «الصحيح» والأنماط «الصحيحة» التي يريد الحزب ويختارها ويدعو لها ـ أن تحظى بجمهور يريدها باعتبارها العلاج المناسب للقلق والاكتئاب الذي يعانيه الجمهور.

ولم يحظ الطلب على الواقع، أي على التوحيد والبساطة والقدرة على تبادل الأفكار وما إلى ذلك، بنفس القدر من الكثافة والاستمرار، في المجتمع الألماني بين الحربين العالميتين وفي المجتمع الروسي بعد الثورة، مما يبرر التفرقة بين الواقعية النازية والستالينية.

النقطة الواضحة ـ على أي حال ـ هي أن الهجوم على التجريبية الفنية إذا ما شنه الجهاز السياسي يعد رجعياً. ولا يكون التقويم الجمالي مطلوباً إلا لتقرير ما إذا كان هذا العمل أو ذاك يتوافق مع قواعد الجمالي السائدة. وبدلاً من اضطرار العمل الفني إلى تقصي ما يجعل منه عملاً فنياً وما إذا كانت له القدرة على

39

اجتذاب جمهور، فإن التقليدية السياسية تمتلك معايير بديهية للجمال وتفرضها. وبالتالي فإن اللجوء إلى المقولات في التقويم الجمالي تكون له نفس الطبيعة التي تكون للتقويم الشعوري.

وعندما تكون القوة لرأس المال، لا لحزب من الأحزاب، فإن الحل (وراء الإبداعي) أو (البعد الحديث) ـ حسب مفهوم جنيك ـ يكون أفصل تكيفاً من الحل (ضد الحديث). فالانتقائية هي الدرجة صفر من ثقافة الحداثة العامة. فيستمع الفرد إلى موسيقى الراي ويشاهد أفلام رعاة البقر ويتناول أطعمة ماكدونالد على الغداء وطعاماً محلياً على العشاء، ويضع عطراً باريسياً في طوكيو ويرتدي أزياء (ريترو) في هونغ كونغ والمعرفة معناها ألعاب الفيديو. ومن اليسير العثور على جمهور للأعمال الانتقائية. ويتحول الفن إلى الدونية، لأنه يغض الطرف عن الاضراب الذي يسود (ذوق) رعاته، فينغمس الفنانون وأصحاب المعارض الفنية والنقاد جميعاً في هذا (السوق). ويتحول العصر إلى عصر للتراخي. إلا أن واقعية (السوق) هي في الحقيقة واقعية المال. ففي غيبة المعايير الجمالية، يظل من الممكن والمفيد أن يتم تقويم الأعمال الفنية حسب ما تحققه من أرباح. ومثل هذه الواقعية تلائم كل التوجهات، كما يفي رأس المال بكل (الحاجات) شريطة أن تكون للتوجهات والحاجات قوة شرائية. أما الذوق، فلا حاجة إلى أن يكون مرهفاً ما دام الفرد يتأمل ذاته أو يسليها.

ويتعرض البحث الفني والأدبي لخطر مزدوج؛ مرة من جانب (السياسة الثقافية) والأخرى من جانب سوق الفن والكتاب. وما يوحي به هو تقويم أعمال لها صلة بالموضوعات الموجودة في

عيون الجمهور الذي يتلقاها أولاً، وأعمال (متقنة) بحيث يدرك الجمهور ما تتناوله ويستطيع أن يصدق عليها أو يرفضها عمداً، بل أن يستمد منها قدراً من الراحة إن أمكن.

ويعد التفسير الذي قدمناه لتونا عن الصلة بين الفنون الصناعية والآلية وبين الأدب والفنون الجميلة صحيحاً في مجمله، لكنه يظل ذا شق واحد ضيق. وإذا ما تجاوزنا بنيامين وأدورنو، فعلينا أن نتذكر أن العلم والصناعة لم يعودا خاليين من الشكوك التي تتعلق بالواقع بقدر كبير من خلو الفن والأدب منها. والإيمان بغير ذلك يعد إيماناً بفكرة مفرطة في إنسانيتها عن نفعية العلوم والتقنيات. وليس هناك اليوم من ينكر هيمنة العلم والتكنولوجيا. إلا أن الجانب الآلي والصناعي يحمل في ثناياه ما هو أكثر من نتائج القوة، خاصة إذا ما خاض مجالات كانت قاصرة في العادة على الفن. والأشياء والأفكار التي تعود في أصلها الى المعرفة العلمية والاقتصاد الرأسمالي تحمل معها أحد الأسس التي تعزز إمكانيتها، وهو أنه ليس هناك واقع إلا ما يقر به المجموع ويحدث حوله إجماع بين شركاء تجمع بينهم دائرة معرفية والتزامات محددة.

وهذه قاعدة لا يستهان بنتيجتها. فهي بصمة على سياسة العلماء والأمناء على رأس المال تركها خروج الواقع على اليقين الميتافيزيقي والديني والسياسي الذي كان العقل يظن أنه حققه. ويعد هذا التراجع أمراً ضرورياً لظهور العلم والرأسمالية. فلا قيام للصناعة بدون الشك في النظرية الأرسطية عن الحركة وبدون دحض المركزية النقابية والروح التجارية (المركنتيلية) والفيزيوقراطية. ولا وجود للمعاصرة في أي عصر بدون تحطيم

41

المعتقد وبدون اكتشاف «افتقاد الواقع» في الواقع، جنباً إلى جنب مع ابتكار واقع آخر.

علام يدل «افتقاد» إذا حاول المرء أن يخلصه من تفسير تاريخي ضيق؟ هذه العبارة بالطبع تعد شبيهة بما يطلق عليه نيتشه «العدمية» (nihilism). إلا أنني أرى تعديلاً مبكراً لمنظور نيتشه في الموضوع الذي ناقشه كانط عن السمو؛ وأرى من جانبي صورة أن الفن الحديث (ذلك الأدب) يجد قوته الدافعة في جماليات السمو كما يجد منطق الإبداعيين قوته الدافعة في بديهياته وحقائقه المقررة.

إن الشعور السامي الذي هو نفسه الشعور بالسمو ـ في رأي كانط ـ يعد إحساساً قوياً غير حاسم. فهو يحمل في داخله المتعة من الألم. وهذا التناقض، كما نجده في تراث هذا الموضوع والذي بقي عن أوغسطين وديكارت والذي لا يدحضه كانط بصورة جذرية، يتطور كصراع بين صلاحيات موضوع من الموضوعات؛ الصلاحية لاستيعاب شيء والصلاحية «لعرضه» وتصوره. وقد يرى البعض في التناقض إضراباً عصابياً أو مازوشياً. وتقوم المعرفة إذا كانت العبارة واضحة ومفهومة أولاً، وإذا أمكن استقاء «الحالات» من التجربة التي «تنطبق» عليها، ويوجد الجمال إذا كانت «حالة» معينة (العمل الفني) تحظى بمبدأ كوني (وهو ما قد لا يتحقق أبداً).

ومن ثم، فالذوق يدل على أن هناك، بين القدرة على الاستيعاب والقدرة على العرض، شيئاً يتوافق مع المفهوم توافقاً غير محدد ولا تحكمه قواعد تؤدي إلى إيجاد حكم يطلق عليه كانط صفة الانعكاسية، وقد يشعر به المرء كمتعة. أما السمو، فهو شعور مختلف. فهو يحدث عندما يفشل الخيال في عرض

شيء قد يوافق مفهوماً من المفاهيم من حيث المبدأ. فنحن لدينا فكرة عن الدنيا (إجمالي الموجودات)، إلا أننا لا نملك القدرة على عرض مثال لها. ولدينا فكرة عن الشيء البسيط، لكننا لا نستطيع أن نصوره بشيء محسوس يمكن أن يقوم «كحالة» له. ونستطيع أن ندرك الشيء اللامتناهي في ضخامته وقوته، إلا أن كل عرض يهدف إلى جعل هذه الضخامة «مرئية» يبدو عاجزاً تماماً. فهذه أفكار لا سبيل إلى عرضها، وبالتالي فهي لا تقدم أي معرفة عن الواقع (التجربة). كما أنها تحول دون الاتحاد الحر بين القدرات، ذلك الاتحاد الذي يوجد الشعور بالجمال، وتحول دون صياغة الظاهر وإقراره. ويمكن القول بأنه لا سبيل إلى عرضها.

سأطلق ها هنا الحداثة على الفن الذي يوجه «التقنية الضئيلة» (sa petite technique) ـ حسب قول ديدرو ـ إلى تصوير حقيقة وجود ما لا يمكن تصويره. فتصوير ما لا يمكن إدراكه أو رؤيته أو جعله مرئياً هو الرهان على فن التصوير الحديث. ولكن كيف يمكن تصوير ما لا يرى؟ إن كانط نفسه يقدم الطريق إلى ذلك حين يذكر (اللاشكلية) أو «غياب الشكل» باعتباره مؤشراً ممكناً إلى ما يمكن عرضه. كما يتحدث عن «التجريدية» التي يمر بها الخيال في بحثه عن طريقة لتصوير اللامتناهي (وهو شيء آخر لا سبيل إلى تصويره). وهذه التجريدية ذاتها تشبه تصوير اللامتناهي أو هي «عرضه السلبي». ويستشهد بإحدى الوصايا التوراتية، وهي «لا تنقش الصور» (سفر الخروج) باعتبارها أسمى عبارات التوراة من حيث تحريم «تصوير المطلق». وهناك القليل مما يحتاج إلى إضافته إلى هذه الملحوظات لتوضيح صورة الجماليات رسم

لوحات السمو. ونظراً لأنه رسم، فهو بالطبع «يصور» شيئاً ولو أنه تصوير سلبي. وبالتالي فهو يتجنب التشبيه أو التمثيل ويجعلنا لا نرى إلا من خلال جعل الشيء مستحيلة رؤيته. ولا يعطي المتعة إلا بألم. ويدرك المرء في هذه التعاليم بديهيات الإبداعيين في فن الرسم نظراً لأنهم يكرسون أنفسهم للتلميح إلى ما لا يمكن تصويره عن طريق الرموز المرئية، وهي طرق تستحق الاهتمام ولو أنها لا تنبع إلا من استحضار الشيء السامي لكي تضفي عليه الشرعية أو لكي تخفيه. وتظل بلا معنى بدون اللاتكافؤ بين الواقع والإدراك والذي تتضمنه فلسفة كانط عن السمو.

ولا أهدف في هذا الموضع إلى تقديم تحليل مفصل عن الطريقة التي خفض بها الإبداعيون ـ على اختلاف مشاربهم ـ من قيمة الواقع من خلال مراجعة التقنيات التصويرية التي تتبع مناهج عديدة لكي تجعلنا نؤمن بها. فهناك من حيل الإبداعيين في عرض موضوعاتهم ما يجعل من الممكن إخضاع الفكر للعين وإبعاده عما لا سبيل إلى عرضه، ومنها مزج الألوان والمنظور التخطيطي والمعالجة والعرض والمتحف. وإذا كان هابرماس يفهم هذه المهمة الخاصة بنزع الجانب الإدراكي كجزء من عملية «نزع الجانب القدسي» الذي يميز الإبداع، فهذا راجع إلى أن هابرماس اختلط عليه مفهوم «السمو» لدى كانط ومفهوم «التسامي» لدى فرويد، وإلى أن علم الجمال ظل بالنسبة له هو جمال الجميل.

ما بعد الحديث

إذاً، ما هو «ما بعد الحديث»؟ وما هي المكانة التي يحتلها في

التساؤلات المطروحة عن قواعد الصورة والسرد؟ إنه بلا شك جزء من الحديث. فكل ما يتم تلقيه بالأمس يجب الشك فيه. فنجد أن سيزان يفند دعاوى الانطباعيين، ويهاجم كل من بيكاسو وبراك أعمال سيزان. والفردية التي يدحضها دوشامب عام 1912 وهي مقولة وجواب تكعيبية في الرسم. كما يشكك غورين في تلك الفردية الأخرى ويرى أنها أفلتت من دوشامب، وهي مكان عرض العمل الفني. فأجيال تسقط نفسها بسرعة عجيبة وقد لا يصبح عمل فني ما حديثاً إلا إذا كان ينتمي إلى ما بعد الحديث أولاً؛ وبالتالي فإن ما بعد الحداثة في منتهاها؛ بل في حالتها الوليدة، وهي حالة مستمرة.

ولكني لا أود أن أتشبث بهذا المعنى الآلي للكلمة. فإن صح أن الحداثة تحدث بتراجع الشيء الحقيقي وطبقاً للعلاقة السامية بين ما يمكن تصويره وما يمكن إدراكه، فمن الممكن في إطار هذه العلاقة التمييز بين نغمتين (إذا جاز استخدامنا للغة الموسيقى). ومن الممكن التركيز على ضعف القدرة على التصوير وعلى الحنين إلى الحضور، والذي تشعر به الذات الانسانية وعلى الإرادة الغامضة التي تتقمصها رغم كل شيء. ويمكن التركيز على قوة القدرة على التلقي والإدراك وعلى ما يمكن تسميته بالجانب (اللاإنساني) فيها؛ إذ لا شأن لإدراكنا بما إذا كان الشعور الإنساني أو الخيال يمكن أن يتوافق مع ما يدركه. وقد يكون من الممكن كذلك التركيز على زيادة الابتهاج والتهليل الناجم عن ابتكار قواعد جديدة للعب، سواء كانت تصويرية أو فنية أو غير ذلك. ويتضح مقصدي إذا ما ذكرنا بعض الأسماء في تاريخ الإبداعيين فنضع التعبيريين الألمان في خانة السودواية، وبراك

وبيكاسو في خانة التفاؤل؛ ماليفتش في الخانة الأولى، وليسيتسكي في الأخيرة؛ شيريكو في ناحية، ودوشامب في ناحية أخرى. والفارق الضئيل الذي يميز بين هاتين النغمتين قد يكون طفيفاً إلى أبعد الحدود؛ فغالباً ما نجدهما معاً في عمل واحد دون فارق يذكر تقريباً؛ ومع ذلك، فثمة اختلاف يتوقف عليه مصير الفكر وسيظل كذلك لآمادٍ طويلة، بين الندم والتجربة.

وتشير أعمال بورست وجويس معاً إلى شيء لا يسمح لأحد بتصويره. ولعل التلميح الذي شد انتباهي إليه بولو فبري أخيراً هو شكل من أشكال التعبير لا مفر منه بالنسبة للأعمال التي تنتمي إلى جماليات السمو. فيما يتم تجنبه في أعمال غوست باعتباره ثمناً يدفع في مقابل هذا التلميح هو هوية الوعي الذي يذهب ضحية لوفرة الوقت (au trop de temps) أما عند جويس، فإن هوية الكتابة هي التي تروح ضحية لوفرة الكتابة (au trop de livre) أو في الأدب. ويستجمع بروست ما لا يمكن تصويره من خلال لغة لا تتبدل في نحوها وألفاظها ومن خلال كتابه لا تزال تنتمي في معظمها إلى جنس السرد الروائي. وتعد المؤسسة الأدبية ـ كما ورثها بروست عن بلزاك وغلبير ـ مهدمة من حيث أن البطل لم يعد شخصية، بل الوعي الباطن للزمن. ورغم ذلك، فإن وحدة الكتاب، حتى وإن تباينت من فصل إلى فصل آخر، لا تتعرض لخطر حقيقي.

إن جويس لما لا يمكن عرضه أو تصويره يكون من الممكن إدراكه عقلياً في أدبه، أي في الدالة (signifier) فيستخدم كل ما يتيحه السرد من إمكانات دون اهتمام بوحدة العمل الكلية. ويجرب أساليب جديدة. فلم يعد نحو اللغة الأدبية ومعجمها

مقبولين كمعطيات؛ بل كأنماط أكاديمية وطقوس تنبع من الإيمان الديني ـ كما قال نيتشه ـ مما يحول دون عرض ما لا يمكن تصويره.

إذاً، هنا يكمن الاختلاف؛ فالجماليات الحديثة هي جماليات السمو ولو أنها جماليات تتسم بالحنين إلى الماضي. فهي لا تسمح بعرض ما لا يعرض إلا باعتباره مضموناً مفقوداً. أما الشكل فيستمر في إمداد القارىء أو المشاهد بمادة للمتعة؛ إلا أن هذا الشعور لا يمثل الشعور السامي الحقيقي الذي يعد مزيجاً من المتعة والألم؛ المتعة بضرورة تجاوز العقل لكل تصوير أو عرض؛ والألم من ضرورة ألا يساوي الخيال أو الإدراك الحسي بالمفهوم.

ويصبح ما بعد الحديث هو ما يقدم ما لا يمكن عرضه أو تصويره في الحديث. وهو ما ينكر على نفسه سلوان الأشكال الجديدة والإجماع على ذوق يمكن من خلاله المشاركة الجماعية في الحنين إلى ما لا يتحقق أو ينال. وهو ما يبحث عن رموز جديدة لا بهدف إضفاء شعور أقوى بما لا سبيل إلى تصويره. والكاتب أو الفنان بعد الحداثي في موقف الفيلسوف. والنص الذي يكتبه أو العمل الذي يبدعه لا تحكمه القواعد التي أعيد ترسيخها من حيث المبدأ، ولا يمكن الحكم عليه بحكم قاطع بتطبيق تصنيفات مألوفة على النص أو العمل الفني. وهذه القواعد والتصنيفات هي نفسها ما يسعى إليه العمل الفني ويتطلع إليه؛ وبالتالي، فالأديب والفنان يعملان بلا قواعد لكي يصيغا قواعد عملهما. من هنا، فالنص والعمل الفني لهما شخصية «الحدث» (event). ومن هنا أيضاً نجد أنهما يأتيان دائماً لمؤلفيهما متأخرين

47

ولا يبدأ إخراجهما على الفور. ولا بد لما بعد الحديث أن يتم
فهمه طبقاً لتناقض المستقبل (post) والماضي (modo).

أرى من جانبي أن المقالة (Montaigne) هي ما بعد الحديث،
في حين أن الفقرة (anthaeneum) هي الحديث. وفي النهاية،
ينبغي أن نوضح أن مهمتنا ليست تقديم الواقع، بل ابتكار إيماءات
وإشارات إلى ما يمكن إدراكه مما لا يمكن تصويره. وليس من
المتوقع أن تؤثر هذه المهمة في المصالحة الأخيرة بين ألعاب
اللغة أو أن يكون الإيهام الذي يفوق حدود الخبرة البشرية (لدى
هيغل) هو وحده الذي يستطيع أن يهدف إلى جمعها في كل
حقيقي. إلا أن كانط أيضاً كان يعلم أن الثمن الذي يدفع في
مقابل مثل هذا الوهم هو الرعب. فقد أعطانا القرنان التاسع عشر
والعشرون كل ما يمكن أن نحتمله من رعب. فقد دفعنا ثمناً
باهظاً في مقابل الحنين إلى الكل وإلى الواحد، وفي مقابل
التوفيق بين ما يتم إدراكه وما يمكن الشعور به؛ بين التجربة
الصريحة والتجربة التي يمكن التعبير عنها. وقد نسمع في ظل
المطالبة بالتقاعس والمهادنة همهمات الرغبة في عودة الرعب
وتحويل نزوات الخيال إلى إمساك الواقع. والإجابة هي دعونا
نشن حرباً على التعميم والإجمال؛ دعونا نكون شهوداً على ما لا
يمكن عرضه أو تصوره؛ ولننشط الخلافات وننقذ شرف أسمائنا.

الثورة الديموقراطية الحديثة
تأملات في كتاب ليوتار
«حالة ما بعد الحداثة»

تأليف: جون كين

ترجمة: محمد المحمدي سليمان(*)

في هذا المقال يقدم جون كين (John Keane) نوعاً من المقاربة والمقارنة بين آراء توكفيل عن مجتمع الديموقراطية الحديثة المتحررة من التمسك بالقيم والتقاليد الموروثة، ومنظور فرنسوا ليوتار الذي اعتبر هذا العصر نهاية لـ «الحكايات الكبرى» بمعنى أنه العصر الذي شهد موت المذاهب الكبرى والأيديولوجيات التي حاولت تفسير الواقع تفسيراً شمولياً، وجاء ذلك بمثابة رد فعل لما آلت إليه حال الثقافة بعد التحولات التي مست قواعد العلم والأدب والفنون منذ أواخر القرن التاسع عشر (المترجم).

(*)   قسم الفلسفة ـ كلية التربية ـ بور سعيد.

- I -

بمجرد أن تطأ قدمك الأرض الأميركية ينتابك نوع من الذهول المشوب بشيء من الاضطراب، إذ تفاجأ بجلبة مبهمة في كل مكان، وآلاف من الأصوات تتقارع في الآن نفسه مطالبة بالاستجابة لحاجاتها الاجتماعية، وترى كل شيء في حركة دائبة، فها هنا يلتقي أناس من إحدى ضواحي المدينة لاتخاذ قرار بشأن بناء كنيسة، وهناك اجتمع آخرون لانتخاب ممثل ينوب عنهم، وإذا ابتعدنا قليلاً نجد نواب البرلمان عن مقاطعة ما يهرعون إلى المدينة بغية مراجعة السلطات بشأن بعض التحسينات المحلية، وفي مكان آخر نقابل عمال إحدى المزراع وقد نحوا محاريثهم جانباً ليتدبروا أمرهم بشأن مشروع خاص لشق طريق أو إقامة مدرسة عامة، وهناك مواطنون يسعون للالتقاء حول هدف واحد هو إعلان استهجانهم لمسلك الحكومة، بينما احتشد آخرون لتحية السلطات لعنايتها ببلدتهم، أو نقابل شكلاً من مجتمعات تنظر إلى تناول الخمور على أنه أصل الشرور في الدولة، وتأخذ على نفسها عهداً بالوقار كما تدعو إليه مبادىء المذهب والتقوى(*).

من الملاحظ أن المجتمعات الحديثة يخيم عليها نوع من القلق، واعتمال الثورة على الذات أصبح شائعاً ومنتشراً منذ صدور كتاب «توكفيل» عن الديموقراطية في أميركا، وذلك إزاء ما يبتدعونه ويعممونه من نظم ديموقراطية تروم البحث عن القوة والسيطرة. وبحسب ما يذكره توكفيل في بحثه الأصيل والمتميز

(*) (من كتاب ألكسيس توكفيل «الديموقراطية في أميركا»).

الذي استعرض فيه الكثير من نظريات الحداثة «هناك» ثورة ديموقراطية عظمى بدأت تكتنف كافة دوائر الحياة الحديثة [جـ 1 ص 57]. ففي مجتمعات ما بعد الأرستقراطية اضطربت الحياة اليومية بسبب تيقظ ونمو النظم الديموقراطية على نطاق واسع وازدياد الشغف بالمساواة في القوة والملكية والمكانة داخل الدولة والمجتمع المدني، كما لاحظ توكفيل أن كل شيء في مجال السياسة يصبح موضوعاً للمعارضة وعدم اليقين، كما اهتزت التقاليد العاطفية، والأخلاق المطلقة، والإيمان الديني لصالح أهداف دنيوية أخرى؛ وفي زمن الديموقراطية السياسية والعلمانية والشك، أفل نجم الاعتقاد الأسطوري بالأرض، وانطفأ نور الإيمان، وأصبحت آفاق التأثير السياسي عالمية، وبالتالي أصبحت موضوعاً للحجة والإقناع والحكم العملي. ومن يعيشون في كنف أمم ديموقراطية ينظرون بعين الريبة والتحفظ للقوة السياسية، ويكونون أكثر ميلاً إلى ازدراء من يتقنون استعمالها ويرتابون فيهم، وبسبب ذلك نفذ صبرهم تجاه نظام الدولة التعسفي، وبذلك خسرت الدولة وقوانينها قدسيتها، وأصبحت ينظر إليها على أنها مجرد ضرورة أو واسطة لقضاء أغراض خاصة، أو وسيلة فحسب لقضاء حاجة ما، وكذلك امتد الارتياب إلى القول بأن الدولة قد أقيمت بداية على أساس التقاء إرادة المواطن. لقد انقضى الزعم بالقوة الموناركية أو الواحدية المطلقة، وبالتدريج اتسع نطاق الحقوق السياسية من الطبقات السياسية صاحبة الامتياز ليشمل حتى المواطنين من أدنى الدركات، وأصبح إقرار النظم والقوانين السياسية مرهوناً بالإقرار والقبول، وعرضة للتبديل والتغيير وإعادة الصياغة والتشكيل.

ولقد أكد توكفيل على أن الامتيازات والفوارق قد تلاشت بالتدريج ليس في مجال السياسة فحسب، بل وفي مجال المجتمع المدني أيضاً، فالديموقراطية الحديثة تتسم بأنها عرضة دائماً «للثورة اجتماعية» (جـ 1 ص 69)، وحلت التعريفات الطبيعية للحياة الاجتماعية محل الاتفاق أو الإجماع المعترف به، وعلى سبيل المثال لاحظ توكفيل أن الديموقراطية قد حطمت بالتدريج وإلى درجة كبيرة عدم المساواة بين الرجل والمرأة، والتي كانت تبدو حتى الآن على أنها ذات جذور أزلية في الطبيعة (جـ 2 ص 263) ـ تراثياً ووراثياً ـ وبدأت الملكية تتوزع، ويتسع نطاق المشاركة في القوة الاجتماعية، وتميل الفوارق والقدرات غير المتساوية للطبقات إلى الاضمحلال، لكن لا يعني ذلك القول بأن الديموقراطية لا تضع أي اعتبار للثروة، بل أن الاهتمام بالملكية الخاصة قد ازداد، لكن توكفيل رأى أنها عرضة للمنافسة، بوصفها موضع اتفاق لإعادة التوزيع من خلال التغير في مقدرات الحياة، وفي المنافسة، وإعادة تحديد التشريع والضغوط الاجتماعية من قبل المعدمين؛ وكذلك مما يؤثر في إفساد نظم الإقطاع والموناركية المطلقة رفض الثورة الديموقراطية الانحناء أمام القوة الاجتماعية للنبلاء وكبار التجار والرأسماليين الصناعيين، مما غرس في قلوب تلك الجماعات الاجتماعية الخوف من فقدان امتيازاتهم، الأمر الذي يبيّن أيضاً لماذا يكرهون النظم الديموقراطية كراهية تامة نابعة من صميم أفئدتهم. وإذا كان توكفيل قد بالغ كثيراً في تأكيد زخم واتساع عمليات التسوية الآنفة، إلا أن منطق تفسيره ظل مسيطراً: فإذا ما قامت مجموعة

واحدة بالدفاع عن مطالب اجتماعية معينة ـ على سبيل المثال حقوق الملكية ـ فإن الضغط سيكون أكبر من أجل توسيع نطاقها لتشمل مجموعات اجتماعية أخرى، وبعد كل تنازل من هذا القبيل سوف تظهر مطالب جديدة من جانب قوة اجتماعية أقل قوة لفرض تنازلات جديدة عن الامتيازات، لدرجة أن المطالب الاجتماعية التي كانت مقيدة ومحصورة في الماضي تصبح ذات مجال كلي. ولهذا فإن المعضلة التي تعانيها المجتمعات المدنية الحديثة هي أنها يجب إما إن توسع الحقوق الاجتماعية لكل فرد أو تمنعها عن أي فرد، حيث أن الإباحة الأخيرة هي بمثابة إرباك تام للديموقراطية، فعملية التسوية الاجتماعية تميل إلى أن تنمي لذاتها قوة دفع لا تنقضي. أو كما يقول توكفيل: إن النظم الديموقراطية تثير شعوراً بالمساواة الاجتماعية التي لا يمكن أبداً إرضاؤها تماماً: «إن هذه المساواة التامة تفلت من أيدي الناس وتطير منذ أول لحظة يعتقدون فيها أنهم نالوها أو كما يقول باسكال: فرار أبدي» (جـ 1 ص 285)؛ والمجتمع المدني ذو المعدل الأدنى للقوة هو الذي يقع بصفة خاصة في قبضة تلك الآلية. إذ يدب فيه الاضطراب في حالة الإذعان لتلك الآلية، وفي حالة إمكانية التغلب عليها، يسوده أيضاً القلق بسبب عدم التيقن من تحقيق المساواة، وتضيع الآمال في الحماس الداخلي ويصاب الناس بالإحباط وخيبة الأمل، ومن ثم تعود الدعوة للكفاح من أجل المساواة. وهذه الحركة الدؤوبة للمجتمع من شأنها أن تسقط عالم الديموقراطية الحديثة في منازعات شكية جذرية (راديكالية) وحب جارف للتجديد (جـ 1 ص 261). وفي خضم تلك الدوامة

الديموقراطية لا يبدو أن شيئاً يمكن أن يحظى بالثبات أو لا تنتهك حرمته فيما عدا الكفاح الدوار والحاد من أجل المساواة الاجتماعية والحرية السياسية .

- II -

لأول وهلة يبدو توقع توكفيل بأن الديموقراطية سوف تصبح عالمية ومبدأ راسخاً للحياة الحديثة لا يرتبط تماماً بموضوع ما بعد الحداثة ، وهناك تفسيران يمكن أن يقدما لهذا الشك :

التفسير الأول يقوم على أساس أن معظم المناظرات الجارية حالياً بصدد موضوع ما بعد الحداثة قد عزلت نفسها عن النظريات الخاصة بعمليات التحديث ، بدليل أن ما هو متعلق بما بعد الحداثة يفقد جاذبيته في مجالات علم الاجتماع والسياسة والاقتصاد . ولهذاع فإن اهتمامي بتوكفيل يقوم على أساس أن مناقشة «ما بعد الحداثة» تقتصر فقط على الظواهر «الثقافية» وليس بالحياة الاجتماعية أو السياسية . بيد أنني لست مقتنعاً بهذا الاعتراض ، لأن ما هو حاضر غالباً كمساهمة «علمية» أو «جمالية» بالنسبة لمناظرة «الحداثة/ ما بعد الحاثة» قد بني بعمق ـ وغالباً بطريقة ضمنية ـ على أساس الأحكام الأساسية الخاصة بعمليات التحديث ، والتي إما ألصقت بها وصمة باعتبارها إفساد (جامسون تافوري) أو احتفي بها باعتبارها تمثل تقدماً سياسياً واقتصادياً وثقافياً (الديموقراطية الاجتماعية لما بعد الحرب ، تجاه المحافظين الجدد) .

التفسير الثاني يرتكز على أن بداية ما بعد الحداثة تبيّن لماذا

يمكن الادعاء بأن نظرية توكفيل عن الثورة الديموقراطية الحديثة هي نظرية خارجة عن نطاق موضوع «ما بعد الحداثة»، إذ يسود بين العديد من المدافعين عن اتجاه ما بعد الحداثة إحساس قوي بأن الادعاء بأن كل الأشياء حديثة، ليس فقط البحث العلمي والفن الحديث، بل أيضاً بناء القوة السياسة الاجتماعية يمثل بدوره معضلة كأداء؛ وبناء على ذلك يقال: إن المشروع الحديث يعتوره الفساد برمته، ولا يصلح للتنفيذ ولا للحياة، إنه بذلك يصبح موافقاً لقانون الكنيسة ـ أو سيظل كذلك لحقبة طويلة ـ ويبث في الأذهان بلادة مميتة ـ مع أنه ليس إلا مجرد زعم ـ ولهذا ينبغي أن نتخلص منه، فنجحده ونتجاوزه وعلى هذا سوف يظل الاعتراض الأصبى هو: أليست نظرية توكفيل عن الثورة الديموقراطية الحديثة مجرد رغبة أو شوق! بمعنى أن تجار الأشياء القديمة الذين يرتادون الأركان المظلمة للمتاحف وأماكن حفظ الوثائق التاريخية (الأرشيفات) وكذلك فلاسفة السياسة التقليديين يبحثون عن اليقين تحت أضواء كاشفة، لكن ألا يطابق ذلك المناقشة الجارية بصدد ما بعد الحداثة؟

إن الإجابة التي أود أن أدافع عنها هي النفي القاطع لأن تكون الأهمية الأساسية لبحث توكفيل هي عرضه الموجز للخطوط الأساسية ـ بطريقة واضحة النقص أو غير كافية إن جاز القول ـ للمفهوم السياسي الاجتماعي الضروري (لاستيفاء الاتساق الذاتي) لمعظم الدفاعات الفلسفية المتقدمة عن ما بعد الحداثة، وأذكر منها بحث جان فرنسوا ليوتار بعنوان «حالة ما بعد الحداثة» والذي يعرض ـ على العكس من ذلك ـ وبصورة ظاهرة التناقض التام بين الأساس الاقتصادي والاجتماعي اللازم للأطروحات الفلسفية،

كتلك التي عرض ليوتار خطوطها العريضة مما أتاح الفرصة أمام توكفيل للقيام بأول دفاع وتحليل متعمق للثورة الديموقراطية، وانطلاقاً من هذه الرؤية المتناقضة نجد أن النموذج الذي دافع عنه ليوتار عن «ما بعد الحداثة الفلسفية» لم ينسلخ تماماً عن منظور الحداثة، لكنه ـ من ناحية الإمكان على الأقل ـ افترق عن مضمونها السياسي الاجتماعي، ومع ذلك ظل هذا النموذج يمثل عاملاً قوياً لتجديد وتعميق إمكانية الديموقراطية الحديثة.

في محاولة لإبراز ولتفكيك وتحديد العلاقة الحميمة الكامنة ولو توهمياً، بين ما بعد الحداثة الفلسفية والديموقراطية الحديثة، سوف أركز تحديداً على كتاب ليوتار «حالة ما بعد الحداثة» وفي سبيل ذلك لا أريد أن أضع أهدافاً عن «تمثيلها التام» لحركة الحداثة ككل، تلك الحركة التي اتسمت بالتقلب والتغير العميق، وإثارتها لأنواع متباينة من الأسئلة ولامتابعات تجعلها مشجعة وجديرة بالتطلع إليها، ليس فقط لأن «الحداثة» التي موضوعها المذهب النقدي هي ذاتها متميزة بدرجة عالية (الفن المعماري لكاربوذيه، والفن التعبيري المجرد، والعلوم الوضعية الجديدة عند كارل بوبر من الواضح إنها ظواهر ليست متماثلة الشكل)، لكن أيضاً وبتحديد أكثر، لأن ما بعد الحداثة الفلسفية والتي انجذبت إليها بعمق بعدة طرق، تتسم بكرهها الذي له ما يبرره لمحاولة تجميع العالم في وحدة واحدة، ذلك العالم الذي يبدو في الواقع كمركب لا متناهٍ، ديناميكي واقع مرهون بعلم اللغة ولهذا لا يمكن أبداً تفسيره من كثرة المنظورات؛ هذه النقطة الأخيرة لا توضح فحسب لماذا لم أهتم بالإشارة إلى «تمثيلات حالة ما بعد الحداثة»، بل تبيّن أيضاً لماذا لم أعتن بتلخيصها بمصطلحاتها

الخاصة، ولا بأن أستخرج منها تعميمات متسقة ونتائج ثابتة وراسخة، وكذلك ينبغي أن أتجنب تلك الخيارات مفضلاً عليها تتبع نوع من المدخل التأويلي «الهيرمينوطيقي» الذي يحاول إعادة بناء الحجج المنظمة قصدياً بكتاب «حالة ما بعد الحداثة» للدفاع عن مذهب ما بعد الحداثة، ولكي نعين الطرق التي بها يبعدون النص عن «الأوضاع» التي كرسها مؤلفه، وبدقة أكثر فإني أروم البدء في ماطرة البرهنة التي تقود النص إلى كلٍ من الإنكار ـ باسم ما بعد الحداثة ـ وإقرار الأهداف الاجتماعية السياسية التي تتوافق بشدة مع معالم مشروع الديموقراطية الحديثة والتي حددها توكفيل .

- III -

إن المنزلة الهامة لكتاب «حالة ما بعد الحداثة» هي أنه يعرض البديل لأوضاع التكنولوجيا في أواخر القرن العشرين، أو ـ كما يفضل ليوتار أن يطلق عليها ـ مجتمعات ما بعد الحداثة، وهذه الدوال الهامة تعد ـ من ثم ـ بمثابة وسائل لاكتشاف مجموعة أدوار أوسع لآفاق البحث مثل مستقبل الجامعة، والعدالة الاجتماعية، والوثنية (الفيتشية) المعاصرة لعبادة الفعالية وقوة النفوذ، وأزمة الميتافيزيقا، ونظرية الأنساق، وبناء ووظائف الرواية، وخطورة المجتمع الحاسوبي التام، وإمكانية علم ما بعد الحداثة الذي يؤكد تماماً الانقطاع وعدم الاتصال، والانتكاسة، وعدم إمكان التقويم، والمفارقة المطلقة أو التناقض الظاهري .

لقد اهتم ليوتار بمشكلة الشرعية بصفة خاصة، ويعني بها العملية التي تحاول بها كل حيلة أو لعبة لغوية (أيديولوجية) معينة

أن تؤسس «حقيقتها» و «صوابها» وفعاليتها (إمكانياً) ـ وعلى ذلك تحاول أن تعلي من شأنها فوق الحيل أو الألعاب اللغوية الأخرى المنافسة لها ـ من خلال الألفاظ التي نعنيها بكثير أو قليل من الوضوح بالنسبة للحامل لحيلة لغوية معينة، والقواعد المتعلقة بمثل هذه الأمور تماثل الحاجة للروايات، وللاتساق الداخلي، والتحقيق التجريبي والاتفاق الجماعي الذي يتم تحصيله من المناقشة، وما إلى ذلك؛ وهذه القواعد لا تؤلف فحسب خطوطاً إرشادية تتعلق بكيفية صياغة ألفاظ الدلالة ـ والتي فيها يكون تمييز الصادق/ الكاذب هو المعيار المركزي ـ بل أنها تنسب إلى أفكار عن «قواعد السمع، وقواعد القول، وقواعد السلوك» القدرة على صياغة وفهم العبارات التقريرية والتقويمية؛ وعلى ذلك يمكن أن نتخاطب ونتفاعل مع الآخرين بطريقة مألوفة. إنها تواضع مقبول حول هذه القواعد البراغماتية، أو كما يقول ليوتار فهذا يجعل المشاركين في مجموعة لغوية معينة يتطابق كل منهم مع الآخر كمتحاورين. كما يسمح بتمييز لعبتهم اللغوية عن غيرها من اللغات، فالألعاب اللغوية لا تقع تحت إمكان القياس.

من هذا المنظور «الفتغنشتايني الجديد» (المنظور الجديد الذي ينتسب إلى فتغنشتاين) يؤكد ليوتار على أن كل لفظ داخل نطاق لغوي معين ينبغي أن يفهم على أنه فاعلية أو نشاط، أو كحركة مع أو ضد لاعبين، إما من نفس اللعبة اللغوية أو من لعبة أخرى. والألفاظ يمكن فهمها ـ فضلاً عن ذلك ـ باعتبارها حركات تقابل عدداً هائلاً للغاية من الأنداد يمثل الكل الذي هو اللغة السائدة ذاتها. ولهذا فإن مبدأ ليوتار الأول ينص على: إن إنجاز أفعال الصياغة يتضمن محاولة دفاع دقيقة أو موقف فكري

ثابت تجاه لاعبين آخرين أو تجاه اللغة ذاتها؛ وبهذا الاعتبار فإن اللاعبين داخل لعبة اللغة يركزون دائماً على علاقات القوة، والقوة تفهم هنا باعتبارها قدرة الفاعلين لرسم وضع إجمالي أو إحداث تغيير مؤثر في فعاليات الصياغة للآخرين داخل الإطار الموجود فعلاً للعبة لغوية معينة، والتي تمثل بذاتها دائماً أبنية سابقة للأنشطة الكلامية للأفراد أو المجموعات.

هذه الإشارة حول القوة واللعبة اللغوية تتضمن أيضاً ـ وهذا هو مبدأ ليوتار الثاني ـ أن ألعاب اللغة يجب أن تُعد بمثابة ممارسات اجتماعية محددة لإنجاز قاعدة ملزمة أو قاعدة مسيطرة، مما يعني أن نشارك في الوقت نفسه في إنتاج أو إعادة إنتاج أو تحويل صور الحياة الاجتماعية. والمجتمع قد لا يفهم على أنه كلٌ وظيفي منظم عضوياً (بارسونز)، ولا على أنه أساس يشمل ثنائياً منفصلاً أو متجزئاً (ماركس)، بل أن الرابطة الاجتماعية تشبه بالأحرى لغزاً معقداً لألعاب أو فرق لغوية متباينة، وأحياناً ما تكون متنافسة، متملصة، متزلجة، ولكنها مع ذلك تطيع قواعد لتنوع غير محدد المعالم؛ ولهذا لا يمكن أن تتركب أو تفهم تحت سلطة أي تحول خطابي منفرد. وقد اقتبس ليوتار تشبيهاً من فتغنشتاين (مباحث فلسفية فقرة 18) ليصل إلى أساس تلك النقطة المتعلقة بآلاف اللعب اللغوية، وهو أساس زهيد أو لا يؤبه له تماماً إلا أنه يشبه نسيج مجتمعاتنا، وفيه يقول «إن لغتنا يمكن اعتبارها أشبه بمدينة قديمة هي خليط مدهش من شوارع صغيرة وميادين، ومن منازل قديمة وأخرى جديدة، ومن منازل زيدت عليها إضافات في عصور متفاوتة، وهي محاطة بعديد من

الضواحي الجديدة ذات الشوارع المستقيمة المنتظمة والمنازل المتماثلة».

ويرى ليوتار أن هدف ما بعد الحداثة يتمثل في تحديد تلك البصيرة أو النظرة الثاقبة تجاه الشخصية المتشظية واللامتناهية للمجتمع، خاصة القول بأن هذا يعني أن ما بعد الحداثة قد كرس لمهمة حل ألعاب اللغة المسيطرة التي التحمت من الآن فصاعداً معاً، وبيان كيف تقوم بتطبيع كلمات أجنبية أو إدخالها صورة معينة ـ حديثة ـ للرابطة الاجتماعية، وكثرة الألعاب اللغوية الجارية في أي مجتمع لا يمكن تقويمها أو نسخها في أي ـ ما بعد ـ خطاب شمولي، ومحاولات القيام بعمل دقيق توجب القيام بممارسات للقياس الفاسد (la paralogie)، وذلك يكون بمحاولات الإذعان لاتفاق الرأي، لإنتاج اتجاه معارض ودائم لهدم التماثل بين ألعاب اللغة غير المتطابقة. وفي نظري، فإن نص ليوتار قد وصل إلى صورته الأتم والأكثر استبصاراً عندما فحص بدقة وتشكك مختلف أنواع الجذور اللغوية: فالمحاورة الأفلاطونية هي نموذج لحوار يبغي الوصول إلى تماثلٍ أو تجانسٍ في الرأي بين مشاركين متواصلين، والحكايات الشعبية التي تعيّن ما يمكن وما لا يصح أن يقال ويفعل في المجتمعات التقليدية، والاعتماد الأساسي للخطاب العلمي الحديث على تقنيات ما بعد الرواية يأخذ مكاناً أساسياً مثله مثل مناهج الاستدلال، والدلالة، ومناهج تأسيس البرهان والحجة، ومناهج التكذيب وقواعد دراسة العادات والأخلاق التي تنشأ مع تمادي الزمان. واهتمام المثالية الألمانية بتركيب مختلف الفروع الحاملة للمعرفة من خلال تجميع ما وراء الروايات، التي تفهم كلاً من هذه المعرفة والروايات ذاتها

كلحظات في صيرورة الروح، كذلك فإن النظرية القديمة عن الشرعية السياسية الاجتماعية التي ترى أن الاتفاق العمدي والإرادي للناس هو الشرط الضروري للعدالة والحرية السياسية، واقتراح رجال الحكومة الحاليين هجر الأفكار القديمة الخاصة بالنزعة الإنسانية الديموقراطية واقتراح الفاعلية والكفاءة والإنجاز كمعيار أساسي وحيد للشرعية، هذه التساؤلات تؤكد الطبيعة المتغايرة والتقليدية تماماً لجذور اللغة. ومن هنا تنشأ الشكوك حول أهدافها الإمبريالية عندما تريد أن تكون مطلقة.

إن تساؤلات ليوتار لا تقود بالضرورة إلى امتياز لعبة لغوية واحدة (متفقاً في ذلك مع رأي سيلا بن حبيب) ـ العلم الطبيعي والرياضي الذي يؤكد عدم الاستمرار والاختلال بالتوازن الذاتي ـ على جذور لغوية أخرى ليس بينها أساس يصلح للقياس، ولم يتمسك ليوتار بشرط الإنجاز، بل حصن نفسه ضد هذه النتيجة بواسطة إعادة الاعتبار لمنطق المصادفة كما وجد ـ حسبما يذكر ليوتار نفسه ـ في كتابات السوفسطائيين الإغريق، والصفة الأساسية لهذا المنطق هي مطالبته بنسبة الكذب إلى منطق الحقيقة الكلية الواحدة بالتدليل على أن الحقيقة هي خاصية لمنطق الجزئي، والأحوال الخاصة والمناسبة أو الظرف الخاص. هذه المقدمة لا تنطوي على تناقض أبداً، لأن هذا المنطق الجزئي لا يفرض نفسه كمنطق كلي شامل ولا كحقيقة صادقة تماماً، بل بالعكس فإن تساؤلات ليوتار تتفق بعمق مع مذهب المنطق الجزئي وبالتالي فإنها تسهم بصورة قاطعة ـ على ما أظن ـ في تصحيح نظرية الوظائف الإيديولوجية لألعاب اللغة.

وتحت ضغط هذا النوع من القياس الفاسد الذي دافع عنه

ليوتار، فإن الأيديولوجيا قد لا يدوم فهمها، ولا تظل ألغازها واضحة ومن ثم باتت موضوعاً للنقد داخل نطاق الماركسية التقليدية. فإذا انطلقنا من المنظومة الماركسية التقليدية سوف نجد أن تساؤلات ليوتار تنتهي إلى أن الأيديولوجية ليست صورة لتزييف أو تمويه غير مشروع لحقيقة أنطولوجية قبلية سابقة على عمليات الحياة المادية التي سادها التقسيم الطبقي، ومن ثم فإنها أداة ـ كما ظن ماركس ـ لكل من علم اللغويات السابق عن النقطة الأرشميديسية ـ أي النقطة الثابتة ـ لأصل الصور الأيديولوجية. وكنقطة للحقيقة التي تتستر وراء المظهر الزائف للأيديولوجية. ولكن يذكرنا ليوتار بأنه ليس هناك شيء اجتماعي على وجه التحديد «ولا حتى عملية الفعل ذاتها» يتألف من هذه النقطة الأرشميديسية الكامنة خلف أصول اللغة، فأصول اللغة لا يمكن أن نتصورها كتبسيط متسق أو سلطة لأي نسق اجتماعي، إنها مقارنة متساوقة مع الحياة السياسية والاجتماعية معاً، وفضلاً عن ذلك فإن تساؤلات ليوتار لا تقتصر فقط على بيان أن الأيديولوجية ليست ببساطة ـ بأكثر المعاني الماركسية صرامة وتشدداً ـ شبه حجاب خفي ينسدل فوق السطح ليحجب العلاقات الاجتماعية «الحقيقية»، بل أيضاً لن تكون هناك «نهاية للإيديولوجية»، بمعنى أن مجتمع المستقبل سوف يتحول تماماً إلى واقع حر من قواعد وتأثيرات ألعاب اللغة؛ وكذلك فإن تأكيده على المغايرة والخاصية المألوفة تماماً لألعاب اللغة تتضمن اختلافاً جذرياً وتصوراً نقدياً للأيديولوجية، كذلك فإن استرسال البحث عن أسس وحقيقة شاملة ستحل محل مضامين منطق الخصوصية والسياق المعتمد للثنائية (تعدد الألوهية).

من هذه النقطة المعدلة لما بعد الماركسية فإن الأيديولوجية قد تفهم على أنها «رواية كبرى» أو كنوع خاص للعبة مسيطرة (كامنة) وظيفتها ـ وإن لم تنجح فيها دائماً ـ أن تخفي كلاً من شروط إنتاجها الخاصة وكذلك المذهب التعددي لألعاب اللغة داخل النظام السياسي والاجتماعي المؤسس والذي يمثل جانباً حيوياً؛ بمعنى آخر، فإن تصور الأيديولوجية قد يكون قابلاً للتطبيق على أي لعبة لغوية خاصة تقود إلى تمثل وتوكيد ذاتها كاهتمام كلي أو عام، أو كفرض لا يقبل الشك، ولهذا فإنه متحرر من إمكانية الحاضر. إن ألعاب اللغة الأيديولوجية تريد أن تحظى بسيطرة عامة، ولهذا فإنها تستبعد و / أو تكبح جماح ـ الإرهاب كما يقول ليوتار ـ أي لعبة لغوية أخرى؛ وبهذا المفهوم فإن نقد الأيديولوجية قد يتقابل بصورة قاطعة مع الهدف السياسي المضاد للحداثة من جانب النظرية الماركسية التقليدية عنها، خاصة محاولاتها للتقليل من القيمة الكلية الكاذبة لندية اللعبة اللغوية بواسطة عرض لعبتها اللغوية الخاصة على أنها حقيقة كلية وتبرير أخلاقي؛ وهنا لا يمكن مهاجمته لأنه لكي ننقد الأيديولوجية بهذه الطريقة المنقحة يتوجب علينا التيقن من أن هناك تضاد، لكن مع ذلك توجد علاقة حميمة بين الأيديولوجية والثورة الديموقراطية الحديثة؛ وبالنسبة للأيديولوجية المتسامحة فإنها تكبت طاقة كامنة وتبطل الكثرة الأساسية لألعاب اللغة التي ـ كما ذكر توكفيل لأول مرة ـ تتلقى منها الثورة تسهيلات كبيرة وتترعرع تحت ظلها .

- IV -

هنا أسمح بتوسيع «وتسييس» خط تمر من خلاله الإشارات

الخفية إلى حالة ما بعد الحداثة بصفة عامة، فهذا المقال يوجز حديثاً عيمقاً عن تطوير أعمق لدلالته الضمنية الخاصة، وقد يرتدي ليوتار «قناع الوثنية»، لكن الأحداث السياسية والاجتماعية تصطدم دائماً في هذا البحث باللجوء إلى صياغات غامضة واقتراحات لا شكل لها، وبهذا الاعتبار فإن حالة ما بعد الحداثة ـ كما تتمثل في كمٍ كبيرٍ من الكتابات عن ما بعد الحداثة ـ يمكن القول: إنه بالرغمٍ من أن معظم الجوانب الخاصة بمذهب ما بعد الحداثة تظل غير سياسية، إلا أنها تكتسب الصفة السياسية ـ لأنها تتضمن إشارات عن التوزيع القائم والشرعي لتبلور القوى في الهيئات الرسمية والأهلية ـ بطريقة غامضة أو مبهمة، وكذلك يمكن القول: إن ما بعد الحداثة تنطوي على شيء من مقاومة وتحدي حكايات سادت في خطاب الآخرين، كما تنطوي على تساؤلات وشكوك أكثر من تضمنها لرموز ثقافية مكتشفة، وتفتح نظماً كانت مغلقة لتجعلها مغايرة للنص القديم تماماً، وتصبح أكثر قابلية للاختلاف وعدم استمرارية الإيمان بها، والنقص والتناقض؛ ومع ذلك نجد عبارات كتلك التي ذكرناها تظل على درجة عالية من الإبهام، إذ يبدو أن الصراحة المكبوتة أو المهمشة أكثر إثارة للتفكير في المطالب السياسية والاجتماعية أو أكثر جلباً لإعمال الفكر في علم الاجتماع السياسي.

إن حالة ما بعد الحداثة تتسم بالمثل بعدم اليقين المبالغ فيه وضعف الوضوح بصدد انتماءاتها السياسية الاجتماعية، والدليل على ذلك أن الوصف الموجز والغامض لليوتار في مقاله عن الخطوط العامة للسياسات التي قد تهتم على قدم المساواة بالرغبة في العدالة واشتهاء المجهول (ص 180)، وكذلك المماطلة

المتمثلة في إصراره (ص 88 ـ 97) على أن معرفة ما بعد الحداثة تهدف إلى تهذيب إحساسنا بالمتغير الجوهري لقواعد لعبة اللغة، وأن تدعم قابليتنا لإمكان المغايرة، وهناك صعوبة أخرى مازالت قائمة هي هؤلاء الواحديين الذين يحتلون لحظات سياسية عميقة في حالة ما بعد الحداثة (مثلاً ص 8، ص 63: 78)، وفيها كان ليوتار يروم بيان أننا ندخل الآن زمناً علينا أن نتجنب فيه الحكايات الكبرى، زمن سوف يضحك فيه الأفراد بتهكم وازدراء ملء أشداقهم أو يبتسمون بسعادة في صدورهم على كل اعتقاد تعلموه؛ بيد أن هذا الرأي لا يعقل لأنه يفترض زيفاً أن الألعاب اللغوية الكبيرة (أو الأيديولوجية) قد ماتت في كل مكان، كما يدعي كذباً أن كل الأفراد والجماعات التي تعيش حالياً في غرب وشرق أوروبا وأميركا الشمالية تتمتع بالفعل بحريات سياسية ومدنية كاملة ضرورية ليدافعوا عن أنفسهم ضد قيام أيديولوجيات مستقبلية، كما يفترض ليوتار أيضاً افتراضات خادعة عندما وقع في صورة مركزية للمذهب التعبيري الرومانسي الجديد، وذلك بظنه أن زمن الابتعاد عن الأيديولوجيا أو الحكايات اللغوية الكبرى سوف يؤدي إلى الاستبعاد التام للقوة والصراع. كما لو أن التزيين الباهر للأنساق الديموقراطية الحديثة ـ على وجه الخصوص ـ سوف يحد من الصراعات الجادة، وأن حشد القوة قد حلت محله عجلات الماء، والحرف اليدوية، والتحف الأثرية الأخرى بواسطة كلٍ متجانسٍ وشفافٍ تماماً.

ويذكر ليوتار بصورة مقنعة أن ألعاب اللغة تكون معقولة وممكنة التفسير فقط، إما على أساس استقلالها بذاتها، أو على أساس قواعد لعبة لغوية أخرى. وفي حالة ضعف لعبة لغوية لها امتياز

خاص، فلن يوجد بديل إلا أن ندرك الفرق بين ألعاب اللغة، القدر اللامتناهي الكامن لقواعد تعريفها. هذا أمر جيد وخيِّر، لكن إذا كانت هذه النتيجة المتعلقة بما بعد الحداثة والقائلة بأن ألعاب اللغة ليست متماثلة، تعني أن يكون لها مصداقية سياسية، فإننا لكي نتجنب الانزلاق إلى احترام غير نقدي (ساذج) لنماذج موجودة لمجتمعات في نهاية القرن العشرين ولا توجد فيها ديموقراطية ولا مساواة (بل تقوم على الإذعان، الذي هو آفة خطيرة لموعظة فتغنشتاين القائلة بأنه على الفلسفة أن تترك كل شيء كما هو) يكون علينا ألا نتبنى أي اتجاه حرًّ ونزيه للعمل على التحديث (كما يتضح في البحث الحالي الذي نشره ليوتار، حيث يقول ضد هابرماس، إن «أوشفيتز» يمكن أن تتخذ نموذجاً، كإسم للحداثة السيئة والناقصة)، إذن فهذه المجتمعات لا بد أن ترتبط ـ أو كما سأذكر فيما بعد ـ في شك ضمني حول الأحوال والظروف الخاصة التي تقدرها لإمكانياتها. ومن وجهة نظري، هناك صلة حميمة كافية ـ وليس فراغاً بسيطاً ـ بين فحص ليوتار لحالة ما بعد الحداثة، وخط الحجة السياسية الذي يدافع عنه توكفيل في تناوله لحالة الحداثة. إنني أطرح هذا الادعاء ليس فقط على دفاع ليوتار الظاهر التناقض ـ وإن كان يبدو متوافقاً ذاتياً، ويظهر معقولية خلابة ـ بل عن الدفعة الشديدة والديناميكية التي لا يمكن تمثلها للجماليات (الإستاطيقا) الحداثية، والتي ـ كما يقول ليوتار ـ تحملها الإرادة الى واقع مشكوك فيه باعتباره واقعاً زائفاً، ولابتداع واقع جديد مختلف. إن حدود بحثي أوسع من ذلك، لأن اتجاه ما بعد الحداثة بحسب النوع الذي دافع عنه ليوتار لا يؤلف انسلاخاً تاماً ـ ولا حتى مما يفضي إلى تعبيرات

متناقضة ـ فإن ما بعد الحداثة عند ليوتار تتضمن الحاجة إلى تجديد وتطوير أعمق للتقاليد الديموقراطية الحديثة، ذلك أن ما بعد الحداثة هي مطلب للاتجاهات الحديثة تماماً، ودفاع عن الدينامية والثورة الديموقراطية التي نتطلع إليها في الشرق مستقبلاً وتم تعيينها بواسطة توكفيل. وأعتقد أن هذه المعادلة المتناقضة (المفارقة) يمكن أن ترسخ وتوضح من خلال البحث عن الفروض السياسية الاجتماعية المسبقة لمذهب ليوتار في «ما بعد الحداثة» بواسطة إعادة عكس الواقع المعكوس عن الأحوال السياسية الاجتماعية الضرورية لتنظيمها على أساس دقيق وحفظها كما هي.

وبتأمل الخط التالي من الحجة، والذي يمكن أن نعتبره بمثابة استجابة ممكنة لسؤال ليوتار الذي لم تتم الإجابة عنه وهو: أين يمكن أن تنشأ أو تقوم الشرعية بعد تبديل الحكايات (الأيديولوجيات)؟ (ص 8). هذا السؤال المتعلق بهؤلاء الآلهة الذين بذلوا ما بذلوه من جهد ليحوزوا السيطرة على حياتنا، وأننا يمكن أو ينبغي أن نخدمهم في زمن العدمية، نشأ أيضاً ـ وظل للمرة الثانية بلا إجابة ـ في عمل نشره ليوتار قبل ذلك بعنوان «الاقتصاد الغريزي» (اللبيدي) وفيه يتحفز لطرح الإجابة التالية: لكي نبدأ بحث ما بعد الحداثة فإن لعبة اللغة قد تكون غير قابلة للقياس، ولا يمكن تعقلها أو تفسيرها إلا في حدود اختلافها عن، أو تشابهها مع، ألعاب لغوية أخرى؛ هذا يتضمن قلباً لكل الادعاءات والنصوص التي تعارض أو تنكر هذا البحث.

إن مذهب ما بعد الحداثة يمكن أن يكون متوافقاً ذاتياً، بمعنى أنه يكرس ذاته للتشكيك في المنظور الفلسفي السياسي، وخلخلة كل ادعاءات لحقيقة مطلقة أو ما هوية أو ما أطلق عليه

أيديولوجيات. لهذا فإن ما بعد الحداثة لا يمكن أن تظل قانعة بالتأكيدات السياسية المبكرة عن الحاجة إلى تسامح لا حدود له، وتدعيم ثقافتنا «بطريق المحادثة» عن طريق رواية القصص ـ أو بحسب رؤية ليوتار ـ التعجب من التقسيم المطرد للأجناس البشرية بما يُماثل ما نفعله في تقسيم أنواع الحيوان والنبات (ص 47).

ومن اليقيني أن ما بعد الحداثة لا يمكن أن تتشبث بسذاجة بالنظرة الواثقة من نفسها، بل غالباً ما تشترك مع الأشكال المختلفة للنسبية المعرفية والأخلاقية، والقائلة بأن كل شيء هو خير مثل الأشياء الأخرى. إذ إن ما بعد الحداثة تتضمن بالأحرى الحاجة إلى الديموقراطية، لأن التنظيمات المؤسسية التي تضمن أن المدافعين عن الصور المتشابهة أو المختلفة لألعاب اللغة يرون أنها يمكن أن تفتح وتُفصَّل باستمرار الكلام عن صورها الخاصة للحياة.

ولا ريب أن ما بعد الحداثة تتضمن ـ بالأحرى ـ الحاجة إلى نظم أو آليات سياسية ـ للتسوية وتجنب الصراع ـ تحد وتحول دون المقاومة الحادة التي تنبع غالباً من التناحر بين الصور المتنافرة للحياة، وما بعد الحداثة لا تتضمن الفوضوية، فالهيئات السياسية القوية والفعالة ـ كما أشار توكفيل ضد معاصريه الذين حلموا باضمحلال الدولة ـ هي بالضرورة شرط لحفظ الثورة الديموقراطية، بالضبط مثل كل المتكلمين بلغة (تناسب ابتسامة توكفيل) لا بد أن يستعينوا بقواعد نحوية محددة ودقيقة لكي يعبّروا عن أنفسهم. كذلك فإن المواطنين الذين يعيشون معاً في مناخ الديموقراطية الحديثة لا بد أن يُخضعوا أنفسهم لسلطة سياسية

بدونها سيكونون نهباً للفوضى والاضطراب (ويمكن إضافة التدبير، بنمط حديث خاص من التشويق لأمانٍ قائم وأيديولوجيات عُظمى أُنتجت بواسطة الخبرة الزمنية ونظم اجتماعية ودينية انحلت ولم تستمر بواسطة المجتمعات الحديثة). وطبقاً لما يرى توكفيل فإن الحاجة إلى آليات وميكانيزمات سياسية هي أمر ملح، خاصة داخل المجتمعات الكبيرة والمعقدة، التي لها ضرورات عامة مثل الحاجة إلى تشريع وتنفيذ قانون وضعي، وتقرير سلوك السياسة الخارجية، ومراقبة فعالية تنفيذها وهذا لا يتم بدون هيئة وقوة مركزة.

ومع أن ما بعد الحداثة الفلسفية عند ليوتار تتضمن الحاجة إلى آلية الدولة لتسوية الصراع، فإنها تطرح أيضاً الحاجة إلى آليات تحول دون أن تكون قوة الدولة مطلقة. وكما أن نظرية توكفيل تهتم في آن بالدفاع عن الديموقراطية الحديثة، والإشارة إلى ما ينتج عنها من أخطار، فإنها تعود لتمدنا ببعض الإيحاءات المفيدة بهذا الصدد؛ إذ يذكر توكفيل أنه لكي نحول دون انحدار الطغيان الإداري ـ ولا سيما أن العوام يختارون دولة الاستبداد لأن مؤسساتها تتسم بالتنظيم الجيد والهدوء والاستعباد الآمن ـ إلى العالم الحديث وبالتالي عرقلة لحظة الثورة الديموقراطية لهذا، نحتاج إلى آليات ذات أنواع عديدة لمنع تركز الاحتكار الخطير للقوة داخل نطاق هيئات الدولة؛ ويذكر توكفيل أن تعطيل حركة الثورة الديموقراطية يمكن أن يصل إلى أدنى حدٍ له بتأمين تلك القوة السياسية بواسطة توزيعها في أيد عديدة ومختلفة؛ وأن تكون السلطة التشريعية موضوعاً لانتخابات دورية، بالإضافة إلى وجود سلطة تنفيذية مستقلة وكذلك قضاء مستقل، فالتأمين ضد ماطر

حكم الطغيان يتطلب إطلاق تداول السلطة السياسية، وتغيير الأيدي التي تعمل فيها، وتكريس روافد متنوعة للعمل، وبهذه الطريقة نحول دون الصيرورة المركزية المفرطة بما تنطوي عليه من آثار. وكذلك يؤكد توكفيل النتائج الثرية تماماً لعمل المواطنين داخل هيئات الدولة، واتخذ من هيئة المحلفين الأميركية نموذجاً لهذا المبدأ المكمل لنظم وآليات الديموقراطية النيابية ـ على سبيل المثال اختيار المواطنين لممثليهم في السلطة التشريعية ـ مع المشاركة المباشرة للمواطن. وفي نظره أن نظام المحلفين ييسر للمواطنين حكم أنفسهم وبالمثل يعلمهم كيف يحكمون الآخرين بعدل وحزم، كما يتعلمون كيف يكون لديهم حس مرهف ويحترم الآخرين، وأفضل من ذلك يمنحهم القدرة على حكم المواطنين التابعين لهم بالصورة التي يودون أن يحكموا هم أنفسهم بها.

ولقد كان توكفيل متيقناً من أن هذه الأنواع من «الضوابط السياسية» ضد حكم الطغيان يجب تدعيمها بتنمية وتطوير هيئات سياسية تقف خلف تحكم هيئات الدولة، ولا شك أن توكفيل قد حد من المجال والملابسات غير الديموقراطية لنشوء رأسمالية الإنتاج الصناعي مثلما قلل أيضاً من التحكم الديموقراطي لمقاومة العمال لتعلقها بالمجتمع المدني. (في كتابه عن الديموقراطية في أميركا لم ينظر توكفيل إلى العمال على أنهم طبقة اجتماعية منفصلة، لكن، بالأحرى، على أنهم قطاع خادم للطبقة الصناعية، وهذا الرأي كان هيغل قد دافع عنهم، وانتقده ماركس ببغض شديد، واتضح أيضاً في كتابات مفكرين فرنسيين آخرين مثل «سان سيمون»، لأن هؤلاء العمال وصغار رجال الأعمال يؤلفون طبقة اجتاعية واحدة «الصناعيين». هذا الحزب يبين لماذا تأثر توكفيل

بطرق متناقضة بأحداث 1848م، كما أشار إلى ذلك «فرنسوا فوريه» (F. Furet) وآخرون، وقد فسر توكفيل كل تلك الأحداث على أنها استمرار للثورة الديموقراطية، والحقد والضغينة، وكانت «أكثر الحروب المدنية رعباً لتحديد الأسس الضرورية للملكية والأسرة والحضارة»).

وقد فشل توكفيل في تصوير الإمكانية لمجتمع مدني ما بعد صناعي كنوع من المجتمع المدني الحديث للغاية، لا تستمر فيه سيطرة المصالح الرأسمالية والأسرة الأبوية. ولم يكن توكفيل أقل صواباً فيما رأى لأن صور الروابط أو المنظمات المدنية كالدوائر الأدبية والعلمية، والمدارس، والناشرين، والعاملين بالفنادق، وأصحاب المصانع الصغيرة والمنظمات الدينية، والمجالس البلدية والعائلات كل عائلة على حدة ــ يمكن أن نضيف إليها أصحاب الحرف اليدوية، وأوكار الغانيات، وجماعات الغواية والسحاق، والايواءات المشتركة، ومعامل التسجيل المستقلة، وعصابات مراقبة البوليس المحلي ــ كلها عوائق ضد كل من الطغيان السياسي والاجتماعي. ولم يحاول توكفيل أن يكرر أبداً الإشارة إلى أن الرقابة المستقلة للمجتمع وحده ــ رقابة تتألف من مجموع العاملين، والتنظيمات الذاتية، والهيئات المدنية للرقابة الدائمة ــ ضرورية لتوطيد دعائم الثورة الديموقراطية، في مقابل الأشكال السياسية للضغط ــ مثل المشاركة في الانتخابات أو خدمة هيئة المحلفين ــ والتي تعتني بالاهتمامات العامة والعريضة للمجتمع المحلي، والهيئات المدنية تتألف من اتحادات للمواطنين المهتمين «بمصالح صغيرة».

ولا ريب أن الجمعيات المدنية تمنح المواطنين القدرة للتغلب

على مهام أكبر تتعلق بالأمة أو الدولة ككل، لكنها يمكن أن تقوم بأكثر من ذلك لأنها تعمق تربية وتقوية الحريات الخاصة والمحلية، وهذا أمر ضروري للغاية لترسيخ المساواة الديموقراطية. وقد اعترف توكفيل بأن الهيئات الاجتماعية ـ بهذا المعنى ـ دائماً ما تعتمد في بقائها والتنسيق بينها على هيئات الدولة المركزية. ومع ذلك فإن الحرية والمساواة بين الأفراد والمجموعات تعتمد أيضاً على إقامة أنواع من التنظيمات، التي ترعى الحرية المحلية وتعمل على تدعيم التعبير الفعال عن الاهتمامات الخاصة، لأن المجتمع المدني المنظم ذاتياً والقائم على التعددية مستقلاً عن الدولة ـ كنوع من السياسات اللامركزية ـ هو شرط ضروري للغاية للديموقراطية. وقد توقع توكفيل ـ إن صحت وجهة نظري ـ أن كل من يروج لتوحيد الدولة والمجتمع، المدني فإنه يُعَّرض الثورة الديموقراطية للخطر، ولهذا انتهى إلى أن قوة الدولة بدون موانع اجتماعية هي دائماً مكمن الخطر وجواز المرور لحكم الطاغية.

- V -

هذا الخط لإقامة الحجة، الذي هو قريب وبعيد للغاية ـ في آن ـ من معنى وقول «ليوتار» بأن ما بعد الحداثة الفلسفية هي بأفضل معانيها نصير وحليف سياسي كامن لمشروع الديموقراطية الحديثة، وإقامة المجتمع المدني والدولة بقدر ما هي بث لروح الديموقراطية في كليهما ـ المجتمع المدني الديموقراطي والدولة الديموقراطية ـ فإنها أحوال زائفة ومتضمنة لمجهود ما بعد الحداثة. لكننا ندافع عن ما بعد الحداثة الفلسفية من النوع الذي

أراده ليوتار كحالة سياسية تتسم بأنها حديثة، فإنها تتضمـن الحاجـة إلى تأسيس أو تدعيم دولة ديموقراطية ومجتمع مدني يتألف من مجموع المجالات العامة، والتي من خلالها يمكن للأفراد أو المجموعات أن يُفصحوا بلا تحفظ عن تضامنهم مع الأفكار الأخرى (أو معارضتهم لها). وبهذه الطريقة نفهم أن الديموقراطية لن تظل متهمة طويلاً بوجود التزام أيديولوجي كبير. الوصية الحادية عشرة هي نوع من المبدأ المغاير أو الحكايات الكبيرة التي تحاول أن تفرض نفسها بالتدليس على الفاعلين السياسيين والاجتماعيين الآخرين باسم نفس الاهتمامات الكلية، كما ألمح إليه «هانز كلسن» لأول مرة. وكما بينت من فحص لنص ليوتار، فإن الديموقراطية الاجتماعية السياسية هي مفهوم ضمني، وحالة واقع مضاد لممارسة القياس الفاسد، وليست نوعاً من لعبة اللغة الإيعازية (أو كما يطلق عليها كانط «الواجب»).

إن نمط التفكير مع أو ضد ما بعد الحداثة المستخدم هنا يوحي مع ذلك، بأن الديموقراطية لا يمكن أن تُفسر بأنها أحد ألعاب اللغة، كما لو كانت مجموعة خاصة تكافح كي تدافع أو تنظم إدارياً ألعابها اللغوية الخاصة حتى تُقرر الاتساق الذاتي لتعمل وفق ترتيبات ديموقراطية لوقت ما، وتخلت عنها أخيراً فحسب. بالعكس رفضها للديموقراطية سوف تمثل قفزة إلى الأيديولوجيا؛ إنها ستناقض بوضوح خصوصية ألعابها اللغوية، وسوف تضغط بقوة لكي تمثل نفسها لنفسها وللآخرين كحامل لواء لعبة لغوية كلية وعامة، وبالتالي سوف تطمس جميع العمليات السياسية والاجتماعية المعهودة للصراع والاندماج التي من خلالها تأسست عملياً كل الألعاب اللغوية الخاصة سواء اتفقنا عليها أو اختلفنا.

وأخيراً من هذا المنظور لن تدوم النظرة إلى الديموقراطية على أنها تترادف في المعنى مع عملية إبادة التقسيم الاجتماعي والصراع السياسي، فقد أدرك توكفيل أنه في المجتمعات الديموقراطية فإن أسس النظام السياسي والاجتماعي تظل على الدوام غير جازمة، لا سيما وقد أضعفت بشدة قوة العادات التي تعتمد شرعيتها إما على مستويات متعالية (مثل اللّه) أو على نظام طبيعي معطى للأشياء (مثل اتجاه الثقافة). وقد بدأت المجتمعات الحديثة تفهم الحاجة إلى استحضار ذاتيتها السياسية والاجتماعية من داخل أنفسها، وبدأت عمليات التحديث تجلب النهاية للحتمية الطبيعية لوسائل وغايات الحياة، وتحطم المرجع القديم الذي يمثل اليقين التام، وبدأ الفاعلون في المجتمع الحديث يعون أنهم ليسوا مملوكين لأي نهايات قصوى ـ مؤسسة على معرفة أو اقتناع عقلي أو إيمان ـ وأنهم مستمرون، ولذلك فهم قادرون على أن يحددوا لأنفسهم الطريق الذي يريدونه لحياتهم، والواقع أن ملاحظة تروتسكي «أن الأشخاص الذين يريدون حياة هادئة قد ارتكبوا حماقة بأن ولدوا في القرن العشرين»، إنما تنطبق على الحقبة الحديثة بأكملها.

إن المجتمعات الديموقراطية الحديثة هي ـ تاريخياً ـ مجتمعات شبه ممتازة، وأصبح من الواضح للفاعلين الاجتماعيين المحدثين أن هناك مجتمع يتسم بعدم التحديد السياسي الاجتماعي، وهم يعون أن ما يُسمى وسائل وغايات اجتماعية وسياسية قصوى تمثل أصلاً أو ماهية حقيقية وثابتة. وأن أساليبهم وأهدافهم مطروحة دائماً للشك والمقاومة، والصراع، وكذلك للتنوع والاختلاف الزماني والمكاني، وهذا ما يبيّن لما لا تلقى القرارات والهيئات

الاجتماعية الحديثة قبولاً تاماً ـ كما لو كانت مناظرات تتعلق بالقوة، والعدالة، أو القانون ـ يمكن أن تُحل بأي وجه من الوجوه ولكي نكرس الكل لما بعد لغة عالمية. كما أدركت المجتمعات الديموقراطية ضرورة الاعتماد دائماً على حكم، لأنهم يعرفون جهلهم، الذي يمكن أن نعبر عنه ـ بحسب اتجاه سقراط ـ أنهم يعرفون أنهم لا يعرفون شيئاً ولا يحكمون كل شيء.

إن المجتمعات الديموقراطية لا يُمكن أن يأخذها العجب بأنفسها لكي تفرض قدرتها على أن تقبض على الكل مباشرة، لأنها دائماً تنطوي على ماطرة وغالباً ما يكون الفعل مبهماً في مواجهة عملية الإقناع الذاتي في كل جوانب الحياة.

ولكي ندافع عن الديموقراطية بهذا المعنى علينا أن نرفض كل أيديولوجيا تحاول أن تكظم أو تخنق اتجاه حرية الإرادة أو القدْرية[1]، بالمطالبة بالتبني العام لصور جزئية للحياة تُرتدى في كل الأدوار المألوفة للاستعارات القديمة والجديدة مثل: كل امرأة تحتاج إلى رجلٍ كحاجة القطيع إلى راعٍ، ونوتية السفينة إلى قبطانٍ، والعمال للحزب، والأمة لأغلبيةٍ أخلاقية، والغاية تبرر الوسيلة، والحكماء يعرفون أفضل، والجنس البشري هو سيد الطبيعة، والوضوح العملي هو أفضل معيار عقلي للمعرفة، والرأسمالية هي الأفضل فعالية وتأثيراً، ولهذا فإنها أفضل صورة لنظام الملكية وما إلى ذلك.

ولكي ندافع عن الديموقراطية ضد هذه الأيديولوجيا أو تلك،

---

(1) القول بأن الأشياء في هذا الكون غير مقدرة ولا تسير على نظام محتم منذ الأزل (المترجم).

علينا أن نرحب بحرية الإرادة، والمناظرة والجدل واللايقين. وأن
نعد أنفسنا لإمكان حدوث ما لا نتوقع، ولإمكانية خلق الجديد؛
إنها مناقضة للفهم الذاتي لما بعد الحداثة الفلسفية لكي ندرك
الحاجة إلى استمرار الثورة الديموقراطية الحديثة التي تتسم
بالنقص، وعدم العصمة من الخطأ، ومهددة اليوم بعالم فيه تشكيلة
كبيرة من الاتجاهات القديمة والمضادة للحداثة.

ليوتار والنقد الكانطي التاريخي/ السياسي

د. أحمد عبد الحليم عطية

لقد أولى ليوتار اهتماماً كبيراً بفلسفة كانط، فقد خصص له
اثنين من كتبه وأكثر من دراسة وسيطر على تفكيره في معظم
أعماله، وأهمها وهو كتاب «الاختلافي»، الذي كتبه في نفس
الفترة التي شغل فيها بالنقد التاريخي والسياسي عند كانط وكتب
فيها كتاب «الحماسة» و «دروس في تحليل الجليل» وقد شغل هذا
الاهتمام عدد من الباحثين الذين تباينت أراؤهم في كانطية
ليوتار.

ونجد موقفين مختلفين من كانطية ليوتار: الأول لدى كل من:
كريستوفر وانت وأندزجي كليموفسكي اللذين يريان أن الاهتمامات
الكامنة في فلسفة ليوتار ترجع إلى سؤالين كانطيين متعلقين
بالأسس (على ماذا تحمل الأخلاق والمعرفة؟) والحرية. ويريان
أن ليوتار يتفق مع قول كانط: «إن الفلسفة لا يمكن أن تعلم،
على أكثر تقدير يمكن للمرء أن يتعلم كيف يتفلسف»، ومن ثم

يظل الحكم هو المفتاح الرئيسي، ويشير إلى مشكلة: كيف يمكن أن تمثل الشمول الكلي التاريخي؟[1].

بينما يرى كريستوفر نوريس ـ في المقابل ـ أن ليوتار يعكس نزعة سائدة بين مفكري ما بعد الحداثة تستغل مفهوم كانط عن السامي (الجليل) (Sublime) أو العلاقة المتوازنة بين الأخلاق وعلم الجمال إلى درجة تتجاوز كل حد يسمح به ما ورد في كتاب «نقد ملكة الجمال». ويوضح نوريس لماذا تولي ما بعد الحداثة أهمية كبيرة لهذا المفهوم، وذلك بسبب كونه يتمظهر بالنسبة لليوتار عند ذلك الحد الفاصل بين اللغة والتمثل، حيث يصطدم الفكر مع تلك التناقضات العصية على الحل ويجبر بالتالي على الاعتراف بافتقاره لمقياس عام يؤسس خطابه وخطابات أخرى[2]. وكتب نوريس في الفصل الرابع من كتابه «نظرية لا نقدية» ضد ليوتار تحت عنوان ذو دلالة «من السامي إلى العبثي»، حيث يخصص الفقرة الأولى عن الكذب وألعاب اللغة، والثانية عن ليوتار مناقشاً كانط. وسوف نعرض ونناقش هذا الموقف الثاني بعد تحليل كانطية ليوتار.

يمكن أن نتبين فلسفة كانط بوضوح في العديد من مؤلفات ليوتار، الذي أولى للنقد الكانطي عامة، والنقد الجمالي خاصة اهتماماً كبيراً، ومع ذلك يكتفي معظم الباحثين في كانطية ليوتار بالاعتماد على كتاب واحد لليوتار هو «الاختلافي The

---

(1)   كريستوفر وانت وأندرجي كليموفسكي، أقدم لك كانط، ترجمة إمام عبد الفتاح إمام، المجلس الأعلى للثقافة، القاهرة، 2002.

(2)   كريستوفر نوريس: نظرية لا نقدية، ص 103 ـ 110.

«Differend»، ويشير البعض أحياناً إلى دراسته (Just Gaming). وسنركز من جانبنا بالإضافة إلى هذين العملين وقبلهما على كتاب ليوتار عن النقد الكانطي للتاريخ، أو «الحماسة L'Enthousiasme». وقبل أن نعرض لهذا العمل سنقدم إشارتين موجزتين لتعامله مع كانط في عمله المبكر الفينومينولوجيا وعمله ذي الشهرة الكبيرة «الوضع ما بعد الحداثي La Condition Post-moderne».

ويناقش ليوتار في كتابه «الفينومينولوجيا La Phénoménologie» العلاقة بين كانط وهوسرل موضحاً أثر الأول في الثاني. ويتكون العمل من مقدمة وخاتمة وقسمين: الأول من فصل واحد هو علم الماهيات، وهو ما يهمنا بشكل أساسي، والثاني من أربعة فصول يتناول على التوالي وضع العلاقة، والفينومينولوجيا وعلم النفس، وعلم الاجتماع، والتاريخ، ثم خاتمة. يبيّن ليوتار في المقدمة أن هوسرل بعث من جديد حلم ديكارت في الوصول إلى رياضيات شاملة، وهذه الرياضيات هي فلسفة، وفلسفة بعدكانطية، لأنها تسعى إلى تجنب المنهجية الميتافيزيقية... لقد كان كانط يبحث عن الشروط القبلية للمعرفة لكن هذه القبلية كانت تستبق الحكم على النتيجة. أما الفينومينولوجيا فترفض هذا الموقف وهنا يكمن سر أسلوبها الاستفهامي وراديكاليتها[3]. ويبيّن هوسرل في

(3) Lyotard, *la phenomenologie que sais-je?* Presses Uni de frans, paris 1954.

والترجمة العربية للدكتور خليل الجر، منشورات ماذا أعرف؟ بيروت د. ت.

«المبحث المنطقي» السادس أن الحدس المنطقي لا ينجو من الفهم الرمزي إلا عندما يركز على الحدس الحسي. ويرى أن الكانطيين الجدد يعتقدون أن هذا يعني العودة إلى نظرية كانط القائلة: إن المعنى المجرد بدون حدس يظل فارغاً.

ويشير إلى حركتين متشابكتين في المجلد الثامن من «المباحث المنطقية» تدخل إحداهما تحليل الأحداث المعاشة كأساس لكل معرفة، ويرى أنها تعيدنا إلى المذهب النفساني، بينما ترد الثانية إلى مواقف كانطية لأنها ترسم الفهم البديهي للموضوع المثالي على خلفية حدس الشيء المحسوس [4].

ويوضح ليوتار تحت عنوان «الأنا الخالص والأنا السيكولوجية والذات الكانطية»، أن رفض هوسرل أن يكون الأنا المتعالي هو الأنا السيكولوجي يجعلنا نجد أنفسنا أمام الذات الكانطية التي تفترض العلاقة بين المعرفة والأشياء بل بينها وبين القوة العارفة؟ إن الكثير من أقوال هوسرل يوحي بهذا التفسير (ذلك أن هوسرل يبين أن الطبيعة ليست ممكنة إلا عن طريق الأنا)، ويستند النقاد إلى ذلك ليبينوا أن الموضوعية بالنسبة لهوسرل كما بالنسبة إلى كانط تعود إلى مجموعة هذه الشروط وأن القضية الظاهراتية الكبرى هي قضية «النقد» بالذات.

إن هذا الاهتمام ببيان العلاقة بين كانط وهوسرل يوضح فهم ليوتار العميق واهتمامه المبكر بالفلسفة الكانطية، الذي سيظهر في أعماله اللاحقة وتوظيفه للمفاهيم الكانطية في إطار توجهاته ما بعد الحداثية. ويظهر ذلك في كتابه «الوضع ما بعد الحداثي»، والذي

---

(4) المصدر السابق ص 16.

يتناول فيه وضع المجتمعات الأكثر تطوراً، وهو يستخدم كلمة «ما بعد الحداثة» لتسمية هذا الوضع، لتحديد حالة ثقافتنا في أعقاب التحولات التي غيرت ـ كما يقول ـ قواعد اللعب منذ نهاية القرن التاسع عشر[5]. يقول: «فرضية العمل لدينا هي أن وضع المعرفة يتغير، بينما تدخل المجتمعات ما يعرف بالعصر ما بعد الصناعي، تدخل الثقافات ما يعرف بما بعد الحداثة»[6]. لتوضيح مشروعية المعرفة يستعين ليوتار بنقد العقل العملي حيث لم تعد المعرفة هي الذات، بل هي في خدمة الذات، ومشروعيتها الوحيدة هي أنها تسمح للأخلاق أن تصبح واقعاً. يقدم هذا علاقة بين المعرفة وبين المجتمع والدولة هي في الأساس علاقة الوسائل بالغايات... وهو يعيد من جديد الوظيفة النقدية للمعرفة. لكن تبقى حقيقة أن المعرفة ليس لها مشروعية نهائية خارج إطار خدمة الأهداف التي استشفتها الذات العملية، أي الجماعة البشرية المستقلة[7].

فالمعرفة لا تجد صلاحيتها داخل ذاتها، ولا داخل ذات نظرية بتحديد إمكانات تعلمها، بل تجدها في ذات عملية ـ هي البشرية. ومبدأ الحركة التي تحفز الشعب ليس إضفاء المشروعية ـ الذاتية

---

(5) Lyotard: *the postmodern Condition,* A Report on Knowldge, 1984.

(6) ليوتار: الظاهراتية، ترجمة د. خليل الجر ص 26، سلسلة ماذا أعرف المنشورات العربية، بيروت ص.
والترجمة العربية أحمد حسان، دار شرقيات، القاهرة 994 ص 23.

(7) المصدر السابق ص 27.

على المعرفة، بل لإرساء ـ الذاتية للحرية، الذاتية هنا ـ كما يشرح ليوتار ـ متعينة أو يفترض أنها كذلك وملحمتها هي قصة تحررها من كل ما يمنعها من إدارة نفسها ذاتياً. والقوانين التي تضعها قوانين عادلة ليس لأنها تتماشى مع طبيعة خارجية، بل لأن المشرعين هم دستورياً نفس المواطنين الخاضعين للقوانين نتيجة لذلك، فإن إرادة المشرع ـ الرغبة في أن تكون القوانين عادلة ـ سوف تتطابق دائماً مع إرادة المواطن الذي يرغب في القانون ومن ثم سوف يطيعه. ويبين ليوتار أن هذا النمط من المشروعية من خلال استقلال الإرادة يمنح الأولوية للعبة لغة مختلفة تماماً، يصفها كانط بأنها إلزامية[8]. ويعلق ليوتار في الهامش على هذا المبدأ الكانطي ـ استقلال الإرادة ـ هو الأخلاق الترانسندنتالية، أما حين يصل الأمر إلى السياسة والأخلاق التجريبية ـ حيث إن لا أحد يستطيع أن يتماهى مع الذات المعيارية الترانسندنتالية ـ فإن من الأصوب نظرياً التوصل إلى حل وسط مع السلطات القائمة[9].

يصف لنا ليوتار في بداية كتابه «الحماسة L'Enthousiasme»: النقد الكانطي للتاريخ ومدى اهتمامه بفلسفة كانط حيث استعان بهذا العمل في محاضرة عن «السياسي» ألقاها في نهاية 1981 بمركز الأبحاث الفلسفية بباريس، ونشر جزء منها تحت عنوان «مقدمة لدراسة المسألة السياسية وفقاً لكانط»، في العام نفسه، كما نشرها في كتاب «أبحاث في الفلسفة واللغة Recherches sur la

---

(8) المصدر نفسه ص 55.

(9) المصدر نفسه ص 89 ـ 90 هامش 118.

«philosophie et le language, Univ. de Grenoble Presses, 1983.

تحت عنوان «الأرخبيل والعلامة: حول الفكر الكانطي من التاريخي/ السياسي» ويعرض كتابه «Le Differend» 1984 بعض جوانب الموضوع خاصة في ما كتبه تحت عنوان «ملاحظات كانط». وقد أعاد ليوتار النظر في هذا العمل عن كانط في وقت متزامن مع إعداد كتابه «الاختلافي» 1980/ 1981 لكي يبلور فيه مضامين ما بعد الحداثة في «نقد ملكة الحكم» لكانط، خاصة تصوره للجليل(10).

ويتناول ليوتار على امتداد خمسة فصول في كتابه عن كانط: النقدي نظير السياسي، والأرخبيل، وما يكشف عن نفسه في الحماس، ومنهجان وطريقة لصياغة التاريخي/ السياسي، وما يكشف عن نفسه في الشعور من عصرنا، ويمهد بخلاصة للموضوع ويمكن تحديد خلاصة أفكاره على النحو التالي:

1 ـ إن هناك غياب عقيدة الحق في النصوص الكانطية المتعلقة بالتاريخي/السياسي ولماذا هذا الغياب وأن هناك قرابة بين النقد والتاريخي/السياسي، لأنه يجب في كليهما إصدار الأحكام دون أن تكون لديهما قاعدة، حيث على العكس من القانون السياسي الذي يملك قاعدة الحق من ناحية المبدأ؟. وهو يرى أنه كما أن النقد لا يقود إلى العقيدة ـ بل إلى النقد ـ كذلك يجب أن يكون الأمر في التاريخي/السياسي، فبينهما اتفاق (مماثلة)، فالنقد قد

---

(10) Lyotord: 1, *Enthousiasme la Critique kantienmen de 1, Histoisre.* والترجمة العربية نبيل سعد، المجلس الأعلى للثقافة، بالقاهرة 2001 ص 13.

يكون هو السياسي في عالم الجمل الفلسفية، والسياسي قد يكون هو النقد في عالم الجمل الاجتماعية التاريخية.

2 ـ لا يتعلق النقد بملكة ما، لكن بما يشبه الملكة، أو ما يبدو كما لو أنه ملكة (ملكة الحكم، الإحساس) بسبب أن تحديد العوالم الوثيقة الصلة به تتضمن ما هو غير محدد، وهو يحدد مدى شرعية (قانونية) الدعاوى الخاصة بكل جملة (المسماة ملكة) على عائلتها من عالم الجمل، وأنه من الواضح عدم المشاركة بين أسر الجمل المختلفة، لكن النقد مع تحديده خصومة كل أسرة من الجمل المختلفة، يمكنه اقتراح «علاقات ممرات» بينها.

3 ـ يكتب كانط نفسه كناقد في التاريخي / السياسي إذ يحدد شرعية هذه الجمل التي تقدم هذا العالم، ويقترح علاقات بينها تستعاد عن طريقها وحدة المسألة التاريخية السياسية وإن كانت وحدة غير محددة.

4 ـ إن فلسفة السياسة، أي النقد الحر أو التأمل الحر في المسألة السياسية تبدو هي نفسها سياسية؛ فهي تميز بين عائلات الجمل اللامتجانسة التي تقدم عالم السياسة وتستدل على طريقها بواسطة «الممرات» التي تدل على بعضها البعض؛ مثال الحماس كما يحلله كانط عام 1789.

فهو في هذا العمل ـ كما يتضح مما سبق ـ يحدد أولاً المماثلة والاتفاق بين النقد في المجال الفلسفي والمجال التاريخي والسياسي، ثم يحدد النقد واستقلال موضوع كل ملكة من ملكات العقل وإمكانية وجود علاقات (ممرات) بينها، ويوضح تطبيق ذلك على التاريخي/السياسي [11].

---

(11) ليوتار: النقد الكانطي للتاريخ، التنبيه.

ويتضح توجه عمل ليوتار في هامش هام يقول فيه: إنه يقوم باتباع درس الكتابين الثاني والثالث من النقد، ودروس الأبحاث التاريخية/السياسية، ويمد نطاق البحث إلى موضوعات معرفية لا يمكن ـ باعتراف كانط نفسه ـ أن تحل طبقاً لأسلوب الأمثلة والمخططات... ويرى هذه التعبيرات في نطاق إشكالية الأساس والأصل، وأن الأهمية التي يوليها كانط للحكم هي مؤشر على انقلاب مسألة الأصل لصالح مسألة الغايات، التي يقدمها كانط تحت إسم أفكار، إذا نظر إليها من هذه الزاوية فإنها تصبح ـ كما لو أنها ـ ممرات بين مناطق من الشرعية. ولكي ندرك «الثورة» الكانطية في برنامجها غير المعلن يتعين علينا أن نتمكن من تركيب هذه الممرات في جمل. إنها كما تبدو له عند كانط، اللغة أو الموجود وهو يقوم بتحديد مختلف الأسر القانونية، هي اللغة النقدية وإن كانت دون قواعد، وهو يقوم بصياغة تركيبات الجمل المختلفة. من هذا الجانب تبدو «الإشكالية الكانطية» ـ كما يرى ـ أكثر سياسية من كونها قضائية[12].

يحدد لنا ليوتار معياره في اختيار نصوص كانط السياسية وأن هذا الاختيار في حد ذاته اختيار سياسي، ومن هذه النصوص الخاصة بالقانون، عقيدة الحق العام التي لم ينظر إليها ضمن أعمال كانط السياسية.

وهذا ما يوضحه لنا بل ريدنغز (Bill Readings) في كتابه «Introducing Lyotard» حيث يرى أن قول بنينغتون (Bennington): إن ليوتار يعد مفكراً سياسياً في الأساس قولاً صحيحاً، وهو

_____

(12) المصدر السابق ص 22 هـ 3.

يشترط كذلك وضع ليوتار في مكانه السياسي بجانب مكانته كمفكر، بنفس القدر. إن ليوتار يطلب منا أن نفكر في السياسة وهو مطلب ليس سهلاً. أن نفكر في السياسة حسبما يرى ليوتار معناه أن نضع فهمنا لهذا المصطلح محل السؤال[13].

إن الجملة الفلسفية عند كانط ـ فيما يرى ليوتار ـ تتمثل بالجملة السياسية وذلك حين تكون نقدية أي ليست مذهبية. فالأخيرة، الجملة المذهبية أو النسقية تختلف عن الجملة النقدية في أنها تجد قاعدتها في النظام الذي تشير إليه فكرة النسق باعتبارها عقيدة[14]، ويعتمد في هذا على تحليل مقدمة «نقد العقل النظري الخالص».

وكثيراً ما كان يرمز كانط في رأي ليوتار للأداء النقدي على أنه يماثل أداء محكمة أو أداء القاضي، ومع ذلك فإن القاضي هنا لا يمكنه أن تكون له سلطة قضائية، إذ لا يوجد في حوزته رمز لنظام قضائي ولا حتى مجموعة مرجعية من الأكام السابقة تمكنه من إجراء تحقيقه أو صياغة منطوق حكمه بناء عليها، وبالتالي فعليه أن يضع هذا القانون داخل نطاق بحثه؛ بناء على وجهة النظر هذه تجد الفلسفة النقدية نفسها في ذات الوضع الذي يحتم على محكمة ما أن تعلن فيه: «هذه هي القضية» أو «هذه العبارة هي السليمة» أكثر مما هي في أي محكمة أخرى لا يكون في

---

(13) Bill Readings: *Interoducing Lyotard,* Art and Politics, Routledge, London 1991, p. 105.

(14) ليوتار: الحماسة أو النقد الكانطي للتاريخ ص 21.

وسعها سوى تطبيق قاعدة تقويمية أقيمت سلفاً على أحد المعطيات الجديدة[15].

عند ليوتار، المثال الفلسفي ليس هو إقامة نسق، ولكنه الحكم على ادعاءات المصداقية لكافة «المعارف» التي يسميها ليوتار «جملاً» وذلك في علاقات ترتبط كل منها بالأهداف السياسية للعقل الإنساني. ولكي يتم هذا التقويم يتجه الناقد بنظره نحو النموذج (المثال) وهو الفيلسوف. ويرى ليوتار أن هذا المثال «الفيلسوف» يسمح أن يحدد بطريقة أشمل المسافة الفارقة بين فكرة الناقد الحالي والفكرة الفلسفية المطلقة، أي المشروعة للعقل الإنساني، أي تلك التي تحدد قواعد تشكيل ومصداقية كافة الجمل الممكنة... والفيلسوف بإصداره لحكمه، مقتاداً في ذلك بطريقة غير محددة بمثال الفيلسوف يتجاوز المدرسية إلى الكونية[16].

إن التفلسف بمقدار ما هو نقد ـ كما يؤكد ليوتار ـ ليس وصف القواعد التي تتحكم في تكوين مختلف أسر الجمل فقط، وإنما هو أيضاً تقديم موضوعات يسمح كل منها بالحكم... ذلك

---

(15) المصدر السابق ص 23.

(16) يحدد كانط في العلوم التأسيسية لـ «نقد العقل الخالص» التصور المدرسي للفلسفة وطبقاً لهذا التصور فإن هدف الفلسفة هو بناء نسق للمعارف، أي الوصول إلى الكمال المنطقي للمعرفة». وهو يقابل تصور عام (Weltbegiff) تصبح الفلسفة طبقاً له هي علم العلاقة التي تربط كل معرفة بالغايات الأساسية للفكر الإنساني. في التصور الأول الفيلسوف هو «فنان العقل» وطبقاً للتصور الثاني الفيلسوف هو «مشرع العقل الإنساني».

هو شرط الفلسفة التي تفكر بالكونية (Weltbegriff). وإذا لم نقبل هذا الشرط نحصر أنفسنا في إطار المدرسية، فنحن من منطق الأنساق، لا نهتم بالغايات الأساسية للعقل الإنساني[17].

لقد كتب ليوتار كتاب «النقد الكانطي للتاريخ» في الفترة نفسها التي كان يعيد فيها كتابة عمله الهام «الاختلافي» الذي يعد أهم نصوصه وأكثرها تعقيداً، وهو في العملين يتخذ منحى جديداً، حيث يقوم بعمل دراسة مستفيضة لما يعرف بفلسفة العبارات (Phrases) التي تقدم لنظريته في ما بعد الحداثة منعطفاً لغوياً جديداً. يرى ستيفن بيست ودوغلاس كلنير: أن ليوتار قلب اتجاه ما بعد البنيوية بصورة لافتة للنظر، فإذا كان أصحاب ما بعد البنيوية مثل بارث وكريستيفا قد انطلقوا من قبل، بدءاً من مرحلة إيثار اللغة والدوال وحتى مرحلة أفضلية البدن والرغبة، فإن ليوتار قد تحرك في مسار معاكس تماماً. فقد دافع ببسالة عن البدن والرغبة في البداية، ومع هذا فهو في أعماله الأخيرة اهتم اهتماماً كبيراً باللغة. والنصوص التي كتبها في الثمانينيات من القرن العشرين، تبيّن مدى تحوله بشدة من التحليلات العامة للغة والمجتمع إلى الخطاب الفلسفي[18].

يعرض ليوتار في بداية كتاب «الحماسة» نصاً من تقديم كانط لـ «نقد العقل الخالص»، يوضح لنا كانطية ليوتار: «في بادىء الأمر ظلت الدوغمائية تتحكم بشكل مستبد في الميتافيزيقا، وكان

(17) المصدر السابق ص 26.

(18) Steven Best and Douglas Kellner: *Postmodern Theory: Critical Interrogations* the Macmillan Press Ltd, London, 1991 p. 167.

قانون هذا الاستبداد يحمل بصمات بربرية العصور القديمة» فيما بعد وبسبب حروب داخلية «ترتبت على هذا الاستبداد، فوضى كاملة، وقام المتشككون ـ وهم نوع من البدو الرحل الذين يمقتون أي نوع من الإقامة المستديمة فوق أرض واحدة ـ بقطع الرابط الاجتماعي»[19]. ويعلق ليوتار على ذلك: «إنها دعوة إلى العقل بأن يعاود مرة أخرى القيام بأكثر المهام المنوطة به صعوبة، ألا وهي معرفة الذات وتشكيل محكمة تمنحه الثقة في ادعاءاته المشروعة، إن هذه المحكمة ليست ـ فيما يقول كانط ـ سوى نقد العقل الخالص».

ويرى ليوتار أن كانط يدافع بواسطة نص مقدمة كتابه عن قضية النقد ضد المدعين والقطعيين والشكاك، تتضمن المراجعة عرضاً مفصلاً لتسلسل الأحداث، تجب دراسته بطريقة نقدية بنظام السؤال ما هي القضية؟ هل هي جملة تجريبية أم هي معرفية أم ديالكتيكية؟ أم هي شعرية؟ هي غائية النص في كافة الأحوال تتضح من أثره الذي هو تشكيل المحكمة ذاتها، وهو يفترض غائية عبر الصراعات الميتافيزيقية، ويعلن عبر قوة دافع هذه الغائية عن ادعائه بإضفاء الشرعية على إقامة محكمة النقد[20].

يرى ليوتار في نصوص كانط السياسية تشتتاً وعدم تجانس، ويتضح هذا أيضاً في النقد الثالث: «ملكة الحكم». إن تشتت أسر الجمل في مقدمة كتاب النقد الثالث ليس معترفاً به فقط، بل أنه

---

(19) أنظر في ذلك د. أنور مغيث: فلسفة دولوز السياسية، أوراق فلسفية، العدد 2، القاهرة 2001.

(20) ليوتار: النقد الكانطي للتاريخ ص 29.

مؤكد لدرجة أن المسألة المطروحة هي مسألة إيجاد ممرات (علاقات) بين هذه الأنواع من الجمل اللامتجانسة. وتظهر فيها (ملكة الحكم) كقوة ممرات بين الملكات.

يقتبس ليوتار نص كانط عن الحماسة التي لاقتها الثورة الفرنسية من «ما الثورة؟» وهو نص يستشهد به فوكو ـ نص يكثف ويختصر فكر كانط التاريخي والسياسي ـ يقول فيه: «إن الثورة قد تفشل أو قد تنجح. كما قد يتراكم بسببها البؤس والفظائع، إلا أنها على الرغم من ذلك تجد في قلوب كافة المشاهدين ممن هم غير متورطين أصلاً ـ بشكل غير مباشر ـ في هذه اللعبة موقفاً أو مشاركة تتفق مع عبارتهم التي تقترب جداً من الحماس. وما دام التعبير ذاته عن هذا الحماس كان يعرضهم للخطر فلا يمكن أن يكون هناك أي سبب آخر له سوى وجود ميل أخلاقي له داخل الجنس البشري»[21].

ويقدم ليوتار ثلاث ملاحظات على هذا النص: الأولى عن طبيعة الحماسة، والثانية عن قيمتها داخل التجربة التاريخية، والثالثة عن علاقتها بالنقد. والملاحظات الثلاث تدخل في الإطار الذي يهيمن على تكوين علامة من علامات التاريخ، أي أن المعنى «الذي يأخذه التاريخ، وهو كافة الجمل ذات الصلة بالحقل التاريخي السياسي، هذا المعنى لا يتم فقط على الساحة التاريخية بما فيها من أحداث جلل، ولكن أيضاً في إحساس المشاهدين العاديين والبعيدين الذين يرقبون هذه وتلك ويسمعونها

(21) ليوتار: النقد الكانطي للتاريخ ص 53.

والذين يميزون ـ وسط الضجيج ـ ما هو عادل وما هو ليس كذلك»(22).

يوضح ليوتار في الفصل الرابع: «منهجان وطريقة صياغة جملة التاريخي/السياسي»، «إن السياسي يشارك في حرب المصالح مثلما يشارك الفيلسوف في صراع المدارس الفكرية؛ وإن التفلسف عند كانط هو النقد، أي القضاء وهو نظير السياسي، السياسة لا تعلّم كما لا تعلّم الفلسفة وإن السياسي عند كانط أو المثل الأعلى للرجل السياسي هو «السياسي الأخلاقي»، غير أن هذا الأخير يعتقد أن في حوزته معياراً يقيم به الجملة الجيدة حسب كل حالة. أما الأول فلا يستند إلى معيار وهو يقود نفسه بناء على فكرة الخير الشامل، الذي هو الحرية»(23).

ويرتب ليوتار على ذلك أن كل النصوص التي وقع عليها كانط يجب أن تكون بذاتها نصوصاً سياسية، بمعنى «سياسية أخلاقية»، كما يرتب على ذلك ثانياً أن هذه الأسفار الكانطية يجب عليها جميعاً أن تكون منضبطة على فكرة غاية العقل البشري، يجب عليهما أن تكون تابعة لأسر جمل مختلفة، تشكل أرخبيلاً من أسر جمل وأسر أصناف من الأحاديث تتناظر مع ذلك الذي يشكل الحقل التاريخي/السياسي.

إن فكرة التناسب، بمعنى قرابة نسب دون وجود قاعدة يمكن أن تستخدم كمرجع، تعتبر حاكمة في الفكر الكانطي وعلى الأخص التاريخي/السياسي كما يوضح ليوتار في ختام الفصل

---

(22) المصدر السابق ص 54.

(23) المصدر السابق ص 69.

الأخير. البت عند القاضي الكانطي لا يكفي، بل يجب إقامة حق التعايش بين الأحكام الغيرية، الإلزام بالحل الوسط يفترض ضمناً انجذاباً أو عملاً متفاعلاً عاماً بين أسر الجمل فيما بينها[24].

وإذا كان كتاب «الاختلافي» معنياً بشروط العدالة، فهو إذاً، يعد متأثراً بعمق بفلسفة كانط وفتغنشتاين وفلسفة اللغة؛ وهو نص ـ كما يرى ستيفن بيست ودوغلاس كلينر ـ في معظمه مكرس لتحليل اللغة بصورة فنية عالية ومتطورة. وهو يعلن أن «الوقت قد حان للتفلسف» وهذا هو ما يفعله بدقة. ويحاول ليوتار، على الخصوص أن «يعيد التعبير عن المجال السياسي» وذلك بتطوير فلسفة العبارات التي تتعامل مع العبارة بوصفها الوحدة الأساسية للنظرية وحلقة الوصل بين العبارات، حيث أن الربط هو أحد مهامها. يتخلى ليوتار عن مفهوم ألعاب اللغة في «الاختلافي» تماماً ويستعيض عنه بمفهوم (regime of phrases) فقد أشار في محادثة له مع مترجمه جورج أبييلي إلى أن كتاب ـ فتغنشتاين «أبحاث فلسفية» قد ساعده على التخلص من ميتافيزيقا الذات[25].

يمكننا هنا أن نذكر موقف كارل ـ أوتو آبل (Karl-Otto Apel)، الذي يرى أن مجال العلم ومجال الأخلاق ينهج كل منهما نهجاً مغايراً ومستقلاً عن الآخر؛ ونتيجة لذلك فإن أفعال البشر لم تعد ترتكز على أي معرفة نظرية. ويتساءل أحد باحثي فلسفة ليوتار ولدغدش (Wlad Godzich) كيف حدث هذا الانفصال بين كل من العلم والأخلاق. يرجع ذلك نتيجة لاختفاء الذات المتعالية التي

---

(24) المصدر السابق ص 91.

(25) Steven Best and Douglas Kellner, p. 168.

كانت قادرة على أن تتخذ موقفاً وسطاً بينهما. وعلى هذا، يرى أن المهمة الأكثر إلحاحاً هي محاولة إعادة بناء هذه الذات التي أنشأها كانط أثناء تقويمه لملكات الذهن[26]. وهو يرى أن أوتو آبل لم يجتهد في بيان السبب الذي أدى إلى زوالها، لكنه يقدم لنا حلاً يفيد أن فلسفة كانط كانت السبب في وجود قاعدتين هما: التحليل والتركيب، والمهمة التي تقع على عاتقنا في الوقت الراهن إنما تكون في العودة إلى هاتين القاعدتين. وهو يهاجم معيار التركيب في الفلسفة الألمانية: الفينومينولوجيا والهيرمينوطيقا والتحليل اللغوي بوصفها طريقة لإعادة تأسيس الشروط الترانسندنتالية للمعرفة الوثيقة. وهذا يتطلب منه أن يقوم أولاً بتأسيس حقيقة نتائج العلم ثم التنبؤ بها وفقاً لمعيار الصحة الذاتية المشتركة، والطريق إلى ذلك الاستعانة بإنجازات فلسفة اللغة. ومن هنا فهو يستحضر أعمال شارلز بيرس مفاضلة مع أعمال كانط المشهورة، فالصحة الموضوعية للمعرفة عند كانط كانت نتيجة للنشاط التأليفي للوعي الذي يصفه كانط في «نقد العقل الخالص» بأنه نظام للملكات الثلاث؛ ومن جهة أخرى، فإن بيرس أكثر رغبة في الإحاطة بالتركيب الكانطي للذهن البشري، فهو يضع الأساس لصحة المعرفة في الاتساق الدلالي الذي بلغ مداه في علم تفسير العلامات[27].

---

(26) Wlad Godzich: *Aptarword:* Reading against literacy, in Lyotard: the Postmodern Explained, Julian Pefanis (Editor) and Morgan Thomas (Translator), London 1991, p 114.

(28) ليوتار: النقد الكانطي للتاريخ ص 92.

ويرى ليوتار أن المثل الأعلى للتأمل ليس هو فقط ما كان يعتقده كانط من تحويل الخلافات إلى نزاعات وقاعات المحاكم والمحاجات لشعارات، وإن كان من الواجب أن نواصل متابعتنا لهذا المثل الأعلى، فإن ذلك يكون دون مساعدة من الفكرة القائلة: إن الطبيعة تلاحق غايتها داخل التاريخ في الحرية الإنسانية دون أخذ الفرض الغائي في الاعتبار، فالمسؤولية التأملية في عصرنا هي أيضاً أن نميز ونحترم ونفرض احترام الخلافات، وأن نجد لغات مختلفة لما لا يمكن التعبير عنه باللغات الحالية، بذلك نكون أمناء ــ دون مفارقة ــ على فكرة الكانطية عن الثقافة بمفهومها كأثر للحرية على واقعنا[28]. في دراسته «ما بعد الحداثة الكانطية عند كل من حنا أرنت وليوتار» أشار ديفيد انغرام إلى الاهتمام الكبير غير العادي بأعمال كانط في الجمال والسياسة والتاريخ، والذي تركز في الحوار بين أنصار الحداثة وما بعد الحداثة، واتفاق جانبي الحوار على أن تمييز كانط للأبعاد المعرفية العملية والجمالية للعقلانية قد شارك في تجزئة وتفتت المجتمع الحديث، لقد اتفقا على تمييز كانط للعقل كرمز للتعددية في الحياة الحديثة؛ وما زال الحداثيون وما بعد الحداثيين منقسمين في استجابتهم نحو ذلك. فالأوائل مثل هابرماس وحنا أرنت (Arendt) يندرجان في اتجاه محاولة تحطيم النسبية الثقافية باللجوء للفكر الكلي الكوني والعكس هو ما يؤكده أنصار ما بعد الحداثة مثل ليوتار.

---

(29) David Ingram, *The postmodern Kantianism of Arendt and Lyotard,* Revievw Metaph. 42, September 1988, p. 51.

في دراسته «الإجابة عن سؤال: ما هي ما بعد الحداثة؟» يرد على ما كتبه هابرماس مدافعاً عن الحداثة ضد من يسميهم بالمحافظين الجدد، «الذين سعوا تحت شعار إلى ما بعد الحداثة إلى أن يتخلصوا من مشروع الحداثة الذي لم يكتمل»، مشروع التنوير. ويعتقد هابرماس أن الحداثة إذا كانت قد أخفقت بالفعل، فإن هذا يرجع إلى سماحها لكلية الحياة أن تنقسم إلى تخصصات مستقلة متروكة لتخصصات الخبراء المحدودة. ويعتبر هابرماس أن علاج هذا التفتت للثقافة وانقسامها وانفصالها عن الحياة لا يأتي إلا من تغيير وضع الخبرة الجمالية بحيث لا تعود تجد التعبير عنها في أحكام الذوق بل حين تستخدم لاستكشاف موقف تاريخي، أي حين توضع في ارتباط مع المشكلات «الوجود»، لأن هذه الخبرة تصبح حينئذ جزءاً من لعبة لغة لم تعد لغة النقد الجمالي «بل أنها تشارك في العمليات المعرفية والتوقعات المعيارية». إن ما يطالب به هابرماس الفنون والخبرات التي تقدمها هو أن تردم الهوة بين الخطابات المعرفية والأخلاقية والسياسية لفتح الطريقة لوحدة الخبرة[30].

ويميز ليوتار بين نوعين من الوحدة يمكن أن تنشدها الحداثة؛ الأولى وحدة اجتماعية ـ ثقافية تجد في إطارها جميع عناصر الفكر في الحياة اليومية مواضعها في كل عضوي، والثانية يجب رسمها بين ألعاب اللغة المتنافرة؛ ألعاب المعرفة والأخلاق والسياسة. ويتساءل هل يستطيع ذلك عمل مركب حقيقي منها

(30) Habermas: *Moderenity an Incomplte Project* in Halt Foster Postmodern Culture, p.14.

جميعاً؟ الأولى مستلهمة من هيغل، والثانية أقرب إلى روح كتاب كانط «نقد ملكة الحكم». ويرى أنها مثل النقد يجب أن تخضع لإعادة الفحص الدقيقة التي تفرضها ما بعد الحداثة على فكر التنوير، على فكرة هدف موحد للتاريخ والذات[31].

ويناقش الواقعية ويرى أن الحداثة ـ في أي عصر ـ لا يمكن أن توجد دون نسف لليقين، واكتشاف (افتقار الواقع للواقع)، بجانب اختراع ضروب جديدة من الواقع. ويرى في جماليات السامي الكانطي ما يمنح الفن الحديث قوته الدافعة ويجد فيه منطق حركات الطليعة بديهياته[32]. إذا كان هابرماس ـ وهو في ذلك مثل ماركيوز ـ يفهم نزاع الواقعية هذه على أنها أحد جوانب نزاع التسامي الذي يميز الطليعة (الفنية) فذلك لأنه يخلط بين السامي الكانطي وبين التسامي الفرويدي، ولأن الجماليات ظلت بالنسبة له جماليات الجميل[33].

إن الجماليات (الأستطيقا) الحداثية، هي إستاطيقا السامي، هي جماليات الحنين، وهي تتيح إبراز ما لا يقبل التقديم. إن الفنان أو الكاتب ما بعد الحداثي في وضع الفيلسوف: فالنص الذي كتبه أو العمل الذي ينتجه لا تحكمه ـ من حيث المبدأ ـ قواعد

---

(31) Lyotard: *Answer to The Question what is the Postmodern?* In Postmodern Explained, Julian Pefais (Editor) and Margon Thomas (Translator), London, 1991.
ملحق بترجمة الوضع ما بعد الحداثي ص 102.

(32) Ibid., p. 9. والترجمة العربية ص 106 .

(33) Ibid, p. 12. والترجمة العربية ص 107 .

محددة من قبل؟ ولا يمكن الحكم عليها طبقاً لحكم قاطع عن طريق تطبيق مقولات مألوفة على النص أو العمل. فهذه القواعد والمقولات هي ما يبحث عنه العمل الفني ذاته. الفنان والكاتب إذاً، يعملان دون قواعد لكي يصوغا قواعد ما تم عمله فعلاً.

يحدد مهمة ما بعد الحداثي تحديداً كانطياً في أنها ليست تقديم واقع، بل اختراع تلميحات إلى ما يقبل الإدراك ولا يمكن تقديمه. كما أنه لا يتوقع أن تؤثر هذه المهمة في المصالحة الأخيرة بين ألعاب اللغة التي عرف كانط أنها تحت اسم الملكات، تفصل فيما بينها هوة. وأن يكون الوهم المتعالي هو الذي يأمل في الجمع الكلي بينها في وحدة حقيقية[34].

وكما ترى مارغريت روز، يبدو ليوتار وكأنه يتفق مع هابرماس في إدانة عمارة ما بعد الحداثة، لكنه يهاجمه في «الوضع ما بعد الحداثي». وعلى العكس من الوحدة التي يبحث عنها هابرماس، يرى ليوتار أن ما بعد الحداثة تتسم بمفهوم كانطي عن التسامي[35]. يتوقف هابرماس أمام تمييز كانط بين مجالات: المعرفة والأخلاق والجمال، ويرى أن ذلك يضر بالثقافة الإنسانية ويفقدها وحدتها. والحل هو إيجاد تفاعل حي بين هذه الجوانب وتوحيدها. وأن الفن من وجهة نظره يلعب دوراً هاماً في عملية التوحيد هذه اعتماداً على مفهوم الجميل، لأن الجميل وحده هو الذي يتمتع بالقدرة على توحيد ملكتي الفكر (الإدراك والفهم). بينما يرى ليوتار أن الأستطيقا تعبير عن الجليل حيث يرفض فكرة

---

(34) والترجمة العربية ص Ibid, p. 15.109 .

(35) مارغريت روز: ما بعد الحداثة، ص 72 ـ 73.

الجميل التي تعتمد على التناسق أو التوافق بين المـدرك والمفهوم... ويؤكد في كتابه «دروس في تحليل الجليل» على فكرة أن الشعور بالسعادة المختلطة بالألم يرجع إلى عدم القدرة على التوحيد بين هاتين الملكتين. فهو يحرص على التغاير والاختلاف بين هذه الملكات وموضوعاتها[36].

ينتقد نوريس قراءة ليوتار لكانط، ويأخذ عليه إسرافه في تفسير الجليل يقول: «إن النقطة التي يبتعد فيها ليوتار عن كانط هي تمجيده للتسامي ورفعه إلى منزلة سلطة ماورائية لدرجة تصبح معها أساً جوهرياً للحكم في بعده السياسي والأخلاقي. إذ عبر التسامي ـ كما نتذكر ـ يوغل كانط بعيداً باتجاه اللاتجانس، أي إلى مناطق يصعب فيها على لعبة لغوية بعينها ـ خاصة المتعلقة بالحكم المعرفي ـ إرساء القاعدة، حيث يترتب على التفكير أن يتوجه لذاته «وبلا مصادر» تخص معايير يمكن تطبيقها بشكل صحيح من قضية لأخرى[37].

---

(36) عمرو أمين: قراءة لمفهومي الجميل والجليل من منظور ما بعد حداثي، «أوراق فلسفية»، العدد 4/ ص 39 ـ 40.

Lyotard, *Lessons on the Analytical of Sublime*/ Stanford Uni. Press, 1994.

(37) كريستوفر نوريس: نظرية لا نقدية ص 105 ـ 106. يقول «مع التسامي (الجليل) استطاع كانط التوغل بعيداً باتجاه المغايرة، إلى الدرجة التي تبدو فيها معضلة الجمالي (البحث عن معايير مشتركة حين يستحيل تكريس أي قاعدة) أكثر صعوبة في حالة الجليل (السامي) (The Sublime) منه في حالة الجميل (The Beautiful) (ليوتار الاختلافي

إن قراءة ليوتار تعتم وبشكل جذري على هذا الجانب الوضعي أو الحياتي للأخلاق الكانطية عبر استغلالها لمبدأ التسامي، وتصويرها كنموذج للوسيط بين حقلين (المعرفة والأفكار الباطنية) إلى درجة تصبح معها مصالح كل منهما على طرفي نقيض، وبالتالي ينظر إلى الأوامر الأخلاقية وكأنها تصدر عن صوت ضمير غير منخرط إطلاقاً بالهموم العملية للعالم الحقيقي. إن ليوتار باختصار، يجعل كانط أقرب إلى كيركغارد في كتابه «خوف ورعشة» منه إلى دوره كممثل للاستقلالية التنويرية في قضايا الضمير الأخلاقي والسياسي والديني ⁽³⁸⁾.

ويرجع نوريس أخطاء ليوتار لوقوعه تحت ما أطلق عليه: النزعة البراغماتية الجديدة ما بعد الحداثية لأسباب عديدة هي: أولاً ثمة نزوع لاختزال كل قضايا الحقيقة إلى مستوى من المماحكات البلاغية والاستراتيجية السردية المختلفة أو «الخطابات» الفوكووية، التي تمتلك مشروعية وجود بفضل الاختلافات أو الخصومات القائمة فيما بينها لدرجة أنه لا يستطيع أي منها أن يؤكد نفسه على حساب الآخر. السمة الثانية لهذه النزعة هي الاتكاء ـ كما لدى ليوتار ـ على فكرة فتغنشتاين حول ألعاب اللغة وأشكال الحياة الثقافية مدفوعة إلى نقطة قصوى يتخلى حيالها كل خطاب من هذه الخطابات عن معاييره

= ص 180) ويرجع السبب كما لاحظ ليوتار إلى أن قضايا العدالة والحق السياسي لا يمكن البت فيها نهائياً بالرجوع مباشرة إلى خواص موجودة بوضوح وموضوعية المصدر نفسه.

(38) المصدر السابق ص 116.

الجوهرية، بحيث ينظر إلى أولئك المتخاصمين وكأنهم يمارسون لعبة مختلفة؛ وأخيراً ثمة تلك العودة إلى التسامي الكانطي أو إلى نوع منحرف من القراءة الضالة لتأملات كانط في هذا الموضوع، كوسيلة للتقليل من قيمة الادعاءات المعرفية للحقيقة، والإعلاء من شأن فكرة ما لا يمكن تقديمه إلى مركز السيادة في الحقل الأخلاقي. تساعد هذه العوامل مجتمعة على تشخيص هذه النزعة المهيمنة المضادة للواقع، التي ميزت النشاط الفكري الراهن في مجال النظرية الأدبية والعلوم الإنسانية قاطبة[39].

إن هناك خطراً جدياً يشير إلى أن هذه القراءة ما بعد الحداثية للتسامي الكانطي قد تنجرف هي نفسها باتجاه ألعاب لغوية متناحرة بشكل جذري إلى درجة تصبح معها قضايا الحقيقة (الحقيقة التاريخية) غير مناسبة لغايات الحكم الأخلاقي ـ السياسي. يقول نوريس: «مهما تكن العلاقات معقدة لدى كانط فإن الفهم والعقل العملي لا يمكن فصلهما. ليس على الأقل إلى درجة اعتبارهما ـ كما يفعل ليوتار ـ ينتميان إلى ألعاب لغوية اختلافية بشكل كلي، بحيث يقعان خارج كل أمل بتوظيف واقعي يستند إلى أرضيات معرفية وتاريخية وسياسية ـ أخلاقية مشتركة. إن المشكلة، مع الكثير من التنظيرات الراهنة سواء قدمت بروح ما بعد حداثية أو ما بعد بنيوية أو براغماتية جديدة، هي أنها تختزل كل الأنظمة الناطقة باسم الحقيقة إلى مجرد لعبة تمارس «خطابات» متنافسة خالية من أي ضمان أو مشروعية خارج ما

_____

(39) المصدر السابق ص 119 ـ 120.

تزودها إياه قواعد اللغة الشفوية الراهنة»[40]. إن ما تقدمه هذه القراءة ما بعد الحداثية للتسامي الكانطي هي ـ فيما يرى نوريس ـ نظرة من الشك المعرفي المتطرف، إضافة إلى سيادة معزولة كلياً عن أسئلة المسؤولية أو المشروعية المنتمية للعالم الحقيقي[41].

---

(40) المصدر السابق ص 94.

(41) المصدر السابق ص 246.

هابرماس وليوتار وما بعد الحداثة

تأليف: ريتشارد رورتي

ترجمة: محمد جديدي(*)

يفتتح (هابرماس Habermas) كتابه «المعرفة والمنفعة Connaissance et intérêt» بمحاولة لتعميم النتائج التي توصل إليها كـل مـن (مـاركـس Marx) و (فـرويـد Freud) وذلـك بـإدراج مشاريعهما في «إزالة الوهم Démystification» ضمن نظرية أكثر شمولاً. إن اتجاه الفكر الفرنسي المعاصر الذي ينتقده هابرماس ويُعدّه نزعة محافظة جديدة (néo-conservatrice) هو أولاً وليد شك حيال ماركس وفرويد، شك من جهة معلّمي الشك، وشك من جهة «إزالة الوهم». فـ (ليوتار Lyotard) يقول مثلاً بأنه يسمّي «حديث moderne» ذلك العلم الذي يأخذ مشروعيته لذاته بمرجعية فيما بعد الخطاب ـ «خطاب المشروعية الذي يقيمه حول قانونه الخاص، خطاب سُمّي فلسفة» ـ الذي يعود ظاهرياً إلى هذه

(*) أستاذ بقسم الفلسفة جامعة قسنطينة.

الرواية أو تلك، مثل جدلية العقل، وتأويلية المعنى، وتحررية الذات العاقلة أو الفاعلة، ونمو الثروة».

ويتابع تعريفه لما «بعد الحداثة Postmodernité» على أنها «الإنكار إزاء الميتاروايات métarécits». ويطرح السؤال «أين تكمن الشرعية، بعد الميتاروايات؟». من وجهة نظر «ليوتار»، «هابرماس» لا يُقدّم سوى ميتارواية أخرى، «رواية التحرر» أكثر عمومية وتجريداً من ميتاروايات «فرويد» و «ماركس».

حسب «هابرماس»، فالمشكل الذي يطرحه «الإجحاف أو الإنكار إزاء الميتاروايات» يُصِّر على أن «إزالة الوهم» لا معنى لها إلا إذا «احتفظنا على الأقل بمعيار لتفسير فساد جميع المعايير المعقولة». وإذا كنا لا نمتلك مثل هذا المعيار، الذي يمكنه الإفلات من «نقد شمولي ذي مرجعية ذاتية»، فإن التمييزات بين ما هو موهم [مضلل] وما هو ليس كذلك، بين النظرية والإيديولوجيا تفقد قوّتها. إذا تخلينا عن هذه التمييزات، فينبغي علينا أيضاً أن نتخلى عن هذه الفكرة الموروثة من عصر الأنوار في «نقد عقلاني للمؤسسات الموجودة»، لأن العقلاني يكون حينئذ قد انتهى. نستطيع بالتأكيد أيضاً، إنتاج نقد (Critique)، لكنه سيكون من نوع ذلك الذي ينسبه «هابرماس» إلى (هوركهايمر Horkheimer) وإلى (أدورنو Adorno): «لقد تخلوا عن كل مقاربة نظرية ومارسوا سلباً [نفياً] خاصاً (ad hoc) معيناً (...). إن ممارسة السلب هو الأمر الذي استمر دون انقطاع من روح النظرية». كل ما يحتفظ به «هابرماس» كشيء هام هو «المقاربة النظرية» التي ستُعدّ من قبل «ليوتار» إنكاراً مثل ميتارواية. فجميع من يتخلى عن هذه المقاربة في نظر «هابرماس» ينسب إلى «المحافظين الجدد»، وهذا سيجعل

من الأفكار المهجورة، التي استخدمت في تثبيت الإصلاحات المختلفة والتي طبعت تاريخ الديموقراطيات الغربية منذ الأنوار، لا تزال في الوقت نفسه تستخدم في نقد المؤسسات الإجتماعية الاقتصادية للعالم الليبرالي والعالم الشيوعي على حد سواء. إن في التخلي عن وجهة نظر أقل ما يقال عنها إنها «كونية»، إن لم تكن متعالية، يمثل حسب «هابرماس» خيانة للآمال الاجتماعية التي اعتبرت أساسية من طرف السياسة الليبرالية.

نلاحظ إذاً، أن النقد الفرنسي لـ «هابرماس» مستعد للتخلي عن السياسة الليبرالية لتجنب فلسفة كونية، كما نلاحظ أن «هابرماس» يحاول التمسك بفلسفة كونية مع كل المشاكل التي تستوجبها، بغرض تدعيم سياسة ليبرالية.

لتوضيح هذا الموقف بعبارات أخرى، يمكننا القول: إن المفكرين الفرنسيين الذين انتقدهم «هابرماس» يرغبون في التخلي عن التعارض بين الإجماع «الحقيقي» و «الزائف» أو بين «الصلاحية» و «السلطة»، حتى لا يجدوا أنفسهم مضطرين لسرد ميتارواية تُفسر ما يعنيه «الحقيقي» أو «الصالح». ومع ذلك ففي تصور «هابرماس» أنه إذا تخلينا عن فكرة «البرهان الأفضل» بمقابلتها بـ «البرهان الذي يقنع جمهوراً معيناً في زمن معين»، فإننا لا نحوز إلا على نقد اجتماعي من طراز «سياقي». ويعتقد أن العودة إلى نقد كهذا فيه خيانة «للعناصر العقلانية في الحداثة الثقافية المتضمنة داخل. . . المثل البورجوازية»، على سبيل المثال، «الديناميكية النظرية الباطنية التي تحرك باستمرار العلوم ـ وكذلك تفكير العلوم في ذاتها ـ بعيداً عن إنتاج معرفة يمكن أن تستغلها التكنولوجيا».

يردّ «ليوتار» على هذه الحجة بقوله: إن «هابرماس» لا يفهم جيداً طابع العلم الحديث. فالنقاش المبني على «براغماتية المعرفة العلمية» في الشرط ما بعد الحداثي (La condition postmoderne) يهدف إلى إبطال «الاعتقاد الذي لا يزال يُنشّط بحث هابرماس، أي أن الإنسانية كذات جماعية (كونية) تبحث عن تحررها المشترك بطريق تنظيم «الضربات» المسموح بها في كل ألعاب اللغة، وبأن شرعية أي منطوق تكمن في مدى مساهمته في هذا التحرر». في تقدير ليوتار فإنه أوضح أن «الإجماع ما هو إلا مجرد حالة للمناقشات وليس نهايتها. فهذه بالأحرى ما هي إلا مغالطة (Paralogie)». إن جزءاً من الأدلة التي يقدمها لتدعيم هذه الفكرة الغريبة وهو أن «الاهتمام باللا ـ مقرّرات (Indécidables)، وبحدود دقة التحكم، وبالكوانتا أو الكم (quanta)، وبالصراعات منقوصة المعلومة، وبالأجزاء أو القِطَع «Fracta»، ....، وبالكوارث، وبالمفارقات البراغماتية، يجعل العلم ما بعد الحداثي يضع نظرية تطوره الخاص في شكل انفصالي، كارثي، غير قابل للتصحيح، ومتناقض».

لا أتصور إن مثل هذه النماذج من التساؤلات العلمية يمكنها فعل أي شيء لتدعيم الأطروحة القائلة بأن «الإجماع ليس نهاية النقاش».

فـ «ليوتار» ينتهي إلى نتيجة غير صالحة تذهب من الاهتمامات المعتادة لمختلف الفروع العلمية إلى فكرة أن العلم بشكل أو بآخر هو بصدد اكتشاف ما يجب أن تستهدفه الثورة الدائمة بدلاً من التناوب بين الاستواء والثورة التي جعلها (كوهن T. Kuhn) شائعة. القول بأن «العلم يهدف إلى» إضافة مغالطات أو قياسات

فاسدة يعني نفس القول بأن «السياسة تهدف إلى» إضافة الثورات إلى الثورات. ليس هناك من اختبار لاهتمامات العلم أو للسياسة المعاصرة يمكنه أن يبرهن على أن أي شيء في هذا الاتجاه، والأفضل الذي يمكن التدليل عليه هو أن مناقشة أهداف هذا أو ذاك ليست بالضرورة مفيدة.

بالمقابل، فإن لـ «ليوتار» دليل قوّي، يشترك فيه مع النقد الذي تمارسه (ماري هس Mary Hesse) بطريقة (ديلتاي Dilthey) حيث يدرك «هابرماس» التمييز بين علم الطبيعة والبحث الهيرمينوطيقي. تعتقد «هس» بأننا «برهنا بإسهاب (فيما تسميه فلسفة العلم «ما بعد إمبريقي» ضمن التقليد الأنغلو ـ أميركي) على أن لغة العلم النظري مجازية وإعلامية يتعذر تبسيطها وبأن منطق العلم تأويل دائري، وإعادة تأويل وتصحيح ذاتي للمعطيات حسب النظرية وللنظرية حسب المعطيات» يأخذ ليوتار على عاتقه، بحق، هذا الفصل للفلسفة الإمبريقية للعلم، ليس كتخل عن تصور سيّىء للعلم ولكن كتغيّر حديث لطبيعة العلم. ويعتقد بأن العلم قد أجاب على الوصف الذي قدمته النزعة الإمبريقية (Empirisme)، وبأن الأمر لم يعد كذلك.

هذا ما يقود إلى اتهام «هابرماس» بأنه قد تجاوزه الزمن. مهما يكن، وإذا وضعنا جانباً فكرة التغير الحديث لطبيعة العلم (الذي يسعى «ليوتار» لإثباته بطريقة منتظمة وطريفة) وإذا ركزنا الانتباه على التعارض الذي يرسمه «ليوتار» بين «المعرفة العلمية» (connaissance scientifique) و «الـروايـة» (récit)، نـدرك بـأن هـذا التعارض يشبه إلى حد كبير التعارض الوضعي التقليدي بين «تطبيق المنهج العلمي» والخطاب «اللاعلمي» (non scientifique) للسياسة،

107

وللدين أو الذوق العام. هكذا كتب «ليوتار» «ليكن منطوق علمي وهو خاضع لقاعدة: المنطوق ينبغي أن يقدم جملة من الشروط حتى يقبل علمياً». يعارض هذا التصور «للمعرفة السردية» (savoir narratif)، والذي قيل عنه إنه «لا يضفي قيمة لسُؤال شرعيته ذاتها، بل أنه يأخذ ثقته من براغماتية انتقاله دون اللجوء إلى البرهنة أو إقامة الأدلة».

لقد وصف «العلمي» (Le scientifique) بأنه من يعتبر المعرفة السردية «ذهنية أخرى: وحشية وبدائية ونامية، ومتأخرة، ومستلبة، ومكونة من ظنون، ومن عادات، ومن سلطة، وأفكار مسبقة، وجهالات، وإيديولوجيات». يرغب «ليوتار»، تماماً مثل «هس»، في تخفيف هذا التعارض والتأكيد على حقوق «المعرفة السردية». إنه يريد بالضبط الإجابة عن سؤاله الأولي من خلال الفكرة التي ترى، أنه إذا تخلصنا من الميتاروايات، فإن الشرعية توجد حيث ما وجدت دوماً، في روايات من مستوى أول.

إذاً، فهناك لا قياسية بين البراغماتية السردية الشعبية، التي هي على الفور مبّررة، وهذا للعب للغة (. . .) التي هي مسألة الشرعية (. . .) الروايات (. . .) تحدد معايير الكفاءة و / أو توضح التطبيق. هكذا تُعرّف من له حق القول والفعل في الثقافة، وبالنظر إلى أنها جزء منها، فتعد من هنا معترف بشرعيتها.

هذه الفقرة تدفعنا إلى الاعتقاد بأن «ليوتار» في الواقع يقول: إن المشكل الذي يطرحه «هابرماس» ليس فيما يقدمه من ميتارواية للتحرر، بقدر ما هو كامن في شعوره بالحاجة إلى تبرير الروايات وبعدم اكتفائه بترك الروايات الضامنة لتماسك ثقافتنا تفعل فعلها، وبمعنى آخر، فهو لا يكشط الموضع المناسب. هذا ما كان له

صدى لنقد الفلسفة الأمبريقية للعلم التي قام بها «هس» أو (فيرابند Feyerabend) وعلى وجه الخصوص جهود «فيرابند» لإبطال حل الاتصال بين الخطاب العلمي والخطاب السياسي. وهذا ما كان له صدى كذلك عند كثير من المفكرين الأميركيين المتعاطفين مع «هابرماس» أمثال (برنشتاين Bernstein) و (غوس Geuss أو ماكارثي Macarthy)، الذين يُشككون في أن الدراسة الإمبريقية للقدرة التواصلية يمكنها أن تنجح حيث فشلت الفلسفة المتعالية، أي في تقديم معايير «كونية» (Universalistes). إنهم يشكّكون أيضاً في أن يكون للنزعة الكونية ضرورية للفكر الاجتماعي الليبرالي مثلما يزعم «هابرماس». هكذا يُدعِّم «غوس»، فكرة أن «وضع الكلمة المثالية» هو من دواليب التي لا تلعب أي دور ضمن آلية النقد الاجتماعي ويقترح بأن نتبنى موقفاً «أكثر اقتراباً من تاريخانية أدورنو»، حيث يمكن [لـ «غوس»] أن يكتب:

إذا أمكن للبرهنة العقلية أن تؤدي إلى خلاصة مفادها أن نظرية نقدية معرّفة على أنها «الوعي بالذات» ـ لمسار مثمر من التحرر والتنوير (d'émancipation et d'Aufklarung) ـ «تمثل موقفاً لوعي أكثر تقدماً لما هو متاح لنا في وضعنا التاريخي، فمن أين ينبع تصورنا القسرّي للمعرفة إذا أمكن أم لا الحكم عليه بأنه «حقيقي».

إن ما يقصده «غوس» بـ «البرهنة العقلية»، من دون شك ليس القول «العقلية بالرجوع إلى جملة من المعايير اللاتاريخية والكونية»، لكن بالأحرى «دون ضغوط، عدا تلك التي لا مناص لكل خطاب من الخضوع لها، أي أن ينتهي في الآجال وحسب ممارسات جماعة ما في زمن ما». إنه يعرب عن تحفظات من

جهة حاجتنا أو من جهة قدرتنا في الوصول إلى نظرية تتجاوز هذه المفردات وهذه الاتفاقات لبلوغ شيء ما «طبيعي» بإشارة إلى إمكانية خضوع هذه المفردات وهذه الاتفاقات للنقد. فكما يقول «غوس»، «إن الكابوس الذي يلازم مدرسة فرانكفورت» يشبه أفضل العوالم لِـ «هكسلي»، الذي نجد فيه الوكلاء في الواقع راضين، لكن فقط لأنهم منعوا من تنمية بعض الرغبات التي كونوها ضمن المسار «العادي» للأشياء والتي لا يمكن إشباعها داخل النظام الاجتماعي الحاضر.

ليوتار والإرث اليساري للنيتشوية

جمال مفرج[*]

لا شك أن النتشوية خصم فعلي وخطير للماركسية. والماركسيون ـ كما يقول الناقد الروسي الشهير ستبان أدويف ـ لم يعبروا قط عن مزاعم في «ميراث نيتشوي» كائنة ما كانت هذه المزاعم. ولذلك فإن كل محاولة «للجمع» بين الماركسية والنيتشوية أو «فتح» الماركسية أمام التيار الأيديولوجي هي محاولة غريبة عن الطريقة النقدية الماركسية[1]، فهل نعتبر محاولة ليوتار للدفاع عن نيتشه محاولة غريبة؟

إن الماركسية جابهت الاندفاعية الجديدة للمدافعين عن النيتشوية، ولكن نيتشه اجتذب حلقة عريضة من الماركسيين إلى النيتشوية فكان لها معجبون متحمسون من بين المنظرين اليساريين البارزين. ولقد اجتذبتهم النيتشوية بتوجهها المناهض للحضارة البورجوازية، وبوصفها التظاهرة الألمع للأزمة المتعاظمة في النمط

(*) أستاذ الفلسفة بجامعة قسنطينة ـ الجزائر.

(1) استبان أوديف: على دروب زرادشت، ترجمة فؤاد ايوب، دلر دمشق 1983، ص 398.

الرأسمالي في الإنتاج، الذي يترافق بانحطاط في القيم، كان ليوتار (Lyotard) أحد هؤلاء اليساريين الذين اجتذبتهم النيتشوية. لقد كان نيتشه ـ في نظره ـ أهمية استثنائية؛ فهو قد قدم خدمة لا تقدر عندما بين الوهم، الذي هو في قلب الحضارة البورجوازية. وهو وهم عبر عنه بكلمة «الانحطاط».

إن انحطاط الحضارة البورجوازية، أو الغربية، يشكل الموضوع الرئيسي لاهتمام نيتشه. ويحاول ليوتار بعد سبعين سنة من وفاة نيتشه التفكير في الظاهرة نفسها، ويستخلص من مشاهدة انحطاط الحضارة البورجوازية وانهيارها نتائج لا تختلف عن النتائج التي استخلصها نيتشه فهو يقول: «يجب التفكير في فكرة الانحطاط باتباع الخط الذي رسمه نيتشه في مسودات «إرادة القوة» (صيف ـ خريف 1889)»(2).

ينطلق ليوتار في تحليله لظاهرة الانحطاط من أفكار نيتشه عن العدمية التي آلفها قبيل نهاية حياته الواعية، يقول ليوتار: «يوجد فعلاً ـ كما يقول نيتشه ـ انحطاط للمجتمعات مماطل ومتمرد. انحطاطا لا يأخذ مساراً خطياً أو إيقاعاً متواصلاً. وهذا الانحطاط هو شريك للعدمية ومتواطىء معها في تهديم القيم، قيمة الحقيقة. وهناك، من جهة أخرى، انحطاط مرافق لهذا الانحطاط ومعاصر له، يعمل على تأسيس قيم «جديدة». وهكذا لدينا، من جهة عدمية مرعبة ومؤثرة، لا شيء يمتلك فيها قيمة، ولدينا من جهة أخرى عدمية فعالة تقول: لم يعد لأي شيء قيمة؟»(3).

---

(2) J.F. Lyotard: *«Expedient dans la décadence»* in *Rudiments paiens.* Collection 10/18 Union Géneral d'Editions, Paris, 1977, p. 199.

(3) *Ibidem.*

إن ليوتار كما يبدو، لا يعالج إشكالية العدمية أكثر مما فعل نيتشه، فهو يقسمها مثله إلى قسمين: فثمة نزعة عدمية للضعف، وأخرى للقوة، الأولى منفعلة متعبة، والثانية فاعلة وقصوى؛ وهذا المعنى المزدوج للعدمية هو شيء تفرد به نيتشه. فهو ـ كما يقول كامو ـ لم يفكر في العدمية ليشيد بها القدر ويقدر الوجه الذي ستكتسبه رؤية دمار شامل، بل ليتجنبها ويحولها نهضة وانبعاثاً[4].

هذا على مستوى مراحل العدمية وأطوارها، أما بالنسبة لمعناها فإن ليوتار الذي لا يتجاوز نيتشه بل يقف على أرضيته ويستعير مباشرة تعريفه للعدمية. فهو يعرفها بأنها المرحلة التي ننتهي فيها إلى الاعتراف بأن «لا شيء يمتلك قيمة» أو المرحلة التي «لم يعد أي شيء فيها يمتلك قيمة». إن هذا التعريف يقوم فقط باختصار تفسير نيتشه للعدمية باعتبارها حالة سيكولوجية، وهي الحالة الوحيدة التي توقف عندها ليوتار. يقول نيتشه: «العدمية باعتبارها حالة نفسية، تحل في المقام الأول عندما نجد في كل حادث «معنى» معيناً بينما هذا المعنى غير موجود... وتأتي، في المقام الثاني، عندما افترض الإنسان وجود نوع من «الكلية» وسياقاً منطقياً، ونظاماً في كل حادث... ولكن هذا «الكل» المزعوم لا وجود له في الواقع!... وللعدمية مظهر ثالث وأخير... فبعد أن يتوصل الإنسان إلى اكتشاف هذين الأمرين.. لا يبقى أمامه سوى إدانة وجود الصيرورة هذا... فيذهب ساعياً وراء عالم آخر غير هذا العالم، يعده العالم الحقيقي لكنه سرعان ما يكتشف أن هذا

---

(4) ألبير كامو: الانسان المتمرد، ترجمة نهاد رضا، منشورات عويدات، ط 3، 1988، ص 86.

العالم الآخر لم يبن إلا بحاجات نفسية، وبأن لا شيء يسمح له بهكذا بناء. وعندما ينشأ الشكل الأخير للعدمية، الذي يتضمن عدم الإيمان بعالم ميتافيزيقي»[5]. ويخلص نيتشه، بعد تحديد المراحل الثلاث للعدمية، إلى النتيجة التالية: «إن الإحساس بغياب القيمة يظهر عندما يفهم بأن طابع الوجود، في مجمله، لا يمكن تأويله بواسطة مفهوم «الغاية» ولا بمفهوم «الوحدة» ولا بمفهوم «الحقيقة»... باختصار إن مقولات «غاية» و «وحدة» و «وجود»، التي عن طريقها أعطينا للوجود قيمة، ها نحن الآن نسحبها منه، ومن الآن فصاعداً يبدو العالم بدون قيمة»[6].

هذا، وبعد أن يستعير ليوتار مقولات نيتشه الخاصة بالعدمية، ينتقل إلى تحليل الوضعية الحقيقية للعلم الحديث، التي يبصر فيها مظهراً من مظاهر الانحطاط وحلول العدمية. ويستهل بيانه لوضعية العلم بقوله: «الانحطاط هو عودة الإيمان... إن قيمة الحقيقة، التي زعزعت، ما زالت تقاوم من خلال خطاب العلم... وبعض العلماء لا يترددون في تقديم «العلم» كمبرر الوجود الوحيد الذي يبقى حياً عقب انهيار القيم، وهم، بالتالي، يعلنون عن ترشحهم لخلافة الأكليروس (الكهنة)»[7]. إن صورة العلم عند ليوتار، هي صورة قائمة كما نرى. فالعلم الذي كان يبدو أنه تخطى مفهوم

---

(5) F. Nietzsche: *Œuvres Philosophiques complètes* «Automne 1887-Mars 1888», TXIII, traduction P. Klossowski, n.r.f, Gallimard, 1986, p. 242.

(6) *Ibidem.*

(7) Lyotard: op. cCit, pp. 119-121.

الحقيقة المطلقة، عن طريق هدم نقطة الارتكاز التي يرتكز عليها هذا المفهوم، التي هي «المطلق» أو «اللّه» أو «المثل»، والانتصارات التي كان يبدو أنه حققها على المثال الزهدي، ها هو يكشف أخيراً عن وجهه الحقيقي: إن العلم لم ينتصر على الحقيقة المطلقة ولا على الكهنوت لأنه أشد أعوانهما تخفياً.

إن هذا «الترميم للإيمان من خلال العلم» ـ كما يقول ليوتار ـ ولاحظه هذا الأخير عند نيتشه في الفقرة 344 من «العلم المرح» ففي هذه الفقرة يقول نيتشه: «إن اعتقادنا في العلم لا يزال وسيبقى مرتكزاً على اعتقاد ميتافيزيقي، وإننا نحن الذين نبحث اليوم عن المعرفة، نحن الذين هم دون إله وضد الميتافيزيقيين، لا نزال نستمد نارنا من الحريق الذي أشعله اعتقاد ألفي سنة، هذا الاعتقاد المسيحي الذي كان أيضاً اعتقاد أفلاطون، الاعتقاد بأن الإله هو الحقيقة، بأن الحقيقة إلهية...»[8].

إن ليوتار يفسر هذه الفقرة، التي يطور منها آراءه الخاصة، بأن العلم، الذي هو مدرسة للشك، لايؤمن بأي شيء، ومع ذلك يبقى فيه شيء ما، هو المثال الزهدي العلمي. وأما الحذر، الذي يفتخر العلم بأنه أهم صفاته، فإنه يتضمن فعلاً وثوقياً، يتجدد في كل مرة في غاية العلم التي هي المعرفة والسيطرة. إن الوثوقية، التي ينكرها العلم ظاهرياً، تتنكر في زي روح نقدي، ولكنها تكشف عن قناعها عندما تثبت العمل والفكر في الإيمان بأن الحقيقي هو أهم شيء[9]. ويبصر ليوتار في أفكار أفلاطون منشأ

---

(8) نيتشه: العلم المرح، ترجمة حسان بورقية محمد الناجي، افريقيا الشرق، دار البيضاء، 2000، فقرة 344.

(9) Lyotard: op. cit., p. 120.

هذا الضلال الذي امتد إلى آلاف السنين؛ فمن كتاباته استمد الغرب الاعتقاد بأن هناك حقيقة تجب معرفتها. وبمعنى آخر، عن طريق أفلاطون أصبحت الحقيقة ومعها العلم أيديولوجية أفلاطونية[10].

إن هذه اليقينية أو الوثوقية الفلسفية المنحطة، التي يبدو أن العلم استعارها من أفلاطون، كانت هدفاً لحملة عنيفة من جانب نيتشه أيضاً. فلقد انتهى نيتشه من تشخيصه لحالة العلم الحديث إلى أن هذا الأخير يواصل الفكر الميتافيزيقي الأفلاطوني في الاعتقاد في القداسة المطلقة للحقيقة، والإيمان في العقل، والاعتقاد أن الوجود معقول وخاضع للمعرفة، وأن المعرفة تضمن السعادة. ونفس هذه العلاقة بين العلم والميتافيزيقا يلحظها نيتشه بين العلم والدين، فالفروض الأولية التي يرتكز عليها العلم هي فروض الدين. إن العلم مثله مثل الدين، مقاد بواسطة غريزة الأمن، وهي غريزة تنم عن الضعف ولذلك نجد العالم بحاجة إلى الإيمان، لأن الإيمان مشتهى في المكان الذي تنعدم فيه الإرادة. إن تلك السمعة التي يمتلكها العلم ويفتخر بها ويدعيها، ويشتهر بها، وهي تدمير الإيمان، لا يمتلكها إذاً، بل هو مبني على الإيمان، وبحاجة إليه وهذه الحاجة تنقل إلى الجماهير عبر مظاهر علمية. وإذا كان الإله المسيحي قد غاب اليوم عن عالمنا، فإن العلماء لا يكفون ـ في نظر نيتشه، عن خلق الآلهة كل يوم من مثل «مادة» و «طاقة» و «غاية» إلخ. إنه بعد «موت الإله»، لا يزال ظله يمتد ـ في نظر نيتشه ـ فوق حياتنا لأن المستندات

---

(10) *Ibidem.*

الأخلاقية للميت أعيد استعمالها ونسبت إلى حقائق العلم. وهنا ينتهي نيتشه إلى أننا «ما زلنا تحت سيادة العلم ورعين وأتقياء»[11].

وبعبارات أخرى، لم ينتصر العلم على الدين. ولم يتناقض مع الرأي الذي يحاربه، وذلك لأنه لا يمتلك الإرادة لكي يكون نقيضاً للمثال الزهدي كما يدعي: «وأنه ما زال بعيداً عن الاستقلالية التي تمكنه من الاضطلاع بهذه المهمة، لأنه هو نفسه بحاجة إلى قيمة مثلى، إلى قدرة مبدعة للمثل يقوم على خدمتها وتمنحه الإيمان بذاته، إذ إنه، بذاته، لا يخلف أي قيمة. علاقاته مع المثال الزهدي لا تتصف بالتناحر، بل قد يميل المرء لاعتباره بمثابة قوة التقدم التي تحكم التطور الداخلي لهذا المثال... وهذا ما يجعل منهما بالضرورة حليفين، بحيث إننا إذا افترضنا منهاضتهما ومكافحتهما، فإن الصراع لا يمكن أن يتم إلا ضدهما معاً... (فإذا) سعى المرء إلى تقدير قيمة المثال الزهدي فإنه مسوق بالضرورة إلى تقديم قيمة العلم»[12].

بمثل هذه الطريقة يصبح الانحطاط الحقيقي أخطر عندما يصيب العلم، الذي يصبح من جراء ذلك نوعاً من الكليانية أو النظام الشمولي الذي يبغي السيطرة[13]، ولذلك يقوم كل من نيتشه وليوتار بالدعوة للإسراع بالانحطاط إلى نهايته لأن هذا الإسراع

(11) نيتشه: العلم المرح، فقرة 344.

(12) نيتشه، أصل الأخلاق وفصلها، ترجمة حسني قبيسي، المؤسسة الجامعية، بيروت، 1981 فقرة 26.

(13) Lyotard: op. cit, p. 130.

هو وحده الكفيل بتجاوز العدمية وبتخليص البشر. وإذا كان نيتشه يرى أن هذا التجاوز يتم بالانتقال من العدمية السلبية إلى العدمية الفعالة، وهي التي تبدو تعبيراً عن العودة الدائمة وإرادة القوة، فإن ليوتار لا يتميز عن هذه الدعوة الخاصة بنيتشه. وهكذا يقول: «يجب الإسراع بالانحطاط إلى نهايته بتبني وجهة نظر العدمية الفعالة، وعدم التوقف عند الكشف المثبط لتحطيم القيم... إنه علينا الذهاب دائماً إلى الأمام في الإلحاد، والصراع ضد عودة القيم. فلنذهب بسرعة وبعيداً في هذا الاتجاه... نحن الذين ندعي أننا مثقفون، ويساريون أيضاً»(14).

ولكن يبدو أن ليوتار، رغم هذه الدعوة للذهاب بعيداً، يخفي نقد نيتشه الصارخ للاشتراكية، ويزعم أن العدمية في القيم فقط، وبالضبط قيم الرأسمالية. يقول ليوتار: «إن نيتشه يقول: إن الذي ينحط هو القيم. ولكن لا أحد فكر، خاصة في أيام البطالة هذه، أنها الرأسمالية هي ما ينحط»(15). إن ليوتار عندما يقول: إن العدمية ترتبط بانهيار القيم ينسى، ربما عن قصد، أن نيتشه يجعلها، أيضاً، قضية اجتماعية. وعندما يقول: إن العدمية هي الرأسمالية ينسى أنها ترتبط عند نيتشه بضغط الجماهير وصعود الاشتراكية. إن العدمية تولد من الأسفل بعدما كانت مرتبطة بالسموات. إنها تولد في أحشاء الجماهير الكادحة المتحركة بغريزة من الحقد القاتل والمدفوعة بغريزة جبارة طافحة بالوعود في سبيل حقوق متساوية. وبعبارات أخرى، إن الاشتراكية ـ في

(14) *Ibid,* p. 123.

(15) *Ibid,* p. 130.

نظر نيتشه ـ ليست أحسن حالاً من الرأسمالية. وبالنسبة إليه فإن المطالب التي ترفعها الاشتراكية «السعادة القصوى لأكبر عدد من البشر» و «التلبية الأكمل للحاجات الأكثر تنوعاً للجمهرة الكبرى من الناس» و «الدولة الخالية من العيوب» و«الازدهار للجميع» ستتحقق باللجوء إلى العنف، والمضطهدون في هذا ليسوا أفضل من مضطهديهم: «فحين يبرهن، الاشتراكيون على أن تقسيم الملكية في المجتمع الإنساني الحالي، هو نتيجة أعمال جائرة وأعمال عنف لا حصر لها، ويرفضون جملة كل التزام بخصوص هذا التقسيم ذي المرتكز الجائر، فإنهم لا يدركون إلا جزئية واحدة. فماضي الحضارة القديمة كله مبني على العنف والاستعباد والخديعة والخطأ. وإن مبدأ الجور متمكن من نفوس غير المالكين كذلك، إنهم ليسوا أفضل من المالكين وليس لهم أي امتياز أخلاقي، فقد كان أسلافهم مالكين بدورهم في زمن ما»(16).

إن نيتشه لا يعنى بسعادة الأكثرية، و «الازدهار للجميع» هو ـ في رأيه ـ طوباوية ضد الطبيعة، بل هو يقلق بالأحرى لمصير الأفراد «الخالقين»، الذين تهددهم الاشتراكية «بالتجريد من الفردية». فالاشتراكية ـ في نظره ـ ستدمر الأرض التي تنمو عليها الفردية القوية، إنها ترمي إلى تدمير الفرد بلا قيد ولا شرط: «هذا الفرد الذي يبدو لها ترفاً أوجدته الطبيعة دون أن تبرره بحيث إنها تعتقد أنها مدعوة إلى إصلاحية كي تجعل منه أداة نافعة ضمن

---

(16) نيتشه: إنسان مفرط في انسانيته، ج 1، ترجمة محمد الناجي، افريقيا الشرق، الدار البيضاء، 1998، فقرة 452.

الجماعة»[17]. إن نيتشه يتوجه إذاً، إلى خالقي الثقافة العليا، أي الأرستقراطيين، أما ليوتار فيتوجه إلى الكادحين والشغيلة. ومع ذلك نجدهما يتفقان ويلتقيان في تحديد الجهة التي ينطلق منها المد الأقصى للعدمية، أي الاقتصاد، بالضبط في العمل، أحد ركائز الاقتصاد. والحقيقة أن كلاهما ينطلق من ماركس. فماركس هو الذي أطلق الصيحات التي راحت تحذر حالة الإنسان في نظام الرأسمالية بسبب العمل. فالإنسان في نظره، لا يوجد إلا كإنسان ضائع ومغترب عن ذاته، كسلعة وكرأسمال: «فما أن يخطر لرأسمال، بسبب انخفاض الطلب ـ على سبيل المثال ـ أن يقلع عن الوجود، حتى يقلع العامل بدوره عن أن يوجد «ذاته» فيصبح عندئذ دون عمل واحد، إذ لا يوجد العامل على الإطلاق كعامل. أن وجود رأس المال هو وجوده وحياته»[18].

كان نيتشه يدرك أبعاد الصيحة التي أطلقها ماركس، كما كان يدرك أن تحليل ماركس للوضعية هو أن الوطأة، وعجالة العمل لا تترك مجالاً لالتقاط الأنفاس، والحياة التي تقوم على مطاردة الربح وتكره الإنسان بصورة متواصلة على استخدام روحه حتى الانهاك، إلى درجة أصبح يعتبر فيها عمل العبد شيئاً قليلاً، إذا ما قورن بعمل العامل»[19]. وحتى هذا التكريس للعمل الذي يتم ـ في نظر نيتشه ـ دون ابتهاج للعمل، ويتساوى في ذلك جميع

---

(17) نفسه، فقرة 473.

(18) كارل لوفيت: من هيغل إلى نيتشه، الجزء الثاني، ترجمة ميتشيل كيلو، منشورات وزارة الثقافة السورية، دمشق، 1988، ص 50.

(19) نيتشه: إنسان مفرط في انسانيته، ٦، ف 457.

الناس في البلدان المتحضرة، ليس سوى وسيلة لا هدفاً في حد ذاته. وإن أهمية العمل في نظرهم لا تكمن إلا بما يتعهده من أجر، وخصوصاً إذا أمن أجراً كبيراً»[20].

ويمثل ليوتار، بدوره، انطلاقاً من ماركس، الانحطاط بمصطلحات رأس المال، ولكنه ينكر أن يكون نيتشه قد وصف الانحطاط باعتباره رأس المال، فيقول: «إن نيتشه نفسه لا يصف هذه الحالة باعتبارها حالة رأس المال. إنه يتحدث عن انحطاط القيم والثقافة، ولا ينسب الانحطاط إلى رأس المال»[21].

هذا، وإذا كان ماركس ونيتشه وليوتار يشتركون في إدانة الابتذال الذي أصاب علاقات العمل فإن ماركس وليوتار، على النقيض من نيتشه، لا يوجهان الاهتمام إلى قيمة العمل أو الأهمية التي تعطى له في المجتمع وحياة الأفراد. يقول ليوتار: «إنه إذا كان يجب القضاء على الاستغلال والاغتراب الذي يتعرض له النشاط الانتاجي، فلأنهما يؤديان إلى انتساخ قيمة العمل والإنسان العامل. إن قيمة العمل هي التي أخذت في الأفول. وفي فرنسا أفضى تحقيق حديث إلى أن نصف الشباب الفرنسي، ممن يمثلون جميع فئات المجتمع، لا يبصر في العمل إلا غاية واحدة هي ضمان البقاء. إنه ينفي عنه كل قيمة خلقية («إنه شيء حسن أن نعمل») وكل قيمة مثالية للذات («إنني أحقق ذاتي في العمل») وبمعنى آخر، فقدت فكرة العمل وستفقد جزءاً من قوة تحفيزها... والنظام الرأسمالي يدمر قيمة كانت تبدو أساسية له،

---

(20) نيتشه: العلم المرح، فقرة 42.

(21) Lyotard: *op. cit.*, p. 131.

والحقيقة أن الرأسمالية ليست بحاجة إلى أن يثمن العمل أو يقوم... وإنما يكفيها أن العمل موجود»[22].

إن وظيفة العمل الجوهرية التي كان يذكر بها ماركس، أي باعتبارها أداة لتلبية الحاجات المادية والروحية، وقيمة العمل التي يود ليوتار استعادتها، هي في نظر نيتشه دعوة مغلوطة، لأن الذي يجب الدفاع عنه ليس هو قيمة العمل أو «ثقافة العمل» بل التأمل. فلقد صار المرء، في نظر نيتشه، يخجل من الهدوء، ويكاد التأمل الطويل يصيبه بوخز الضمير. وإذا استمر الأمر على هذه الحالة، وازداد فقدان السكينة والتأمل ستفضي بنا الحضارة إلى همجية جديدة؛ ولذلك فإن: «إحدى التضحيات الضرورية التي علينا أن نباشر إدخالها على طبع الإنسانية ستكون هي تقوية العنصر التأملي فيها إلى حد كبير»[23].

إن نيتشه عندما يرسل صيحات هذه الدعوة، إنما يدعو إلى إحياء نظام الرق، حتى يمكن أن توجد طبقة ارستقراطية تنهض على أيديها الحضارة، فهو يقول بصريح العبارة: «لا يمكن أن تظهر ثقافة متفوقة إلا حيث توجد طبقتان من المجتمع محصنتان ضد بعضهما: طبقة العمال وطبقة العاطلين القادرين على أوقات الفراغ الحقة، أو بعبارة أبلغ: طبقة تمارس الأشغال الشاقة وطبقة تمارس العمل الحر»[24].

هذه بعض الآراء حول فكرة الانحطاط عند فيلسوفين كبيرين،

---

(22) *Ibid*, pp. 132-133.

(23) نيتشه: انسان مفرط في انسانيته، ١، ف 285.

(24) نفسه، فقرة 439.

وهي آراء تبين مدى التأثير الكبير الذي لعبه نيتشه في بلورة هذه الفكرة. لقد كان ليوتار يدرك أن تحليل نيتشه لمشكلة الانحطاط لا يخلو من الصحة، لكن يسارية ليوتار كانت تتنافى كلية مع عدمية الاشتراكية التي جاء يعلنها نيتشه، ولذلك أخفى هذا الجانب الواضح في فلسفة نيتشه، وأبقى مشكلة الانحطاط عند نيتشه في مجال القيم. وهكذا فإن ليوتار لم يكن منطقياً مع نفسه وانحاز انحيازاً واضحاً ومسبقاً ليساريته.

التوازي الإيتيقي الإستاطيقي في أخلاق العدالة عند ليوتار

محمود السيد طه متولي(*)

مقدمة

تنطلق هذه الدراسة من فرضية أساسية في رؤية ليوتار الأخلاقية القائمة على أخلاق العدالة، ألا وهي، الارتباط الجمالي الأخلاقي الذي يجد مشروعيته في مبدأ التسامي الكانطي، رغم الاختلافات التطبيقية بين المجالين الأخلاقي والجمالي كحقلين متباينين للحقيقة، وذلك لأهمية تحررهما من سلطة الخطاب المعرفي والقيمي، ومن أي نزعة إنسانية تؤطر ماهية الإنسان، وتحدده بوصفه فكراً، أو تختزله في مجموعة من القيم المفضلة للذوات الفردية المتعينة.

_____

(*) باحث أكاديمي من مصر.

ولقد أفاد ليوتار من المشروع النقدي لكانط بكتبه الثلاثة،
وطور فيه بصورة تناسب طبيعة رؤيته الأخلاقية للعدالة القائمة على
الاختلاف المطلق، فهو «يسعى إلى تحرير فلسفة كانط، وخاصة
نظريتيه في الإيتيقا والحكم الجمالي من التأويل الأنثروبولوجي...
حتى يمكن وضع فكرة حقوق الإنسان موضع التساؤل، من أجل
إعادة تحديد شروط مشروعيتها الفلسفية»[1]. فقد عمل أولاً على
نزع مشروعية العلم حيث كان يُعتقد بأن العلم هو المرجعية اليقينية
لكل حقول المعرفة وهذا بالاعتماد على «نقد العقل النظري
الخالص»، كما عمل كذلك على إضفاء المشروعية على توازي
الحكم الأخلاقي بالجمالي بوصفهما يتحددان في الغالب بواسطة
الشعور بالجليل، وهذا بالاعتماد على «نقد العقل العملي»،
و «نقد ملكة الحكم».

ولقد أدى تطوير ليوتار لفكر كانط بتعميقه للاختلاف بين
مجالات المعرفة ورفعه الحكم الأخلاقي ليتوازى مع مبدأ التسامي
إلى تعرضه للنقد الشديد من قبل الكانطيين الجدد، الذين عدوه
قارئاً سيئاً ومضللاً لكانط، كما تعرض لنقد بلا هوادة من
كريستوفر نوريس، الذي يقول: «هكذا تكون العودة إلى التسامي
بوصفه معادلاً للحكم الأخلاقي مترافقة مع العودة إلى نماذج
(نصية) أدبية، تهدف إلى تعميق فكرة نسبية الحقيقة والافتقار إلى
أي قاعدة نقدية صلبة... فالمشكلة مع طروحات كهذه لا تكمن

---

(1) «شرطة الفكر ـ جان فرنسوا ليوتار»، جاكوب روزغونسكي، تقديم
وترجمة وتعليق د. محمد أندلسي، مقال منشور على موقع منتدى
ميدوزا.

فقط في أنها تقرأ كانط بشكل خاطىء... بل لكونها تفتح الطريق
أمام بعض النماذج الخطيرة من التعتيم الأخلاقي السياسي»(2).

وتستمد الرؤية الأخلاقية عند ليوتار ـ كغيرها من أفكاره ـ
جوهرها من فكرة نقد الميتا-حكايات أو السرديات الشاملة ـ
بصورتيها التأملية النسقية التي ترى إمكانية إعطاء تفسير للوجود في
نسق شامل (نموذج هيغل)، والتحررية التي تزعم أن التاريخ يسير
بشكل حتمي نحو تحرر الطبقة العاملة وغائية التقدم الإنساني
(نموذج ماركس) ـ بل أن ثقافة ما بعد الحداثة ترتكز على هذه
الفكرة المركزية، وذلك تعزيزاً للاختلاف الذي يولد الشعور
بالجليل إزاء المواقف غير القابلة للفهم أو التمثيل، وتنشيطاً
للخلاف غير القابل للحل النهائي.

يحاول ليوتار أن يستعيض بتلك السرديات المونولوجية القمعية،
التي تسعى إلى التسلط وتحقيق المعرفة المطلقة المزعومة، بسردية
أخرى مقاومة لأنماط الانغلاق المونولوجي بمضاعفتها لألعاب
اللغة، والتي تتساوى في شرعية وجودها بوصفها حقول مختلفة
للمعرفة. والسؤال: هل يمكن رصد رؤية مكتملة لأخلاق العدالة
في فكر ليوتار؟ فليوتار لم يُضَمِن رؤيته الأخلاقية كتاباً بعينه،
حيث نراها في فقرات وفصول متفرقة من كتبه تعرض رؤيته في
أخلاق العدالة، وسبب ذلك يعود إلى رفضه النظريات، والطابع
التنظيري النسقي، فالنظريات ـ حسب ليوتار ـ تمثل نسقاً في

---

(2) نظرية لا نقدية ـ ما بعد الحداثة، المثقفون وحرب الخليج، كريستوفر
نوريس، ترجمة د. عابد إسماعيل، دار الكنوز الأدبية ـ الطبعة الأولى
ـ ص 114.

سردية شاملة. لذلك سنحاول جمع شتات آرائه في أخلاق العدالة، موضحين لأي مدى يمكن اعتبار تلك الأخلاق إجرائية؟.

لذلك بدأنا بعرض التوازي الأخلاقي الجمالي بنزع المشروعية عن المعرفة والقيم والنزعة الإنسانية، وتحديد سلطتها بوصفها ألعاباً لغوية متساوية مع ألعاب لغوية أخرى. ثم عرضنا للتوازي الإيتيقي الإستطايقي القائم على مبدأ التسامي الكانطي. وفي المبحث الثاني نعرض شروط العدالة ـ التي بثها ليوتار في كتبه وضمنها دراساته ـ فنعرض الشرط الإجرائي الأول لأخلاق العدالة، وهو الإقرار بالاختلاف المطلق بين حقول الفكر والنظم والأفراد ليتحقق الخلاف، ثم نقدم الشرط الإجرائي الثاني، وهو الإلزام الأخلاقي من الأنا المخاطبة، ثم نعرض الشرط الثالث وهو الشهادة على الخلاف بوصفها تحققاً للعدالة بعدم إصدار حكم مسبق أو نهائي، إزاء المواقف الأخلاقية الصعبة.

ثم نتبع البحث بخاتمة عامة حول مسألة مدى إجرائية أخلاق العدالة عند ليوتار، وسرد النتائج العامة لما تم التوصل إليه أثناء الدراسة.

المبحث الأول تجميل الأخلاق (التوازي الإيتيقي الإستاطيقي)

1 ـ المعرفة والأخلاق (نزع المشروعية)

نقصد بنزع المشروعية هنا نزع المشروعية عن المعرفة العلمية بوصفها مرجعية نهائية لكل سبل الحقيقة، يقول ليوتار: «ظلت

مسألة مشروعية العلم مرتبطة برباط لا ينفصم بمسألة مشروعية المشرع منذ زمن ألاطون، ومن هذه الزاوية ليس الحق في تقرير ما هو صادق مستقلاً عن الحق في تقرير ما هو عادل»[3]، ثم يوضح كيف أن فتغنشتاين سمى الأنماط المختلفة للعبارات باسم «ألعاب اللغة» ليتم تعريف كل لعبة لغة حسب القواعد التي تحدد خصائصها، والاستخدامات التي يمكن استخدامها فيها.

وإذا كان لدى كانط منذ البداية الانقسام الواضح بين المعرفة والإرادة، أو بين العلم والأخلاق، فإن الفضل يعود لفتغنشتاين في تحديد كيف أن كل مجال معرفي له أسر من الجمل لا تختلط بمجال آخر، ولا سلطة للعبة لغوية على أخرى. يقول ليوتار حول تحديد طبيعة الجمل المحدِّدة للعبة اللغوية الخاصة بالمعرفة العلمية، واللعبة اللغوية الخاصة بالأخلاق: «إنه نزاع بين لعبة لغة مكونة من إشاريات لا يمكن أن يجيب عليها سوى معيار الصدق، وبين لعبة لغة تحكم الممارسة الأخلاقية التي تتضمن بالضرورة قرارات والتزامات أي منطوقات تقعيدية، يُتوقع منها أن تكون عادلة وليست صادقة»[4].

ويرى ليوتار أن المعرفة لم تعد هي الذات بل هي في خدمة الذات، لقد تم نزع مشروعيتها القديمة، التي كانت تكرس لوضعها فوق كل الحقول المعرفية، حيث تم تحديد مشروعية المعرفة العلمية لتكون داخل إطار خدمة الأهداف التي استشفتها

---

(3) الوضع ما بعد الحداثي، جان فرنسوا ليوتار، ترجمة أحمد حسان، دار شرقيات، الطبعة الأولى، 1994، ص 31.

(4) نفس المصدر، ص 52.

الذات العملية أي الجماعة البشرية المستقلة، وهذه المشروعية المحددة للمعرفة العلمية نقترح تسميتها (المشروعية الطارئة أو العارضة)[*].

ويذكر د. عبد الحليم عطية في دراسته (كانط وما بعد الحداثة) أن آبل يرى أن مجال العلم ومجال الأخلاق ينهج كل منهما نهجاً مغايراً ومستقلاً عن الآخر، نتيجة لذلك فإن أفعال البشر لم تعد ترتكز على أي معرفة نظرية، والسبب «يرجع إلى اختفاء الذات المتعالية التي كانت قادرة على أن تتخذ موقفاً وسطاً بينهما»[5].

بذلك نجد أن تقسيم العقل إلى عقل إدراكي نظري من جهة، وعقل عملي من جهة أخرى، يهدف إلى مهاجمة مشروعية خطاب العلم على نحو غير مباشر بالتأكيد على أنه لعبة لغة لها قواعدها الخاصة وليس لديها مبرر مطلق لممارسة الإشراف العام على كل ألعاب اللغة بما فيها لعبة الجماليات.

وإذا كانت لعبة اللغة الخاصة بالمعرفة العلمية مرتكزة على الإجماع، فإنه لا يمكن للإجماع أن يحدث أو ينتهي إليه الحوار بين أطراف متنازعة، وإن حدث فهو حالة خاصة من النقاش العلمي وليس الأخلاقي، لذلك «فالإجماع أصبح قيمة مضى أوانها ومشكوك فيها لكن العدالة بوصفها قيمة لم يفُت أوانها، ولا هي مشكوك فيها ومن هنا لا بد أن نتوصل إلى فكرة

(*) المصطلح من وضع الباحث، لتعميق فهم فكرة ليوتار بعد التقنين الذي أحدثه بلعبة اللغة الخاصة بالمعرفة العلمية.

(5) كانط وما بعد الحداثة، د. أحمد عبد الحليم عطية، مجلة أوراق فلسفية، العدد رقم 11، 2004، ص 366.

وممارسة للعدالة لا ترتبط بفكرة الإجماع»[6]. وتأكيد ليوتار أن
العدالة قيمة لا يناقض آراء ليوتار في محاولاته الدؤوبة للعمل
على استقلال العدالة كأخلاق عن القيم التي ابتدعها عصر التنوير،
والتي أوهمت الذات بأنها تتحكم معرفياً في القيم وتسيطر عليها؛
لأنها من إبداع الذات. على أي حال فليوتار يحاول من منع
الادعاءات المعرفية للحقيقة، أو أحكام الحقيقة والزيف بأن تنفرد
في القضاء ضمن نطاق الحوار الأخلاقي والسياسي، لذلك
فقراءة ليوتار ما بعد الحداثة للمشروع الكانطي تركز على المغايرة
المطلقة، والافتقار إلى أي أرضية مشتركة للحكم بين مختلف
أنظمة العبارة، وألعاب اللغة.

وإذا كان هناك تكريس واقع دلالة ما لجملة معينة (معرفية مثلاً)
تمتد لتطاول أي جملة أخرى (أخلاقية) عندئذ يكون هذا التكريس
سلطوي في جوهره. ويذكر نوريس مثال (الأوشفيتز) ليبيّن تحيز
المؤرخ الفرنسي فوريسون للعبة اللغة المرتكزة على الخطاب
المتعلق بادعاءات الحقيقة المعرفية والوثائقية، وحسب ليوتار فإن
هذا يشكل نوعاً من الظلم، وإهانة واضحة لضحايا الأوشفيتز
نتيجة لتطبيق محظور لأحد ألعاب اللغة على لعبة لغة أخرى، التي
قد تكون لعبة الخطاب الأخلاقي.

يستمر ليوتار في الضغط على لعبة اللغة الخاصة بالمعرفة
العلمية، ويؤكد أن حضورها في حوار، أو اللجوء إليها يعمل
على احتكار هذه اللعبة للحوار بمجمله، وهذا يشكل عقبة في
وجه مصالح العدالة. لذلك يلجأ ليوتار إلى مبدأ التسامي الكانطي

---

(6) الوضع ما بعد الحداثي، سبق ذكره، ص 79.

ليعمل كرمز لأشكال التجربة التي تتجاوز حدود طاقاتنا في الإدراك المعرفي، وأفكار العقل المعيارية الفوق حسية (كالعدالة، والحرية، والديموقراطية، والسلام الدائم)، والتي لا يمكن اختبارها، أو التحقق منها بالإشارة إلى قضايا العلم الحقيقي. حيث ينزع التسامي إلى الموازنة بين هذه النزاعات لألعاب اللغة لصالح نظم العبارة اللامعرفي، أو لصالح الفريق الذي تستند مزاعمه إلى قاعدة من الأمر الأخلاقي الصرف المعزول عن قضايا المشروعية الصادقة. «بذلك يمنعنا التسامي من المضي قدماً في فرض معيار وحيد متطابق، خاصة المتعلق بالحقيقة العملية أو المسؤولية المعرفية»[7].

والسؤال: هل هناك مساواة فعلية بين ألعاب اللغة عند ليوتار؟ على أساس القواعد المشروطة بأسر الجمل ـ التي وضعها هو نفسه ـ كذلك على أساس قانون التسلسل الكائن في كل لعبة لغوية؟ بالإضافة إلى أسس القواعد المتبعة لمقتضيات الاختلاف الموجودة في طبيعة كل لعبة لغة، أو بعبارة أخرى بين لعبة اللغة المعرفية وبين لعبة اللغة الأخلاقية والجمالية والسياسية؟ هل هناك تصور عادل لوجود ألعاب اللغة بكاملها في حوار متحضر؟ أم أن هناك إقصاء للعبة لغة دون أخرى؟

نلحظ هنا دون شك بأن هناك إقصاء للعبة اللغة المعرفية الحاملة للحقائق والوثائق التاريخية، لكن يجب الفصل هنا بين حقلين يؤدي المزج بينهما إلى نتائج مشوشة، وهو الخلط بين طبيعة الفكر وبين طبيعة الظروف والحسم الإجرائي، فعندما نتكلم

---

(7) نظرية لا نقدية، سبق ذكره، ص 105.

في الأخلاق الخالصة كعلم، يجب هنا من الضروري إقصاء لعبة اللغة الخاصة بالمعرفة العلمية دون تردد؛ لأنه يستحيل أن تقوم الأخلاق على المعرفة العلمية المرتكزة على الوثائق والبيانات والحقائق التاريخية، أما إذا كنا بإزاء تحقيق إجرائي لأخلاق العدالة في مواقف أخلاقية، ونزاعات بين أطراف متناحرة، هنا قد تضطرنا تلك المواقف للجوء إلى ضمانات معرفية وتاريخية تتضمن وثائق وبيانات واقعية، مع الضمان بعدم الإضرار بصفاء الإيتيقا قدر الإمكان، أو التشويش على عملية تلقينا للأمر الأخلاقي المطلق.

2 ـ القيم والأخلاق

يُتهم الفكر ما بعد الحداثي أنه ضد القيم، وأنه ضد الذاتية كقيمة، والتي تقوم على تصور ماهوي للإنسان، بما هو شخصية عاقلة، ومستقلة، وكأن هذه الماهية/ الإنسان هي معيار للتمييز بين ما هو عادل وغير عادل. لكن الأمر ـ كما يرى ليوتار ـ «يقتضي مواجهة الخلط الساذج بين الإيتيقا والقيم، والرجوع إلى كانط، يبيّن بأن الواجب الأمري بقدر ما ينطوي على إلزام لا مشروط، بقدر ما لا يقبل أن يختزل إلى قيم معينة، أي إلى الأشياء المفضلة من قبل الذوات الإمبريقية. وبهذا المعنى يصبح من المهم تحرير الفكر من استحواذ القيم... لينفتح على البعد الأكثر جذرية للإيتيقا»[8].

---

(8) شرطة الفكر، سبق ذكره.

وتحديد كانط يوضح أن مبدأ الواجب الأخلاقي لا يمكن أن يشتق من التكوين الخاص للطبيعة الإنسانية، وتحت هذا الشرط يكمن صفاء الإيتيقا، يقول ليوتار: «الإنسان ليس هو مقصد الواجب الأمري ـ كما يذكرنا كانط ـ وإنما هو موجه إلى الكائنات الفانية الراشدة، فالقانون الأخلاقي بما هو مبدأ خالص للعقل العملي فهو لا إنساني في معناه الدقيق»[9]. بذلك يتجلى الواجب الأخلاقي بسمته كقانون عام لا يرتبط بحالات محددة، ونستطيع تلقي نداءه حينما نتعالى على طبيعتنا الإنسانية وإرادتها المريضة كما يجب أن نتعالى على حدود وضعيتنا التاريخية، وميولاتنا النفسية وقيمنا الإنسانية المسرفة في إنسانيتها، والتي بهذه الأخيرة ـ أي بقيمنا الإنسانية ـ يستحيل أن يكون الإنسان ذاتاً خالصة للقانون الأخلاقي.

إن الإنساني ـ كما يراه ليوتار ـ في الإنسان، هو ذلك الالتواء الذي يصرفنا عن القانون، لذلك لا يمكن تأسيس حقوق الإنسان، من خلال التصور الدوغمائي للإنسانيين (Les humanists)، والتي تنبني حول فكرة عن الإنسان، يتحدد بموجبها كشخصية عاقلة ومستقلة. وكأن هذه الماهية/ الإنسان، يمكن أن تنصب كمرجع أخير للحق، وكمعيار للتخيير بين ما هو عادل وغير عادل. وبذلك يتعالى الواجب الأخلاقي على القيم الإنسانية ويبتعد عنها ولا يشترط بها أو تشترط القيم بالأخلاق، كما يبقى معيار العدالة يتبع نداء الواجب الأخلاقي في نقائه.

---

(9) نفس المصدر.

3 ـ التوازي الإيتيقي الإستاطيقي

نعني بالتوازي الإيتيقي الإستاطيقي طرح الحكمين الأخلاقي والجمالي سوياً ضمن سياق الأفكار ما فوق الحسية التي تتحدد بمقاربتها مع مبدأ التسامي الكانطي، التي تتجاوز تجاربه جميع طاقاتنا على التمثيل المحدد، فمثلاً من طبيعة الحكم الأخلاقي أن يصدر أوامره من فلك يقع خارج ربقة المفاهيم المحددة أو الإدراك الظاهراتي، كذلك الجميل ـ في رأي ليوتار ـ هو تعبير عن الجليل، وليس تعبيراً عن التناسق أو الانسجام والتوافق بين الملكات.

يتحدد إذاً، التوازي والتماثل بين الإيتيقا والإستاطيقا في أنهما ينزعان نحو إحداث فوضى وانفصال وتغاير بين الملكات والابتعاد تماماً عن فرصة حدوث أي انسجام بين الملكات الإدراكية والذوقية، فليوتار ـ كما قلنا ـ يرى أن الإستاطيقي هو تعبير عن الجليل أكثر من كونه تعبيراً عن التناسق والانسجام؛ لأنه قد تواجهنا قضايا لا يمكن حلها إلا عبر مقاربتها بمحاكاة الخطاب الكانطي المتعلق بعلم الجمال لمبدأ التسامي كاستعارة لأنماط التجر بة أو أنماط الشعور، التي تتجاوز جميع قوى الاكتناه الحسي الظاهراتي من جهة والفهم المفهومي من جهة أخرى. كما تتماثل الأحكام الأخلاقية والجمالية في كونهما يواجهان مشكلة دائمة عندما يحاولان استحضار معايير التقييم الإجماعي (الذاتي المشترك)، فعند ليوتار لا شيء يمكن الاتفاق حوله ما عدا الاتفاق حول الافتقار المطلق لأي قيم أو معايير متفق عليها، أي اليقين من استحالة اليقين. ويرى نوريس أن ليوتار يعكس نزعة مستشرية بين أوساط مفكري ما بعد الحداثة تستغل فكرة كانط عن

العلاقة المتوازية بين الأخلاق وعلم الجمال، «بل أنه رفع التسامي الجمالي إلى منزلة سلطة ما ورائية لدرجة يصبح معها أساً جوهرياً للحكم في بعده الأخلاقي»[10].

بذلك فالجميل هو رمز الخير الأخلاقي يقول ليوتار: «المرور بين الجميل والخير يوضح أن قاعدة التأمل المطبقة على هذين الموضوعين لها نفس المعالم، وهي الحرية والفورية والكونية والنزاهة»[11]. وقد يعني ليوتار هنا بأن الجميل هو رمز الخير الأخلاقي هو أن الجميل أكثر مباشرة ووضوحاً من الحكم الأخلاقي، فالعالم الحسي في الجمال مجتمع تكوّن بالسليقة ويخضع لأحكام بلا قواعد تفترض العرض المباشر؛ لذلك فالشعور في حالة الجميل يكون مشتركاً بين الجميع وبشكل مسبق، فالمجتمع يوجد لتوه كذائقة، أما في حالة الالتزام الأخلاقي ـ كما يتجلى في التسامي ـ فنحن نحتاج لمجتمع يتوسطه مفهوم ما للعقل أو لفكرة الحرية، وهذا لم يتحقق حتى الآن، فالمجتمع لم يوجد بعد كإجماع عقلاني. يقول ليوتار: «أنه إذا كان هناك رمز للخير عن طريق الجميل فليس ذلك راجعاً إلى أن الجميل ظاهرة يمكن حدسها مباشرة، وتأتي لتحل محل موضوع آخر هو الخير الذي لا حدس لنا به، إن الجميل في حقيقته ليس موضوعاً للتجربة ليس لأنه لا يوجد له تقديم

---

(10) نظرية لا نقدية، سبق ذكره، ص 110.

(11) الحماسة (النقد الكانطي للتاريخ)، جان فرنسوا ليوتار، ترجمة وتقديم نبيل سعد، المشروع القومي للترجمة، المجلس الأعلى للثقافة، 306، عام 2001، ص 36.

محسوس وإنما لتحديده بواسطة نوع من التوفيق بين الملكات، ونحن نلتقي بنفس هذا التوفيق بين الملكات عندما تكون الروح ملتفتة نحو الخير ولكن بشكل مختلف»(12). وقد يعني هنا ليوتار بهذا الاختلاف إلى استحالة اكتشاف أي توفيق بين الملكات في حالة الخير الأخلاقي أو التوقف عند حدود الرغبة فقط، عنه في حالة الجميل الذي يمكن بالفعل اكتشاف انسجام هارموني بين ملكاته.

هنا ينفصل الإيتيقي عن الإستاطيقي، فعند التطبيق تتشكل حرية الحكم الأخلاقي من حرية الإرادة في توافقها مع نفسها في حين تتشكل حرية الحكم الجمالي من حرية الخيال في توافقها مع التصور. ويتقاطع الحكم الجمالي عن التسامي والحكم الأخلاقي، فحقيقة التسامي تفترض أنه لا توجد فقط متعة حيادية وكونية بلا مفهوم، بل أيضاً نهاية مضادة للنهاية. ومتعة من الألم لكن مع الشعور بالجميل تكون نهايته بلا نهاية، ومتعته عائدة إلى الانسجام الحر بين ملكاته، فالتسامي الكانطي يتجاوز بكثير مرحلة الإجمال الذاتي المشترك التي قد نجدها في الجميل ويصل بنا إلى درجة من المغايرة يواجه الفكر فيها التخوم المطلقة للتمثيل (حسياً كان أم معرفياً)، فثمة هوة صارخة بين المفاهيم والحدوس الحسية، هوة كافية لأن تدفع الوعي بأن يدرك أن أفكاره ليس لها أي صورة للإشباع أو التمثيل المناسب والمصداقية المبرهن عليها في حيز الإدراك الظاهراتي أو في حيز الوقائع والأعمال التاريخية على أرض الواقع الحقيقي.

---

(12) المصدر السابق، ص 36، 37.

تقتصر إذاً، العلاقة المتوازية بين الإيتيقي والإستاطيقي في كون الأخير رمزاً للأول بوصف الاستاطيقي أكثر مباشرة ووضوحاً من الإيتيقي وذلك ـ في رأينا ـ لارتباط الإستاطيقي بالذائقة العامة المشتركة في المجتمع، هذه الذائقة نجد لها سمات التعالي المثالي، والكلية، حتى يتحقق لها الانفصال عن قيم الذوات الإمبريقية، كما أراد لها ليوتار تماماً. وهذا الانفصال يثبت بما لا يدعو مجالاً للجدال بتعالي الأخلاق وصفائها وسموها فوق القيم. ولكن هل كان من الضروري أن يلجأ ليوتار لتجميل الأخلاقي، أو جعل الجميل رمزاً للأخلاق؟ بمعنى آخر، هل كان اللجوء إلى الجميل ضرورياً لإثبات انفصال العقل العملي عن العقل النظري؟ وأن قضايا العقل العملي ترتبط بمبدأ التسامي بوصفها غير قابلة للتحديد المفهومي؟ ولماذا لم يكن الطريق مباشراً بين العقل العملي وبين مبدأ التسامي الكانطي إلا عبر واسطة الجميل؟.

المبحث الثاني شروط أخلاق العدالة

1 ـ الشرط الأول: الاختلاف المؤسس للخلاف

نعني بالاختلاف، ذلك الاختلاف المطلق (The absolute difference) بين حقول الفكر والنظم والأفراد، وعنده فإن الفعل العادل يتضمن اعترافاً بالاختلافات الجذرية بين هذه الحقول، وهي نزاعات لا يمكن حلها، ولو حاولنا فهذا يهدد العدالة، كذلك فإن عدم مراعاة الاختلافات بين الأفراد بفرض حكم نهائي يوقع الظلم بأحدهما ويؤسس للخلاف. كما تتأكد الاختلافات والخلافات بحضور الإحساس بالجليل (Sublimation)، بوصفه

هروباً ويأساً وخوفاً من الصراع عند حدوث فعل ما ويراد له تحكيم وتفسير أخلاقي، فلا نستطيع أن نصدر حكماً أخلاقياً بسبب حدوث تفسخ للعلاقة بين قانون فعل ما أخلاقي وبين أي معطى معرفي أو قيمي مسبق لضمان صفاء الإيتيقا كما رأينا في المبحث الأول. هذا التسامي الكانطي يذكرنا بالاختلافات بين متطلبات الحقيقة التي تعوزها كل المقاييس العامة للعدالة القادرة على حل النزاعات بين الأطراف.

إن التسامي الكانطي يوغل باتجاه التغاير واللاتجانس، ويُشعر الفكر بحاجته الملحة إلى المصادر الراسخة للحكم في قضايا تتجاوز كل حدود التشريع العقلاني المستند إلى قواعد. يتكىء ليوتار هنا كذلك على مبدأ فتغنشتاين حول «ألعاب اللغة»، والذي يذهب إلى فرضية تغاير الخواص في كل لعبة لغة عن الأخريات، مما يجعل الاختلاف نشيطاً بينها، بذلك فإن مبدأي التسامي الكانطي وتنافر ألعاب اللغة الفتغنشتايني، يثبتان حضور الاختلاف والتنافر لأنظمة ألعاب اللغة، والتي يجب أن تؤخذ اختلافاتها في الحسبان عندما نحتكم للعدالة للبت بين خصوم ألداء في قضية معينة. وباختصار شديد سوف نفشل باحترام تعددية ألعاب اللغة إذا نحن اخترنا واحدة منها فقط، على سبيل المثال (المعرفية أو الواقعية الوثائقية) وتعاملنا معها على أنها تتحلى بمنزلة استثنائية في إطار علاقتها بقضايا الحقيقة التاريخية والمسؤولية الأخلاقية، أي إمكانية أن يكون لها سلطة الحكم على قضايا الأخلاق والحكم الأخلاقي.

ويسوق ليوتار مثالين لتوضيح تنافر ألعاب اللغة والاختلافات بينها مما يؤدي بالفكر الى الاعتراف بالعجز واليأس من أن يصدر

حكماً أخلاقياً نهائياً أو يبت بعدالة بين الأطراف المتنازعة، الأول حول القصف الشامل للقوات العراقية المنسحبة في حرب الخليج، حيث تم تنفيذ القصف بحجة أن هذه القوات لا تزال تحمل سلاحها المدرع، وكأن هذا الدليل المرئي لا يجعل أحداً يشك بأن هذا القصف يرتقي إلى مصاف مذبحة وجريمة حرب في ضوء أي تعريف معقول لهذا المصطلح باستثناء العالقين في منظومة الدعاية الأميركية. فالمراسلون والمتفرجون على حد سواء صاروا عرضة لتأويلات متناقضة تضمنت من جهة الاتكاء الخطابي على حتمية القصف، ومن جهة ثانية المعرفة بأن هذا الاتكاء الخطابي أعِدَّ ليخفيَ حقيقة الهجوم الوحشي ضد قوات لاجئة.

وفي رأي ليوتار أن الذي يواجهنا هنا ليست قضية الحقيقة مقابل الزيف، بل اختلاف جذري لا يمكن حله بالرجوع إلى الحقائق الإجرائية للقضية، بما أن هذه الحقائق توجد على شكل صور إعلامية متخيلة كما أنها عرضة لتنويع واسع من التأويلات الممكنة. ويصرح نوريس بأن ليوتار سيذهب إلى أبعد من هذا «ويصر على أنه يوجد ظلم كبير وشهوة عارمة لاحتكار خطاب الحقيقة والحق. في أي تفكير يفترض أنه يحكم بين هذه الاختلافات أو يحسم القضية استناداً إلى حكم نقدي تنويري»[13].

المثال الثاني يتعلق بفرضية فوريسون حول ضحايا غرف الغاز، وهي قضية الأوشفيتز، وهل وجدت حقاً أم لا؟ طالما أنه لم يبق شاهد عيان واحد على قيد الحياة يدعم الدليل بشكل قاطع، وادعاء فوريسون حول عدم وجود غرف الغاز يستند إلى انعدام

(13) نظرية لا نقدية، سبق ذكره، ص 84.

البيانات والوثائق التاريخية التي تثبت وجود تلك الغرف، نتيجة لذلك ـ وحسب ليوتار ـ يشكل طرح فوريسون نوعاً من الظلم ضمن صيغ خطابية بمعنى أنه يشكل إهانة واضحة للضحايا نتيجة لتطبيق أحد ألعاب اللغة (الواقعية التوثيقية) على نوع آخر منها وهو لعبة اللغة الخاصة بالخطاب الأخلاقي.

يرى ليوتار أننا بعد الأوشفيتز أصبحنا بلا مصادر معرفية، فلم يعد بإمكان التفكير أن ينظر إلى التاريخ بوصفه يسير نحو اكتمال الحقيقة، بل أنه يمتلىء بالأحداث التي تتحدى كل أشكال التمثيل المناسب والتي يعجز عقل التنوير النقدي التأملي عن استيعابها، وباختصار فإن نظام الأحكام المعرفية، واللجوء إلى أفكار من مثل الدليل العملي والبرهان التاريخي وغيرها، هي التي تمارس ضغطاً مشوشاً على أداء الحوار المتحضر.

يمكن للمرء إذاً، أن يرى لماذا تولي ما بعد الحداثة وخاصة ليوتار أهمية لمبدأ التسامي الكانطي، كونه يقف عند الحد الفاصل بين اللغة والتمثيل، حيث يصطدم الفكر مع تلك التناقضات العصية على الحل ويُجبر على الاعتراف بافتقاره إلى مقياس عام، حيث يتأسس اللاتجانس، فيجب أن تعطي الاختلاف حقه. «إن أي محاولة للحل هو محاولة العبور من الحقائق إلى القيم، من يكون إلى يجب، وهذا لا يُشكل استحالة منطقية فقط، بل نموذج آخر من الظلم الأخلاقي واعتداء على قاعدة اللاتكافؤية (Incommensurability)»[14].

---

(14) المصدر السابق، ص 111.

2 ــ الشرط الثاني: الالتزام الأخلاقي من الأنا المخاطبة

يعرفه ليوتار بوصفه عبارة تضع المخاطب بها في وضع الملزَم فيخضع ذاته لهذا الأمر ملتزماً به التزاماً أخلاقياً. فالأمر الملزم (يجب أن تطيع) هو عبارة أخلاقية؛ لأن الإلزام لا يُفترض مسبقاً في العقل بواسطة العبارات التأملية (المعرفية)، أو العبارات الشارحة (السياسية)، لذلك يظل مصدر القانون الأخلاقي مبهماً بسبب انفصال اللحظة الأخلاقية عن الفعاليات المعرفية والسياسية، ويبقى من الخطأ اختزال الواجب إلى قيم مفضلة ثابتة عن الأفراد بقدر ما ينطوي هذا الواجب على إلزام غير مشروط، «كما نتعرف إلى الحرية بفضل الآثار الدالة عليها، أي بفضل القانون الأخلاقي. وبذلك تظل غير مستنبطة»[15].

يتفق ليوتار وإيمانويل ليفيناس في أنه ليس ثمة أخلاق بدون التزام، وهذا الالتزام يفرض إذعان المخاطب للأمر الملزم من الآخر، هذا الآخر الذي يجب أن تعامله الأنا على أنه آخر بمعنى الكلمة، وأنه مثلها، ولا تعامله تطبيقاً لمعرفة مسبقة. وإذا كان الالتزام عند ليفيناس يقتضي بإقصاء الأنا لذاتها وفضحها عند مواجهة الآخر إثر إذعانها المطلق للأمر الأخلاقي الملزم، فإن هذا الأمر الأخلاقي غير المشروط بإنجاز شيء عند ليوتار «يؤدي

---

(15) حدود التواصل (الإجماع والتنازع بين هابرماس وليوتار)، مانفريد فرانك، ترجمة وتقديم وتعليق عز العرب لحكيم بناني، دار أفريقيا لاشرق، 2003، ص 114.

142

إلى اغتراب الأنا ويدفعها بمكر إلى الاعتقاد بأنها هي التي فضلت التخلي بمحض إرادتها عن مكانتها»(16).

وبالرغم من أن ثمة إلزاماً في العبارة الأمرية، فإن عبارة التعليق التي تتبع عبارة الإلزام ليست هي نفسها ملزمة ـ كما يرى ليوتار ـ كذلك العبارة الشارحة التي تشرح العبارة الأمرية، لا تتصف بالأخلاق، «فإن الأنا التي تلقت الأمر الأخلاقي تكون مستترة عن الإلزام الأول وهذا ما يعني أن الإلزام لا يتخلل اللغة ككل»(17).

يعتقد ليوتار إذاً، أن امتداد الأخلاق إلى الوظيفة التشريعية لكل أنواع الخطابات الأخرى أمر مستحيل؛ لأن العبارات المعرفية والشارحة لا يمكن أن تؤدي إلى إلزام، حيث يرى ليوتار الإلزام الأخلاقي بأنه شيء يمكن أن ينقضي، وهذا عكس ليفيناس الذي يعتقد بأزلية الأخلاق، وأنها تتخلل كل أنواع الخطابات، أي أن هناك إمكانية لتحقق الإلزام مع أي عبارة تالية على العبارة الأمرية الإلزامية، ويذكر ليوتار في كتابه «الخلاف» بأن مع الشرح أو مع أي تسلسل للعبارات ينتزع السياسي السلطة من الأخلاقي، ويرفض ليوتار توسيع ليفيناس للأخلاق، لأنه من الممكن تجاهل عبارة الإلزام في العبارات التالية. بذلك فليوتار يعتقد بأسبقية الأخلاقي على السياسي والمعرفي، وليس أزلية الأخلاقي على السياسي والمعرفي.

---

(16) المصدر السابق، ص 113، 114.

(17) نحو فلسفة ما بعد الحداثة (ليوتار)، جيمس وليامز، ترجمة إيمان عبد العزيزم، مراجعة حسن طلب، المشروع القومي للترجمة، 602، ص 195.

143

وبالتالي فالعبارة الأمرية (يجب أن تطيع) هي عبارة أخلاقية عندما تؤخذ في الاعتبار قبل التأمل، أي قبل سلسلة من العبارات المعرفية عن كيفية الطاعة، فالعبارة تكون إلزامية إذا كان المخاطب بها ملزَماً. أما السبب في أنه ملزَم فهو أمر قد يكون بإمكانه أن يفكر في تفسيره، فالتفسير يتطلب عبارات أخرى، كعبارات الشرح والتعليق، وربما يؤدي احتجاب الأنا عن الأمر الملزم الأول في صفائه الأخلاقي، إلى عدم السيطرة على مناسبة تلك العبارات وتسلسلها، مما يؤدي غالباً إلى عدم التزامها بالأمر الأخلاقي في العبارات التالية.

يرى ليوتار بالتالي، أن مشكلة الفلسفة ليست كيفية كشف اللحظة الأخلاقية الأزلية في السياسة أو المعرفة، إنما تنحصر مهمتها في كيفية تقدير عدم التكافؤ بين المعرفة والأخلاق حق قدره، وكذلك بالنسبة إلى جميع الصراعات الأخرى. لهذا السبب هو يضع استراتيجية أكثر شمولاً معنية بالإدلاء بشهادة عن الخلافات والصراعات التي يتعذر حلها ـ وهذا هو الشرط الثالث من شروط أخلاق العدالة ـ والتي تنشأ من عدم التكافؤ بين كل أنواع الخطاب. إن ما يرفضه ليوتار هو أن يمدنا الالتزام الأخلاقي، ووجه الآخر بالأساس الذي يقوم عليه موكب مضبوط من الخلافات تتوهم الذات بتحكمها فيه، لذلك يُقْصر الأخلاق على مهمة الإدلاء بشهادة عن الخلاف حتى تتحقق أخلاق العدالة بصورة جذرية.

3 ـ الشرط الثالث: الشهادة على الخلاف

نتيجة لما سبق يختلف تماماً المعنى المتأصل في معيار العدالة

عن المعنى المتأصل في معيار الحقيقة أو الصدق، فليوتار «يشكك في إمكانية قيام جسر محتمل بين العدل والصدق... وهو إزاء الظلم والإرهاب السياسي للشمولية يقيم دعوى مباشرة عن افتراض كون الصدق والعدل ربما يجمعهما مؤلف مشترك»[18].

الشهادة على الخلاف هي الشرط الثالث لأخلاق العدالة، وترتكز كلية على مبدأ الإحساس بالجليل، الذي يعمل هنا كهوة تتسع باستمرار بين متطلبات الحقيقة التي تعوزها كل المقاييس العامة للعدالة القادرة على حل النزاعات بين الأطراف المتناحرة، فما تحتاجه العدالة في قضايا مشروطة بحقائق غير مبرهنة ذاتياً هو أن يَصدُر الحكم بدون معايير مسبقة أو معايير قطعية نهائية فيكون شهادة على الخلاف، والصراع الذي يتعذر حله، وهذا ما ينتهي إليه كتاب «الخلاف» كما يذكرنا مانفريد فرانك.

ينشط الإحساس بالجليل قبل الشهادة على الخلاف وأثناء الشهادة ـ حيث يكون مركباً من ألم لتعذر تقديم حلول لإنهاء الصراع ممزوجاً بلذة يصاحبها جهد خلاق للإدلاء بشهادة على الخلاف ـ عندما يتوقف أمام الشخص الضحية الذي لا يكون قادراً على إثبات أن شخصاً قد أوقع عليه ظلماً، «فالمدعي شخص يتعرض لأذى، وتحت يده وسائل إثبات هذا الأذى ويصبح ضحية إذا ما فقد هذه الوسائل»[19].

ويرى مانفريد فرانك أن أطروحة ليوتار بخصوص تعذر البت في صراعات معينة تتضمن دعاوى صلاحية في وقوف المدعي في

Introducing Lyotard (Art and Politics), Bill Readings, p. 108.   (18)

(19) نحو فلسفة ما بعد الحداثة، سبق ذكره، ص 163.

صورة الضحية لفقده الوسائل التي تثبت براءته، مما يؤكد وقوع الظلم عليه وتعرضه إلى الصمت المطبق يؤكد هذه الدعاوى للصلاحية، والميل لأحد طرفي النزاع، مما يناقض رؤيته الأخلاقية.

يختلف التسامي هنا عن نظيره المتشكل أثناء الاختلاف المؤسس للخلاف، حيث كان مركباً من يأس وخوف من الصراع ومن استحالة استيعابه وحسمه، وبالفعل سيكون ليوتار مقيداً بعدمية (Nihilism)، لو لم يثبت لنا الهيئة العملية والإجرائية التي يعمل بها الإحساس بالجليل أثناء شهادته على الخلاف وتحقيقه للعدالة، لذلك نراه يتحدث عن تأسيس تركيبات لغوية جديدة باعتبارها طريقة لإظهار الخلاف، والضرورة الملحة لأن تكون هذه التركيبات اللغوية الجديدة غير مشتقة من نطاق أحد طرفي النزاع، لأن هذا سوف يؤدي إلى الفشل في إظهار الخلاف.

إن الإحساس بالجليل هو مفتاح الشهادة الفعالة التي لا تسمح بحل، حيث يسمح الشعور بالجليل بشهادة متحررة من إمكانية الحل، وذلك من خلال الربط بين أحاسيس متناقضة من اللذة والألم والبهجة والفزع، ويصاحب اللذة البحث عن تركيبات لغوية جديدة، ولكن الألم يصاحب الوعي بأنه لا يمكن أن يوجد حل داخل نطاق اللغة القائمة، وهذا التناقض يحافظ على فعل الشهادة بوصفه شيئاً ينبهنا إلى الصراع ولكنه ينبهنا إلى استحالة حل الصراع، ولكننا نكون عندئذ على وعي بما هو خلاف. بذلك تتحقق العدالة من اعتماد مقاربة جمعية لألعاب اللغة تعترف بالمدى الواسع للمعايير اللامتكافئة، وتلبي فضيلة عدم إطلاق أحكام زيف نهائي، أو حقيقة نهائية.

ويأتي مثال الأوشفيتز كمثال تطبيقي مرة أخرى؛ لمعرفة مدى إجرائية أخلاق العدالة عند ليوتار، فما الذي يمكن أن يكون نتيجة للأوشفيتز؟ ما هي الخبرة المتولدة، وكيف ننصف أولئك الضحايا، أي كيف نحقق لهم العدالة؟ يرى ليوتار أنه لا يمكن أن تكون هناك خبرة لأن الموت يتضمن هناك عبارات لا يمكن على الإطلاق أن يتصل بعضها ببعض في ذلك الوقت وحتى وقتنا، كما لا يمكن أن تنحل الأوشفيتز على الإطلاق إلى نتيجة، إنها تؤدي إلى صمت متولد، إنه إحساس بعبارة مستحيلة، هي عبارة تربط عبارة الصمت بعبارة الشخص المبعد، ومن جهة تحقيق العدالة لهؤلاء الضحايا، لا يمكن سوى الشهادة على الخلاف والنزاع، حول كون الأوشفيتز حقيقة أم لا؟.

بذلك تكون العدالة غير قابلة للقياس، ولا تتشكل في شكل نماذج ثابتة، فيصدر الحكم بدون معايير قبلية أو نهائية، يقول بيل ريدنغز: «إن الحكم ملزم بفكرة عن العدالة لا أحد يستطيع أن يسيطر عليها، فالحكم يجب أن يكون بدون معايير... والعدالة هي حكم يستطيع أن يحكم مرة أخرى بدون معايير محددة»[20].

خاتمة

أولاً: حول إجرائية الرؤية الأخلاقية في العدالة عند ليوتار

والسؤال: هل رؤية ليوتار لأخلاق العدالة إجرائية؟ بمعنى

---

(20) *Introducing Lyotard (Art and Politics)*, Bill Readings, p. 126.

آخر، هل يمكن أن تبت هذه الرؤية في صراع أخلاقي وتحسم الصراع؟ أم تنحصر مهمتها في الشهادة على الخلاف بين الأطراف المتنازعة؟

لقد اتهمت رؤية ليوتار في أخلاق العدالة بأنها مثالية، تعتم على الجانب الوضعي والحياتي للأخلاق، بسبب رفضها للعنصر المعرفي المشتمل على بيانات ووثائق ــ أثناء البت في النزاع الذي يقتضي حكماً أخلاقياً ــ وبالتالي يُنظر إلى الأوامر الأخلاقية، وكأنها تصدر عن صوت ضمير غير منخرط إطلاقاً بالهموم العملية للعالم الحقيقي. كا يعتقد هذا الرأي أيضاً أن هذه الرؤية تتسم بالليبرالية المؤقتة، من خلال اعتماد نظرة جمعية يحترم فيها كل خصم وجهة نظر الخصم الآخر، للاختلافات القارة في لعبة اللغة الخاصة بكل خصم، فيتم تأجيل متطلبات الحقيقة للحفاظ على هذا النمط الليبرالي من الصلح المؤقت.

بذلك فأخلاق العدالة سوف تفشل في تحقيق العدالة للضحايا في نزاع ما بدون الذاكرة الواقعية المعرفية أو الضمانة الإجرائية، والاعتماد فقط على مستلزمات المحكمة الأخلاقية، حيث في ظل قانونيتها تكون معاييرها غير قابلة للتطبيق، ومن ثم لا تكون رؤية ليوتار أكثر من استراتيجية تنح أو نكوص إلى موقف نسبوي يتسبب في تعطيل الحوار بكامله كما يرى كريستوفر نوريس.

والحقيقة أن لهذا النقد مصداقيته الواضحة، حيث لا تحتمل الضحايا كطرف في نزاع أن تتم الشهادة على الخلاف دون صدور حكم أخلاقي يحسم النزاع بصورة نهائية، لكن يبدو ــ في رأينا ــ أن ليوتار يعمل على إقصاء ألعاب اللغة المعرفية والقيمية

لخطورتهما على الحكم الأخلاقي، حيث يراد لهذا الحكم أن يحكم دون معايير قبلية مسبقة أو نهائية، ودخول الأسس المعرفية والقيمية في النزاع يحول الحكم إلى حكم محدد في النزاع، وهذا يؤثر في صفاء الأخلاق، وبالنسبة لفكره العام لما يخص ما بعد الحداثي، فإن المعرفة والقيم أساسان من أسس الحكايات السردية والشمولية، حيث تبدأ الحكاية السردية بشمول المعرفة ودوغمائيتها، وتنتهي بشمول القيمة واعتبارها غاية مطلقة، فكان استبعادهما من حقل الأخلاق، اتساقاً من قِبَل ليوتار مع رؤيته الفلسفية ككل.

ثانياً: نتائج الدراسة

1 ـ كان لاعتماد ليوتار على مبدأي التسامي الكانطي، ومبدأ ألعاب اللغة الفتغنشتايني أن أتاح له إثبات نقاء الواجب الأخلاقي وصفائه من العلائق المعرفية والقيمية، كما أتاح له نقد الميتا- حكايات والنزعة الإنسانية وإثبات بديهية الاختلاف المطلق بين حقول الفكر والنظم والأفراد.

2 ـ نستطيع أن نرى أن ضرورة التوازي الإيتيقي الإستاطيقي تمثلت في كون الجميل هو رمز الأخلاقي في عالم الواقع، نظراً لأن الأول يتمتع بالمباشرة والوضوح وارتباطه بالذائقة المشتركة العامة في المجتمع، وكان من الممكن أن يرتبط العقل العملي بالتسامي مباشرة دون واسطة الجميل. كذلك تقتصر وظيفة التوازي الإيتيقي الإستاطيقي ـ في رأينا ـ على كونه دليلاً إضافياً على استقلال الخطاب الأخلاقي عن الخطاب المعرفي والقيمي، وأننا

يجب أن ننظر بعدالة إلى طبيعة الحوار بوصفه حواراً متحضراً بين أنواع الخطابات.

3 ـ أفاد ليوتار كثيراً من رؤية إيمانويل ليفيناس الأخلاقية إلا أن المقارنة بين الرؤيتين تكشف الاختلافات الصارخة بينهما في نقطتين: الأولى هي أسبقية الأخلاق أو أزليتها بالنسبة للحقول المعرفية الأخرى، حيث يرى ليوتار أن الأخلاق تسبق المعرفة والسياسة، فالأخلاق تنحصر في الأمر الملزِم للعبارة الأمرية، ولا تتعداها إلى العبارات الشارحة أو التأملية، أما عند ليفيناس فهناك إمكانية للشعور بالإلزام في العبارات التالية للعبارة الأمرية، وهذا يؤكد أزلية الأخلاق، بل سرمديتها، هذا يزعج ليوتار بشدة؛ لأنه يناقض فكره العام والأخلاقي خاصة، ويرى أن الاختلاف يمنع من توقع تسلسل للعبارات داخل الحقل المعرفي الواحد، فما بالنا بتوقع التسلسل لأسر الجمل بين الحقول وبعضها. والنقطة الثانية تخص الأنا التي تذعن للأمر الأخلاقي المطلق من قبل الآخر. فبالنسبة للأنا التي تذعن للأمر الملزم، يراها ليفيناس بأنها تذعن في شكل إقصاء للذات من أجل الآخر الذي يلزمها، في حين يراها ليوتار بأنها تذعن بصورة مَرَضية تؤدي إلى اغترابها، وذلك عندما تعتقد موهومة بأنها هي التي فضلت التخلي بمحض إرادتها عن مكانتها.

4 ـ تختلف العدالة كقيمة أخلاقية عن القيم الغائية التي كرس لها عصر التنوير، والتي اعتقد الناس أنها من الإبداع الحر للذات، فالعدالة كقيمة أخلاقية عند ليوتار غير محددة في نماذج أو أشكال يمكن استنباطها في العقل أو ممارستها في الواقع، لذلك يستحيل على الذات بأن تشعر بامتلاكها فكرة أو تصوراً

عنها . وهذه النتيجة هامة جداً من ناحيتين: الأولى هي عدم تناقض ليوتار في نزع المشروعية عن القيم، ومحاولاته لدحض القيم المفروضة من قِبَل الذوات الإمبريقية المتعينة، لأنه يبحث عن القيم المتعالية التي لا تستطيع الذات السيطرة عليها . والثانية هي الإثبات بأن فكر ما بعد الحداثة لم يعمل على تقويض القيم كما ظن الكثير من التيارات والمذاهب والاتجاهات التي تعيش على قيم عصر الحداثة ومبادىء التنوير .

151

حدود التواصل

تأليف: مانفريد فرانك

عرض: موفق محادين

«حدود التواصل» كتاب لـ مانفريد فرانك يدور بين مفهومين، التنازع عند ليوتار الفرنسي والتواصل عند هابرماس الألماني، والأهم من هذه الانتماءات، التي يغمز منها الكاتب والتي لا تعبر عن تمايز حقيقي على هذا الأساس، دوائر التمايز الفلسفي نفسها، الحداثة التي يسعى هابرماس إلى تجديد وظيفتها ومعناها التاريخي، وما بعد الحداثة عند ليوتار، وكذلك التمايز نفسه لكل منهما داخل هذه التيارات، فالتنازع عند حدود ليوتار لا يتحرر تماماً من المفاهيم الحداثية حيث ينطوي بحد ذاته على فكرة التناقض، التي تنتمي إلى السرديات الكبرى التي يهاجمها، كما أن أفكار هابرماس لا تخلو من نزعات ما بعد حداثية وخاصة في نقده للعقل الحداثوي التقني الأدائي.

الطبعة الأصلية من الكتاب «حدود التواصل» صدرت بالألمانية وقام بترجمتها والتعليق عليها عز العرب الحكيم بناني وهو من إصدارات أفريقيا الشرق المغربية.

قبل استعراض هذا العمل الهام لـ (مانفريد فرانك) نستعرض بإيجاز أهم أعمال وأفكار كل من ليوتار وهابرماس، فالأول (1928 ـ 1998) اشتهر مع دريدا في الإعلان عن موت الحداثة وذلك في كتابه «الوضع ما بعد الحداثي»، تقرير عن المعرفة الصادر عام 1979 وفيه يعلن ليوتار أيضاً موت السرديات والكليات الكبرى التي ظلت سائدة بوصفها الممثل الشرعي لحقائق الحضارة الغربية، ومنها على وجه الخصوص العلم الحديث الذي شكل في الوقت نفسه مادة لنقد مدرسة فرانكفورت، التي يعتبر هابرماس أحد كبار المجددين فيها، وعوضاً عن ذلك يعظم ليوتار كما فوكو في «حفريات المعرفة» من شأن الحكايات الصغرى وما أسماه بمغالطات المخترع.

أما هابرماس (1929) فقد بدأت مساهماته الفلسفية عندما كان مساعداً لأدورنو أحد كبار مؤسسي مدرسة فرانكفورت (المدرسة النقدية) وارتبط اسمه عملياً بالجيل الثاني من هذه المدرسة، وكان ماركسياً أقرب إلى ماكس فيبر منه إلى ماركس ومن أبرز أعماله: «المعرفة والمصلحة» الصادر عام 1968 و «التكنولوجيا والعلم بوصفهما أيديولوجيا» ثم «العقل والمشروعية» وكتب أخرى... لكن كتابه الأهم الذي ميزه كمعارض داخل مدرسة فرانكفورت بل وداخل الفلسفة العالمية فهو «نظرية الفعل التواصلي» وقد صدر عام 1981 وفيه بدا كمنقذ أو مجدد للمدرسة كلها بعد أن أرهقها موقفها من العقل التقني الأدائي وحولها إلى مدرسة ضد مشروع الحداثة كله.

وفيما يخص سجالاته المتأخرة وخاصة مع ما بعد الحداثة وليوتار فقد سجلها في كتابه «الخطاب الفلسفي للحداثة»، كما

كان هابرماس شجاعاً في تمحيصه للجانب المتأخر من الفلسفة المثالية الألمانية بوصفه أقرب إلى الكابالا اليهودية.

تعود سجالات هابرماس ـ ليوتار وكذلك فتغنشتاين التي يستعرضها (مانفريد فرانك) في كتابه «حدود التواصل»، إلى الإطار العام للسجالات التي دارت بينهما حول الحداثة وما بعد الحداثة، حيث يتساءل ليوتار: هل الهدف من الحداثة هو بناء «وحدة» ثقافية اجتماعية تنتظم فيها كل عناصر الحياة اليومية والفكر في وحدة عضوية؟ أم هل ينتمي المعبر الذي سيصل ما بين (الأفعال اللغوية المتعددة) ـ في مجال الإدراك والقيم السياسية ـ إلى نموذج مختلف عن الحداثة؟ وإذا كان يوجد «نموذج» مختلف، فهل من شأن النموذج إحداث توليف حقيقي بين «الأفعال اللغوية» فكلاهما يهدفان إلى «الوحدة» أو «الكلية المثالية» التي لا بد من تغييرها؟ «الإجابة هي: لنشن حرباً على «الكلية»، ولنكن شهداء لما يستعصى على «التقديم»، ولنرد «الاختلافات» فهذا «أكرم لنا»؛ هذه الكلية، بالذات، هي الأرضية التي شهدت السجالات الجديدة بين تواصلية هابرماس وفكرة التنازع عند ليوتار.

يتميز التواصل عن المباحث الفلسفية المتاخمة، كمباحث الأخلاق والقيم ونظرية الفعل التي تمثل جوانب من الخلفية الفلسفية التي يستند إليها مبحث التواصل، دون أن يتطابق معها. بهذا المعنى، تقع نظرية هابرماس حول «التداوليات الكلية» في التخوم الداخلية لمبحث التواصل، بينما يقع مبحث الأخلاق ونظرية الفعل في تخومه الخارجية. فالتداولات الكلية تقر بوجود دعاوى صلاحية قبلية تنظم صيرورة الحوار سعياً وراء الإجماع. ويعتقد هابرماس بأن دعاوى الصلاحية، مثل الوضوح والجدية

والمناسبة والصدق، دعاوى كلية تتحقق في سائر المجتمعات على أنحاء متباينة. فالتداوليات الكلية تماثل النحو الكلي لدى شومسكي. ولذا، يؤكد هابرماس على ضرورة التمييز بين نوعين من السلوك: بين السلوك الخاضع لمبدأ «وسيلة ـ غاية» في بعديه التكتيكي والاستراتيجي، والسلوك التواصلي. ويهدف هابرماس من ذلك إلى القول بأن السلوك التواصلي يخضع لدعاوى قبلية كلية، بغية خلق الظروف المواتية للوصول إلى الإجماع عبر صيرورة تبادل الحجج، دون أن نجعل أحد طرفي الحوار وسيلة الوصول إلى أهداف شخصية.

مقابل التواصل عند هابرماس، فإن التنازع هو الأصل عند ليوتار، حيث يمثل الإجماع حالة استثناء. ويؤكد ليوتار فكرة الخطاب الحربي أو المناظرة الحربية وهي سابقة في البنيوية، فيما تجسد الداروينية الاجتماعية في مجتمع الليبرالية الجديدة (مجتمع ما بعد الحداثة) وهي النقطة التي توحي بوجه خاص ـ وكما يعتقد ليوتار في ذلك ـ بأننا لم نعتبر بنية ما متجانسة (بصرف النظر عن شكل التجانس في هيئة نسق أو في هيئة إجماع كلي أو في إطار مجتمع غيرطبقي) ننتهي في ذلك إلى العزوف عن الابتكار.

الخطاب الحربي والبلاغة بين ليوتار وهابرماس

يهدف التنازع عند ليوتار في صورته الحربية إلى إفحام الخصم والانتصار عليه بشتى الطرق، فيما يهدف النزاع إلى الإقناع أثناء المساجلات، كما تهدف المناظرة إلى تحصيل الحقيقة في المناقشات العلمية. فالانتصار والإقناع والحقيقة هي مستويات التمايز بين التنازع والمساجلات والعلم. يتخذ الانتصار على

الآخر طابعاً حربياً ويتخذ الإقناع طابعاً بلاغياً، عبر المناظرة الحربية (différend). بالمقابل، يفيدنا الرجوع إلى هابرماس بأن لا شيء يبرر حصر الإقناع والبرهان والانتصار في مجالات البلاغة والعلم والحرب. إذ إن هناك تداخل بين هذه المستويات المختلفة، ما دامت نماذج مجردة ومنفصلة في الواقع عن بعضها البعض، وما دامت منتمية إلى جنس «التواصل الحجاجي». لكن، بينما يفترض هابرماس إمكان نقل ظروف التواصل المثالية من العلوم إلى المجتمع، يعمل بعض فلاسفة العلم بالمقابل على نقل الخصائص البلاغية للإقناع من الآداب والفنون إلى العلوم. على خلاف مدرسة هابرماس، ينتقد فلاسفة العلم التمييز الثابت بين المنظور غير البلاغي وغير الحوراي في العلوم وبين المنظور البلاغي في التنازع والمساجلات، ويعتبرون أن هذا التمييز من رواسب الاتجاهات العلموية أو الوضعية. وهذا ما ظهر من إلحاح بوبر على موضوعية المعرفة العلمية بعد إقصاء كل رواسب النشاط السيكولوجي وكل العوامل الاجتماعية التي قد تؤثر في مثل هذا النشاط. فالإنجازات العلمية ـ كما يقول بوبر ـ «إنجازات موجهة نحو تنمية المعرفة العلمية. ونحن عاملون نساهم في إنماء المعرفة الموضوعية».

الألعاب اللغوية: ليوتار ـ فتغنشتاين وهابرماس

حاول ليوتار التدليل على أن كل نظام من الجمل أو كل (لعبة لغوية) تتحقق بصورة مستقلة أي بدون حاجة إلى إحداث صلة وصل مع لعبة أخرى، كما أنها لا تستدعي وجود لعبة لغوية عليا تحيط بسائر الألعاب اللغوية الجزئية وتبرر مشروعية وجودها،

واستنتج من ذلك (لا عقل) الألعاب اللغوية المفردة. فهي متحررة كلية من أدنى ارتباط بالكل، وهي الألعاب اللغوية التي تحاكي صيغاً تنظيمية من قبيل تلك التي نعرفها في الفوضوية أو في النزعات النقابية الفوضوية. يمثل «النسق» ويمثل «الكلية» في شتى صور ظهورهما ألد أعداء الخيال لدى ليوتار.

وفي كل الأحوال، فإن هذه (اللعبة) هي لعبة فتغنشتاين ابتداء من الذي دخل في سجال معروف ضد مفهوم القاعدة العليا التي تجعل تطبيق قواعد ألعاب جزئية مرهونة بوجود قواعد، كما دخل في سجال مع كل تصور يفيد بأن اكتساب اللغة يعني حيازة جهاز كلي يسمح بالانتقال آلياً من الجمل إلى فهم الجمل في كل مرة...

يقول: وفكرة مفهوم عام للغة ليس لها سند وجيه. فما نعنيه بلفظ «الجملة» في كل حالة جديدة ـ وهو ما تبنى عليه قاعدة استعمالها ـ لا يمكن استنباطه بصورة قسرية من الكفاية اللغوية العامة. فاللغة ليست تنزيلاً حسياً في صورة علامات لغوية للدلالات المعقولة الموجودة في ذاتها، وبما أنها لا تقتصر على فحص شروط تحقق ممكن، إذاً، لا توجد ضمانة تفيد أن طريقة محددة في فهم الجمل ترافق كل تمفصل لها بصورة حتمية. وبحكم أننا لم نتوصل بعد إلى مفهوم غير انعكاسي ـ وصفي للغة ـ وهو مفهوم لتفسير مسألة لماذا يجب على المتكلمين فهم سائر الجمل المنتمية إلى لغة ما كل مرة بصورة محددة، يجب علينا أن نسلم من حيث المبدأ أنه لا توجد جملة ترتبط ارتباطاً «آلياً» بدلالة محددة واحدة، بل يمكن فهمها على العكس من ذلك

بطريقة «مختلفة»، كما قد «يساء فهمها» بنفس القدر، وقد تظل «غير مفهومة» بصورة دائمة.

كان فتغنشتاين قد استشكل من قبل فكرة متابعة ضرورية للعبة اللغة خطوة خطوة في ضوء قاعدة استعمال. ويحتج لذلك بقوله، لا يوجد أي منطق متعال بصورة قبلية «في كواليس اللغة»، وبصورة يعمل بها عل توجيه خطوات تفكيرنا. وبهذا نكون قد تخيلنا نموذج النظام المشفر الذي يصدق على الفهم، (وهو النظام الذي يفيد أننا نقوم بتشفير الدلالات المعقولة داخل الرموز، ويقوم المتلقي بعد ذلك باسترجاع ذات الدلالات فور فك شفرة الرموز اعتماداً على نفس المفتاح) فتوالي «الانتقالات» بين الجمل ليس أمراً محسوماً سلفاً ولا مسبقاً بصورة متفردة، بحيث أن الخطوات المفردة ستترتب من جديد عن استيعاب القاعدة: يستهزيء فتغنشتاين بكل من يدعي ذلك، وكما لو أن المستقبلي موجود ضمنياً سلفاً في اللحظة الراهنة. ولا سبيل إلى إدراك الاستعمال الكامل للكلمة «في كل ظروف الاستعمال دفعة واحدة». ينشأ الاستعمال كما يتغير «في الممارسة اليومية للعب».

باختصار، يقصد ليوتار وفتغنشتاين بأن الأفعال اللغوية لا تستنبط من لغة ما بعموم القول ولا من نظام فوقي يحيط بكل الأنظمة الجزئية. ويلاحظان التحول التداولي للغة الذي يربط دلالة كل كلمة وجملة بقاعدة استعمال في مقامات التفاعل المحددة اجتماعياً.

ملاحظات هابرماس

افترض هابرماس من جهته، بناء على هذه الخلفية، وجود مستوى منطقي أعلى نفحص فيه مبررات مشروعية المستويات

الدنيا. وقد كان فلاسفة الحداثة، ابتداء من كانط، يستندون إلى العقلانية للكشف عن البنية العليا التي تربط بين الفن (نقد ملكة الحكم) والعلم (نقد العقل المحض) والأخلاق (نقد العقل العملي)، كما اجتهد هابرماس في محاولة تبرير مشروعية تجانس المصالح الجزئية، كالمصالح التقنية ـ الأداتية والعملية والتحررية في إطار العقل التواصلي، على نحو تعامل العقلانية الحديثة مع صور النقد الثلاث. وبالتالي، لم تقف تعددية المصالح الإنسانية المتصلة بالغلبة والإقناع والحقيقة سداً منيعاً ضد هاجس تبرير وجودها بطرق عقلانية تفترض إجماعاً حول بعض مبادئها. ومع ذلك، فلا توجد حسب فتغنشتاين أي قاعدة محددة تقدم ضمانة كافية على حسن تطبيقها. ولا ينطبق ذلك على القاعدة ـ العليا فحسب، (وهي قاعدة وهمية ميتافيزيقية) بل ينطبق بالمثل على كل «قواعد استعمال الجملة» وعلى كل «أجناس الخطاب»، ما دامت تفتقر جميعها إلى ضمانة تشهد على وجود آلية ذاتية الحركة تؤدي إلى تطبيقها. لا يتصل المشكل بشتات الألعاب اللغوية، دون وجود رابط يصل فيما بينها، بل يتسلل المشكل إلى تطبيق قاعدة ألعاب اللغة، واحدة واحدة. وفي الأصل ـ عند فتغنشتاين ـ لا توجد معايير خارج اللغة. ما هو موجود اتفاق بخصوص أسلوب الحياة.

لم يكتف هابرماس بهذه الملاحظات الفلسفية، بل حاول البحث عن جذورها في المناخات اليهودية الخاصة بفتغنشتاين وذلك في كتابه «حول التصوف والفلسفة الألمانية» حيث يتوقف عند عبارة لافتة حقاً لفتغنشتاين: «إن للقضايا التي أطرحها قوة بيانية إذ من يفهمها يدرك، بنهاية المطاف، أنها دون المعنى،

وذلك بعد أن يمر بها وعليها وفوقها ويدخل فيها ليخرج منها...
ما لا نتمكن من الكلام عنه علينا كتمانه». ولمثل هذا الصمت
قيمة متعدية. فحتى الذي تم التعبير عنه لا بد من أن يعود من
جديد إلى الصمت الذي سبق أن قطعه.

وترد هذه الملاحظة لرونزويغ، بصيغة أخرى من خلال التعليق
الآتي: «أهم ما يميز اليهودية حذرها أي تشكيكها العميق بقدرة
الكلمات وثقتها الكبيرة بقدرة الصمت».

ما بعد الحداثة
بين ليوتار وهابرماس

أشرف حسن منصور(*)

مقدمة

شهد القرن العشرون العديد من التيارات الفكرية التي شكت في المشروع الحضاري للحداثة والتنوير الغربي. فقد جاء هذا القرن بالكثير من الكوارث على أوروبا وعلى العالم أيضاً مما أدى إلى زعزعة الثقة في القيم والمثل التي دعى إليها عصر التنوير مثل العقل والحرية والعدالة والمساواة. فمنذ أوائل القرن ظهرت فلسفات متشائمة في التاريخ وأبرزها فلسفة شبنغلر، الذي رأى أن الغرب قد أفلس فكرياً وأن الحضارة الغربية في اضمحلال. وبعد منتصف القرن ظهرت تيارات فكرية تتخلى عن النماذج الكبرى التي اعتمد عليها الفكر الغربي طويلاً، فظهرت البنيوية وما بعد

(*) مدرس مساعد بقسم الفلسفة جامعة الإسكندرية.

البنيوية والتفكيكية، وقدمت نقداً جذرياً لمفاهيم الذات والوعي الذاتي والتقدم والحرية وفكرة الاتصال التاريخي، وحكمت على الحداثة الغربية بالإفلاس والفشل، ووصفت موقفها الذي تنظر منه إلى الحداثة على أنه «ما بعد الحداثة» (Postmodernity) قاصدة بذلك نقد المنظومة الفكرية والثقافية الغربية من موقع خارجي لا يعود إلى أي بدائل تقدمها الحداثة.

فابتداء من بنيوية كلود ليفي ستراوس تم التخلي عن النظرة إلى العقلانية الأوروبية على أنها أعلى شكل وصل إليه العقل وأكثره تطوراً. إذ كشفت الأبحاث الأنثروبولوجية لليفي ستراوس عن العقلانية الكامنة في نظرة القبائل البدائية إلى العالم، والمحتوى العقلاني للأساطير والبنية المشتركة لكثير منها، والتي تكشف عن محاولات لتنظيم العلاقة بين الإنسان والطبيعة مثلها مثل العلم الحديث، أو بين ما يبدعه من ثقافة وما يتعامل معه من ظواهر طبيعية. وتم الكشف عن منطق عقلاني يكمن في السحر والطقوس والشعائر في قبائل البدائيين يوازي في وظيفته وظيفة التنظيمات الغربية في الحفاظ على هوية الجماعة وتحقيق التساند الاجتماعي بين أعضائها. وعملت دراسات ميشيل فوكو على الكشف عن العلاقة الخفية بين خطاب المعرفة ومنطق السلطة في العلوم الإنسانية الغربية، مما أدى إلى رفضه للعقلانية الزائفة التي تظهر بها هذه العلوم. وأدت أبحاث دريدا إلى زعزعة الاعتقاد السائد في كلية العقل وشموله فيما يسميه بمركزية اللوغوس (Logocentrism).

وفي الوقت نفسه الذي كان يتبلور فيه تيار ما بعد الحداثة، أي فترة الستينيات والسبعينيات من القرن العشرين، كان يتبلور فكر

فيلسوف جديد وهو المفكر الألماني يورغن هابرماس الذي يعد أبرز فلاسفة الجيل الثاني من مدرسة فرانكفورت. وهو يعمل منذ أواخر الخمسينيات على تكوين اتجاه نظري جديد يمزج فيه بين الرؤية الشاملة التي تتميز بها الفلسفة وروح التخصص في العلوم الاجتماعية. وتعد نظريته مراجعة شاملة للمواقف التي انتهت إليها مدرسة فرانكفورت بعد الحرب العالمية الثانية، إذ إن هذه المواقف تتماثل مع تيار ما بعد الحداثة في النقد الكلي للعقل والعقلانية الغربية وفقدان الثقة في قيم ومثل التنوير الأوروبي والتخلي عن الماركسية كرؤية لماضي الغرب ومستقبله، وتشخيص الحداثة على أنها عقلانية أداتية (Instrumental Rationality) تمت على حساب المجتمع وعالم الحياة الاجتماعية. ويتلخص مشروع هابرماس الفكري في الاستعاضة عن المادية التاريخية بنظرية في التطور الاجتماعي تعطي الأولوية لتطور الأنساق المعيارية وإبراز دور كل نسق معياري لكل مرحلة يمر بها المجتمع في تشكيل نظمه السياسية والقانونية، وذلك كبديل للأولوية التي أعطتها المادية التاريخية للبناء التحتي الاقتصادي في تشكيل البناء الفوقي. يريد هابرماس توضيح أن للمعايير وللعلاقات الاجتماعية منطق خاص في التطور مستقل عن مستويات التطور الاقتصادي التي تمر بها المجتمعات.

وعلى أساس نظريته هذه في التطور الاجتماعي شخص عملية التحديث في الغرب على أنها كانت عقلانية وظيفية وأداتية أدت إلى تطور النسق الاقتصادي والنسق السياسي وذلك على حساب عالم الحياة الاجتماعية. فهابرماس ينظر إلى العقلية (rationalization) على أنها نوعان: نوع يؤدي إلى توسيع نطاق

الفعل الأداتي في مجال الإنتاج المادي والإدارة، ونوع يؤدي إلى توسيع نطاق الفعل التواصلي (communicative action) في مجال الأخلاق والحياة الاجتماعية. كما أن تطور الأنساق المعيارية للمجتمعات وتطور وعي هذه المجتمعات بذاتها ووعي الأفراد بذواتهم يعتمد على توسيع نطاق الفعل التواصلي القائم على أساس التفاعل الاجتماعي والتفاهم المتبادل بين الذوات.

وتعد نظرية هابرماس بمحاولتها لتقديم تشخيص جديد لعملية التحديث في الغرب، ولاكتشاف صورة أخرى من صور العقلنة التواصلية (communicative rationality) بديلاً عن تشخيص مدرسة فرانكفورت لعملية التحديث على أنها عقلانية أداتية فقط. وهذا هو ما يجعلها مقابلة لفلسفة ليوتار وما يقوله عن فشل مشروع الحداثة وإفلاسه. ففلاسفة ما بعد الحداثة لم ينظروا إلا إلى الآثار السلبية الناتجة من عملية التحديث الاقتصادي والإداري وبالغوا في تقييم هذه الآثار حتى عدوها سقوطاً لمشروع الحداثة. أما هابرماس فيحاول إعادة الثقة في الحداثة الغربية بالكشف عن منطق آخر في التطور يمثل عقلانية تواصلية أدت إلى زيادة العقلنة الاجتماعية في مجال الأخلاق والقانون وإلى ظهور تنظيمات ديموقراطية وقوانين وضعية ودساتير جمهورية. ينظر هابرماس إلى هذه الإنجازات على أنها تطور حقيقي مواز للتطور في قوى الإنتاج ويكشف عن نموذج آخر في العقلنة ـ ليس وظيفياً أداتياً بل تواصلياً اجتماعياً.

ولم يحتك هابرماس بتيار ما بعد الحداثة إلا في تاريخ متأخر نسبياً وهو أوائل الثمانينيات من القرن العشرين، وأثمر حواره مع فلاسفة ما بعد الحداثة كتابه الهام «الخطاب الفلسفي للحداثة»

الذي أصدره سنة 1985، ويتناول فيه بالنقد ليوتار وميشيل فوكو ودريدا وهايدغر وهوركهايمر وأدورنو وكورنيليوس كاستورياديس، والاختلاف الجذري بين هابرماس وليوتار لا يظهر في الكتاب فقط بل يتضح بقوة في كل أعمال هابرماس السابقة وهو ما سنحاول توضيحه فيما يلي:

ويرجع السبب في تأخر حواره مع فلاسفة ما بعد الحداثة إلى أن أعمال هؤلاء لم تفعل تأثيرها في ألمانيا إلا في أواخر السبعينيات من القرن العشرين، عندما تمت ترجمة أعمال فوكو إلى الألمانية وشدت انتباه المفكرين هناك. وهناك سبب آخر يرجع إلى أن الكتاب الذي حدد معالم ما بعد الحداثة ومدى اختلافها عما قبلها وهو كتاب جان فرنسوا ليوتار «وضع ما بعد الحداثة» لم يظهر إلا سنة 1979، إذ نقد فيه ليوتار مشروع هابرماس الفكري بشدة مما دفعه إلى الرد عليه في مقال سنة 1980 بعنوان «الحداثة: مشروع لم يكتمل» (Modernity: an Incomplete Project). والذي يعد بداية حوار هابرماس مع فلاسفة ما بعد الحداثة والذي سيتبلور ويأخذ طابعه الفلسفي في كتاب «الخطاب الفلسفي للحداثة» سنة 1985.

ويعد نقد ليوتار لهابرماس في «وضع ما بعد الحداثة» ورد هابرماس عليه وحواره لفلاسفة ما بعد الحداثة تفاعلاً وتداخلاً بين تراثين فكريين في كل من ألمانيا وفرنسا: «النظرية النقدية وفلاسفة ما بعد الحداثة». كما يعد حواراً من أهم وأخصب الحوارات الفكرية في القرن العشرين. فقد هاجم فلاسفة ما بعد الحداثة العقل واعتبروه تصوراً ميتافيزيقياً، ونظروا إلى فكرة الإنسان ومفهوم الذاتية (subjectivity) على أنها ما هي إلا نزعة أنوية

(Egoism) وحفاظ على الذات (self-preservation). وعلى الجانب الآخر دافع هابرماس عن العقل تحت مسمى العقلانية التواصلية، وعن الحداثة الغربية باعتبارها مشروع لم يكتمل ولا يزال قادراً على الاستمرار على الرغم من سلبياته، وعن الذاتية للحفاظ على استقلال الذات وإنقاذها من الضياع.

وعلى الرغم من أن فكر هابرماس لم تحفزه تيارات البنيوية وما بعد البنيوية وما بعد الحداثة، إذ ظهرت كل هذه التيارات بعد أن ظهر هابرماس كمفكر مرموق وبعد أن اتضحت معالم نظريته، إلا أن نظريته هذه فيها ما يدفع عنها انتقادات تيارات ما بعد الحداثة لكل نظرية تدافع عن مشروع الحداثة. وهذا بالإضافة إلى أن التيار الذي حفزه فكرياً وهو مدرسة فرانكفورت يتشابه واتجاه ما بعد الحداثة كما أعلن هابرماس نفسه في «الخطاب الفلسفي للحداثة»، إذ يمارس كل من هوركهايمر وأدورنو وماركيوز نقداً شاملاً للعقل والعقلانية الأوروبية ويفقدون الثقة في مشروع الحداثة. ونظرية هابرماس التي صاغها بحيث تخرج عن نزعة التشاؤم والعدمية التي اتضحت عند المدرسة، وتعيد الثقة بمشروع الحداثة الأوروبية الذي شككت فيه تقف بطبيعتها ضد تيار ما بعد الحداثة حتى قبل أن يتعامل معه هابرماس بالنقد.

(1) من فلسفة التاريخ إلى منطق التطور الاجتماعي

يرى ليوتار أن النظر إلى التاريخ باعتباره تقدماً مستمراً نحو الحرية وسعياً نحو التقدم لم تعد تلقى قبولاً الآن. فقد انتهت الفلسفات التي تصف حركة التاريخ على أنها تسير نحو سيادة طبقة من الطبقات سواء كانت البورجوازية أو البروليتاريا، أو إلى

سيادة جنس من الأجناس أو قومية من القوميات. فقد حكم ليوتار
على كل النظريات العامة في التاريخ بأنها أيديولوجيات، إذ هي
مجرد صورة زائفة لا تقابلها حقيقة واقعة. وما تسبغه هذه
النظريات على التاريخ من اتصال واستمرار في خط واحد هو
مجرد وهم، وهي لا تقوم بذلك إلا لتبرير الوضع القائم وإضفاء
المشروعية عليه.

ومن أهم انتقادات ليوتار لهابرماس أن نظريته ما هي إلا فلسفة
أخرى في التاريخ أو نموذج سردي (metanarrative) يحكي قصة
تحرر البشرية ورقيها في تقدم أخلاقي. ويقسم ليوتار النظريات
العامة في التاريخ إلى نوعين: نوع يحكي التاريخ كتحرر تدريجي
للإنسانية كلها، ونوع آخر يحكي التاريخ كزيادة في التفرد
(individuation) وتحرر الفرد من قيوده. والماركسية الأرثوذكسية
هي النوع الأول، أما فلسفة مدرسة فرانكفورت فهي من النوع
الثاني، إذ تركز على تحرر وعي الفرد وتخليصه من اغترابه في
المجتمع الرأسمالي. وحسب هذا التشخيص فإن نظرية هابرماس
متهمة بكونها وارثة لكلا النوعين من النظريات، فهي تقيم توازناً
بين تطور الفرد الإدراكي والمعرفي وتطور المجتمع. وترى أن
التفرد الحقيقي لا ينتج إلا عن وعي جمعي متطور، أي أن
الأشكال الأصلية والأكثر تقدماً من التفرد ومن شعور الفرد
باستقلاله وكيانه ومسؤوليته قائمة على أساس أشكال أصلية وأكثر
تطوراً من التساند والاندماج الاجتماعي.

والحقيقة أن مشروع هابرماس الفكري به ما يدفع عنه انتقادات
ليوتار، إذ يقدم رؤية أخرى للنظريات العامة في التاريخ. فقد رأى
أنها سادت في فترة معينة في التاريخ الأوروبي وهي التي بدأت

بعصر النهضة وحتى منتصف القرن العشرين. وكانت هذه النظريات فلسفات أو رؤى ونظرات عامة للعالم (worldviews) تعمل على تكوين تصور كلي لجماعة أو فئة أو قومية عن هويتها ومكانتها في التاريخ ودورها فيه، وكانت كذلك تسهم في التساند الاجتماعي بين أفراد هذه الفئة واندراجهم جميعاً فيها عن طريق رؤية شاملة وتضمهم في متصل تاريخي، وبهذا الاعتبار حلت محل الدين في العصور الوسطى. فهي إذاً، ظهرت استجابة لحاجة جديدة إلى تكوين رؤية تاريخية شاملة بعد التحولات التي حدثت منذ ظهور الرأسمالية. فما يميز عصر ظهور الرأسمالية هو نهاية الرؤية الدينية اللاهوتية للعالم. وما يميز فلسفة التاريخ البورجوازية أنها صاغت التاريخ في صورة خط متصل من التقدم وزيادة سيطرة الإنسان على الطبيعة وبذلك كانت استجابة لظهور الرأسمالية وما تبعها من زيادة قوى الإنتاج. وفي هذا الإطار أيضاً نظر هابرماس إلى نقد ماركس للمجتمع الرأسمالي على أنه تحول لهذه الرؤية نحو إتجاه ثوري يبرز دور قوى الإنتاج في تشكيل التاريخ ويجعل من البروليتاريا محك التاريخ وأداة التقدم.

ونظرية هابرماس ليست فلسفة في التاريخ إلا بمعنى أنها نظرية في التطور الاجتماعي تحاول توضيح الطرق التي تمت بها عقلنة الحياة في الغرب، والكشف عن الاتجاهات التي تسير فيها العقلانية الغربية. فهي فلسفة التاريخ بهدف تشخيص اتجاهات عامة كبرى في تاريخ الغرب. وقد حكم ليوتار على فلسفات التاريخ، البورجوازية منها، والماركسية، بأنها ميتافيزيقية، إذ حاول إضفاء نظام منطقي ونسقي على الأحداث لتثبيت سيرها نحو

غاية مثالية، سواء كانت هذه الغاية هي انعتاق البشرية من أسر الطبيعة أو تحرر البروليتاريا. ويوجه هابرماس نقده لهذا الحكم الذي أصدره ليوتار، إذ يرى أن النظريات العامة في التاريخ ليست ميتافيزيقية لمجرد كونها عامة أو لطابعها النسقي المبالغ فيه أو لتجريدها وتعبيرها عن التاريخ الإنساني في صورة علاقات منطقية، بل لكونها تنظر إلى نفسها باعتبارها خطاباً يحمل في داخله مصداقيته وليس في حاجة إلى محك خارجي ليثبت صحته، ويعتبر نفسه بعيداً عن الإثبات أو النفي التجريبي. ويتفادى هابرماس هذا العيب بتأكيد الطابع التجريبي لنظريته، وأنها ليست إلا إطاراً عاماً يستفيد من الأبيستمولوجيا التكوينية عند بياجيه ونظريات دوركايم وهيربرت ميد وبارسونز في إثبات التوازي بين تطور الوعي الأخلاقي عند الفرد وتطور النظرات إلى العالم في المجتمع، مستعيداً بذلك الثقة في الوعي الذاتي الذي وصل إليه الفرد وفي الإنجازات الديموقراطية للمجتمعات الغربية.

(2) مفهوم الذات

من الأفكار الهامة التي كانت موضع نقد شديد من جانب تيار ما بعد الحداثة فكرة الذات (subject) باعتبارها مالكة لوعي وإرادة واستقلال وفاعلية مستقلة. فلقد ذهب فوكو إلى أن الذات مفهوم حديث ظهر مع نشأة العلوم الإنسانية في العصر الحديث ولم يكن له وجود من قبل، كما هاجم علم تاريخ الأفكار باعتباره يقيم وزناً للمفكر أو العالم أو الفيلسوف ويعده مصدر ما ينتج عنه من مذاهب وأنساق فكرية، بديلاً لهذا التاريخ التقليدي للأفكار وهو

منهجه في «أركيولوجيا المعرفة» الذي يهتم بوصف الحقب المعرفية أو الإبستيمات، وهي أنساق مجردة تحدد بنية المعرفة في كل عصر، كما تحدد أشكال العلوم السائدة فيها بصرف النظر عن وعي وإرادة العلماء والمفكرين. أما في المجال الاجتماعي فقد ذهب فوكو إلى أن الذات ما هي إلا نتاج للسلطة التي عملت على خلق فراغ داخلي عند الأفراد كي يسهل إخضاعهم عن طريقه، يتمثل في الوعي والإرادة، كما عملت السلطة على خلق وهم استقلال هذه الذات في حين أن الإنسان كجسد خاضع لسيطرتها.

كما يرى ليوتار أن هناك علاقة وثيقة بين مفهوم الذات وفلسفات التاريخ، إذ تعتمد هذه الفلسفات على فكرة عن ذات كلية (subject total) هي الفاعلة في التاريخ وهي التي يقع عليها التغير. إذ يتم فيها اختزال كل الفئات المختلفة في المجتمع إلى كيان واحد يتم سرد التاريخ على أنه سيرة ذاتية وقصة ميلاده وتطوره وتحرره؛ وقد أدى اختزال التعدد الاجتماعي في ذات كلية إلى النظر إلى البروليتاريا على أنها ممثلة لهذه الذات كما نجد في الماركسية، وإلى الحزب على أنه ممثل للبروليتاريا ـ كما نجد في التأويل اللينيني للماركسية. ووفق هذا النموذج عن الذات الكلية حللت الماركسية الغربية، وخاصة لوكاش ومدرسة فرانكفورت، الجوانب السلبية للحداثة على أنها اغتراب (alienation) وتشيؤ (reiffication) للوعي. ولأن الماركسية الغربية شخصت سلبيات الحداثة على أنها سلبيات تصيب الوعي فقط، فقد تمثل الحل الذي قدمته في معالجة هذا الوعي المغترب في نقد عوامل اغترابه ولإنقاذه من الزيف والأوهام وهو نقد أشبه بالتطهير الديني.

وقد أدرك هابرماس جيداً ما تحمله فلسفة الوعي هذه من طابع ميتافيزيقي مثالي وذلك منذ أوائل سبعينيات القرن العشرين، وكانت مما رفضه من تراث الجيل الأول من مدرسة فرانكفورت؛ لذلك عمل منذ ذلك الحين على إعادة بناء المادية التاريخية، لا في صورة ذات تسعى لتكوين نفسها وتحرير قواها بالسيطرة على شروطها الاجتماعية، لكن في صورة مجتمع يصل إلى التعين الذاتي (Self Determination) الاستقلال (automony) من خلال المستوى العقلاني الذي يصل إليه. ويتبيّن مدى الاختلاف بين هابرماس وما بعد الحداثة في موقف كل منهما من الوعي الأخلاقي (conciousness moral)، فقد رأى ليوتار أن الوعي الأخلاقي الجديد الذي ظهر في الحداثة الأوروبية مصاحباً لعصر التنوير سوف يضمحل كما اضمحلت الميتافيزيقا التقليدية. فقد اعتمد هذا الوعي الأخلاقي على استقلال الإنسان كذات وإرادة حرة مسؤولة عن أفعالها، وهذه هي العناصر نفسها التي ترفضها ما بعد الحداثة، وهي برفضها لكل ما يدعم أخلاق الحداثة من مفاهيم وتصورات فهي ترفض أن يكون لهذه الأخلاق الكلية والعمومية التي دعت إليها الحداثة دائماً. أما هابرماس فيرى عكس ذلك تماماً، إذ ينظر إلى الوعي الأخلاقي للحداثة على أنه الإلزام الديني اللاهوتي، وتحولاً له من سلسلة أوامر ونواه ومحرمات إلى مجموعة قواعد لممارسة التواصل في المجتمع، وبعبارة أخرى فهابرماس ينظر إلى الوعي الأخلاقي الحديث على أنه يمثل تقدماً ويعد مرحلة تكوينية (Genetic) جديدة.

وعلى الرغم من التعارض الشديد بين موقف هابرماس وموقف ما بعد الحداثة من مفهوم الذات إلا أننا من الممكن أن نلاحظ

شيئاً من التقارب بينهما. فكلاهما يرفض مفهوم الذات باعتبارها تقوقعاً على الذات (Egocentrism) أو حفاظاً أنانياً على النفس (Self Preservation).

وفي حين رفض ليوتار مفهوم الذات لأنه يشير إلى علاقة أنانية مع النفس وإلى نزعة للتقوقع حول المصلحة، حاول هابرماس من ناحية أخرى، إثبات كيفية تكوين الفرد باعتباره ذاتاً، انطلاقاً من عملية تنشئة اجتماعية بدأت مع الحداثة الأوروبية. وعلى الرغم من عداء فوكو الشديد لمفهوم الذات، إلا أن نقده الموجه لنظم العقاب ومؤسسات الإصلاح والسجن في العصر الحديث يكشف عن مسلمة ضمنية مختفية في ثنايا نصوصه، مسلمة لا تزال تثق في الذات باعتبارها كياناً قادراً على الممارسة الواعية بنفسها وتستطيع تحقيق الاستقلال والتوافق مع الغير.

(3) من التصور الميتافيزيقي للعقل الخالص إلى الشروط البراغماتية للعقلانية التواصلية

من بين المفاهيم الأخرى التي هاجمها فلاسفة ما بعد الحداثة مفهوم العقل (Reason) ولقد فهم الفكر الغربي العقل على أنه ملكة منظمة، وهو عند كانط ملكة تضم تنوع الخبرة في كل نسقي وتوجه الفعل الأخلاقي وفق معايير عامة كلية، والواقع أن هذا هو معنى العقل في الحداثة الأوروبية كلها، إذ وجد هذا المعنى صياغته الفلسفية على يد كانط. وفي حين تخلى فلاسفة ما بعد الحداثة عن هذا المفهوم التقليدي عن العقل بإعتباره مفهوماً ميتافيزيقياً، حاول هابرماس العثور على شروط أخرى تتحقق بها العقلانية وتكون بديلاً عن وضع معايير العقلانية والممارسة

174

الأخلاقية في تصور ميتافيزيقي عن عقل خالص (Pure Reason). لقد كان هابرماس يعيش نفس الظروف التي عاش فيها تيار ما بعد الحداثة وهي نهاية الميتافيزيقا التقليدية وانتهاء الفكر الأوروبي عن وضع أسس الخطاب العلمي والخطاب الأخلاقي في تصور عن العقل الخالص، وذلك بعد أن حلت الوضعية والبراغماتية وفلسفة التحليل محل فلسفة كانط. ويتمثل الفارق الأساسي بين هابرماس وما بعد الحداثة في اختلاف استجابة كل منهما إلى هذا الوضع الجديد. فبينما تخلى تيار ما بعد الحداثة عن مفاهيم العقل والعقلانية بعد أن ثبت عدم إمكان الاعتماد على التصور الميتافيزيقي للعقل الخالص، حاول هابرماس العثور على سياقات أخرى يظهر فيها العقل وتتحقق بها العقلانية.

يرى هابرماس أنه لم يعد من الممكن الآن البحث عن العقلانية ومعاييرها في «كوجيتو» أو «أنا» مفكرة أو وعي ذاتي مجرد، بل يجب البحث عنها في اللغة باعتبارها الإطار الذي يحدث فيها التواصل الإنساني ويمارس من خلاله الفعل الاجتماعي. وذهب إلى تحليلنا للشروط التي تمكننا من الوصول إلى تفاهم متبادل وإجماع حول شيء ما، هي ذاتها قيم ومعايير عقلانية. تفرض عملية التفاهم هذه أسساً عقلية كإطار تحدث فيه، وهي نفس الأفكار المكونة لمفهوم العقلانية في التراث الفلسفي. فالتواصل الناجح الذي يصل إلى تفاهم المشاركين فيه وإجماعهم إجماعاً عقلانياً يفترض ذاتاً مستقلة ومسؤولة وتحوز على الرشد والتعين الذاتي. وهذه الشروط أو الأسس السابقة على التواصل والمؤسسة كذلك للتفاعل الاجتماعي ليست ترانسندنتالية بمعنى أنها تكمن في بنية قبلية العقل الخالص، بل هي براغماتية، أي لا تظهر إلا مع

عملية التواصل نفسها، وهي المحركة لهذه العملية. ولذلك يسمى هابرماس نظريته لفعل التواصل بالبراغماطيقا العامة (Universal pragmatics)، وهي عامة لأنها تصف معايير عامة شاملة.

أما الكليات البراغماتية التي تعد أسساً للتواصل فهي:

أ) الصدق: يجب أن تكون عبارات المتكلم صادقة.

ب) مصداقية المتكلم: يجب أن يكون صادقاً في التعبير عن نواياه.

ج) الصحة المعيارية: يجب أن يكون استخدام الكلمات والعبارات متفقاً مع السياق المعياري المتعارف عليه في المجتمع.

ويرتبط كل شيء من هذه الشروط الثلاثة بمجال معين، فالصدق هو علاقة بين اللغة والعالم الخارجي، إذ يجب أن تعبر اللغة عن أحداث أو وقائع موضوعية في العالم الخارجي ومصداقية المتكلم هي علاقة اللغة بعالم الخبرة الداخلية للذات المتكلمة، والصحة المعيارية هي علاقة اللغة بعالم الحياة الاجتماعية. وبذلك تحدد شروط التفاهم هذه علاقتنا بالعالم الخارجي الطبيعي والعالم الداخلي والذاتي والعالم الاجتماعي. ولكل عالم من هذه العوالم الثلاثة خطاب نظري يتخصص في معيار الصدق في مجال البحث في الطبيعة، والخطاب الجمالي (aesthetic discourse) يتخصص في المعايير الفنية والتعبيرية في مجال العمل الفني، والخطاب الأخلاقي القانوني يتخصص في بحث معايير التفاعل والسلوك العملي في مجال الحياة الاجتماعية.

يحاول هابرماس بذلك إثبات أن انهيار الميتافيزيقا التقليدية ومن بعدها فلسفة كانط الترانسندنتالية بمفهومها عن العقل

الخالص، تبعتها عملية تمايز (differentiation) لمجالات القيمة، العلمية والفنية والعملية، وأصبح لكل مجال خطاب نظري خالص، كما أصبح مستقلاً بذاته وتطور وفق منطقه الخاص.

ولكن ما علاقة وصف هابرماس لتمايز مجالات القيمة بتيار ما بعد الحداثة؟ يثبت هذا الوصف أن هناك تقدماً واضحاً في العقلانية بدأ منذ الحداثة الغربية، فعلى حين نظر ليوتار إلى عملية تمايز مجالات القيمة على أنها لوحدة العقل التي كانت سائدة في الميتافيزيقا الغربية ونهاية لمفهوم العقلانية ذاته ولكل دعاويها في كلية وشمول ومعايير العقل، نظر هابرماس إلى هذا التمايز على أنه مرحلة جديدة في التطور المعرفي. وفي حين يبخس ليوتار من قيمة تمايز واستقلال الخطابات العلمية والفنية والأخلاقية، يرى هابرماس أن هذا التمايز والاستقلال هو الإنجاز الأكبر للحداثة الغربية.

(4) فكر ما بعد الحداثة باعتباره خطاباً فلسفياً حول الحداثة

هذا العنصر كله يمكن أن يحذف، لكن يمكن إبقاؤه إذا أردت وينطبق على الشيء الذي يليه. كان العرض السابق محاولة لإبراز ملامح نظرية هابرماس التي تجعلها مختلفة عن تيار ما بعد الحداثة ومتجنبة للانتقادات التي وجهها هذا التيار للنظريات العامة في التاريخ. لكن كيف واجه هابرماس التحدي الفكري الآتي من مفكري ما بعد البنيوية والتفكيك؟ يعد كتاب «الخطاب الفلسفي للحداثة» the philosophical discourse of modernity الذي أصدره هابرماس سنة 1985 هو النص الذي يجسد استجابة لنقد تيار ما بعد الحداثة للحداثة الغربية؛ فقد رأى أن خير طريقة للدفاع عن

مشروع الحداثة ضد انتقادات فلاسفة ما بعد البنيوية والتفكيك هي تقديم تصور واضح عن الحداثة ذاتها وإثبات أن خطاب ما بعد الحداثة ما هو إلا أحد الخطابات العديدة التي ظهرت ابتداء من هيغل حول الحداثة، تلك التي أخذت على عاتقها تكوين تصور فلسفي عن الحداثة وإبراز خصائصها. إذ يثبت هابرماس أن نقد تيار ما بعد الحداثة للحداثة الغربية ليس هو الأول من نوعه، بل سبقته خطابات عديدة حولها ترجع كلها إلى هيغل، إذاً، هو الذي قدم أول تشخيص فلسفي للحداثة، وتفرع عن هيغل اتجاه يميني واتجاه يساري، كل يحاول تقديم تشخيص مختلف للحداثة انطلاقاً من جوانب فلسفة هيغل. كما لا يعد النقد الكلي الشامل الذي وجهه هو الأول من نوعه، إذ إن نيتشه هو أول من بدأ هذا النوع من النقد الشامل ويرتبط مع تيار ما بعد الحداثة بأواصر عديدة، فهو المفكر الأساسي الذي اقتدى به هذا التيار وأخذ منه الكثير، ويتضح ذلك عند كل من فوكو ودريدا. وباختصار فإن هابرماس ينظر إلى فكر ما بعد الحداثة على أنه أحد الخطابات الفلسفية حول الحداثة، خطاب يوجه نقداً كلياً ويحمل نظرة عدمية لقيم الحداثة ترجع إلى نيتشه، ويعلن إعلاناً واضحاً صريحاً أن الحداثة لا يمكن تجاوزها ولا يمكن نقدها من موقع خارجي عنها كما تدعي ما بعد الحداثة، ففلاسفة ما بعد البنيوية والتفكيك لا يزالون في الأفق لفلاسفة اليمين واليسار الهيغلي، وسنوضح ذلك فيما يلي:

يعد هيغل أول من وضع يده على الطابع الأساسي للحداثة، ويتمثل هذا الطابع عنده في وعيها بالزمن ووعيها بذاتها. فما يميز الحداثة إدراكها أنها مرحلة تاريخية جديدة. فوعي الحداثة لا

يبحث عن أصول له في حقب سابقة، ولا يربط نفسه بأي حادثة سابقة ليجد فيها مبرر وجوده، بل يأخذ الأحداث الحاضرة على أنها نقطة الانطلاق التي ينظر بها إلى كل من الماضي والمستقبل، فلا ينظر هذا الوعي إلى المسيحية على أنها أصل له، ولا إلى الحضارة اليونانية مثلاً على أنها بداية أولى له، بل يجد مبرر وجوده في إنجازات الحداثة ذاتها، تلك التي تتمثل في نظم سياسية هي الأولى من نوعها في التاريخ، وقوانين وضعية وحقوق دستورية تحمل تصوراً جديداً عن المواطن وحقوقه، وهي غير مسبوقة لا في التراث المسيحي ولا في التراث اليوناني، بالإضافة إلى العلم الحديث الذي أحدث قطيعة مع الكوسمولوجيا القديم ونظام بطليموس الفلكي وطبيعيات أرسطو. وبذلك كانت الحداثة وعياً ثورياً بالجدة، أي بالطابع الجديد لرؤيتها ونظمها السياسية والعملية (والجدة هي من ضمن المعاني العديدة لكلمة (Modernity) فهي تعني الحداثة والجدة معاً).

وبذلك شخص هيغل الحداثة على أنها انفصال عن الرؤية التقليدية اللاهوتية الميتافيزيقية للعالم. لكنه في الوقت نفسه نظر إلى هذا الانفصال على أنه ضياع الروابط التي كانت تجمع الفرد بالمجتمع في وحدة شاملة كانت توفرها الكنيسة، وحدة كانت تجمع شمل المجتمع في حياة أخلاقية، كما نظر إلى تمايز المجالات العلمية والعملية والفنية على أنه ضياع لوحدة العقل وشموله، تلك التي كانت توفرها الرؤية الميتافيزيقية القديمة. ومن هنا نظر هيغل إلى الوعي الجديد المصاحب للحداثة على أنه منقسم على نفسه بين الإنجازات العلمية والسياسية والفنية للحداثة، وإختفاء الوحدة والانسجام بين الفرد والجماعة، بين

الوضع الدستوري المتميز الذي أصبح يتمتع به الفرد وتشتت ولاءاته بين الدولة باعتبارها كياناً سياسياً والأخلاق باعتبارها كياناً أخلاقياً. من هنا نظر هيغل إلى المهمة الجديدة للفلسفة، إذ رأى أن الفلسفة يجب أن تقضي على كل صور التعارض والانقسام الناتجة من وعي الحداثة المنقسم على نفسه، فمن بين صور الانقسام، الثنائيات كلها عبارة عن انعكاس فلسفي لحالة الوعي الجديد المنقسم على ذاته. وتمثلت المهمة الجديدة للفلسفة عند هيغل في القضاء عل كل هذه الصور في التعارض والانقسام، كما نظر إلى فلسفته هو على أنها هي القادرة على القيام بهذه المهمة الجديدة. لكن كيف يتم ذلك؟ رأى هيغل أن الطريقة، التي تستطيع بها فلسفته معالجة انقسام الوعي الحديث، والتعامل مع حالة التشتت والضياع المصاحبة للحداثة، وإعادة الوفاق والانسجام لهذا الوعي، تتمثل في إثبات وحدة العقل وشموله على الرغم من مظاهر الانقسام والثنائيات العديدة في الفكر الغربي. وهذه هي وظيفة الجدل في مذهب هيغل؛ فالمنهج الجدلي يثبت أن كل صور التعارض، سواء في الفكر أو في التاريخ، ما هي إلا حالات مختلفة يتجلى فيها المطلق، لكن ما هو هذا المطلق الذي رأى هيغل أن كل التناقضات تنتهي فيه، إنه روح الشعب (volksgeist)، وكأن هيغل بذلك يريد أن يقول إن معالجة حالة الانقسام في الوعي الحديث تتمثل في عودة الوفاق والانسجام المفتقد في صورة كيان أخلاقي شامل، وهو المقصود من مصطلحه روح الشعب. لكن كيف تتحقق هذه الروح في الواقع؟ ما هو الكيان الذي يمثل هذه الروح؟ يعلن هيغل أنه الدولة

الدستورية الحديثة. أي أن علاج تناقضات الحداثة كلها يكمن في التنظيمات السياسية للدولة الحديثة.

كان لخطاب هيغل الفلسفي أثره في انطلاق ثلاثة خطابات أخرى تفرعت عنه تتمثل في اليمين الهيغلي واليسار ونيتشه. أنشأ اليمين الهيغلي خطاباً حول الحداثة أكد فيه أن علاج سلبيتها وتناقضاتها لا يأتي إلا عن طريق إعادة المكانة القديمة للدين، وركز على دور الدولة باعتبارها تجسيداً لروح الشعب كما رأى هيغل. أما اليسار الهيغلي فقد رفض تأكيد اليمين على الدين والدولة ورأى أن الحل يتمثل في إعادة تنظيم المجتمع، وكان ماركس في شبابه من الأعلام البارزين في اليسار الهيغلي، إذ نقد فلسفة هيغل في الدولة وحلل وعي الحداثة على أنه وعي زائف ووصف الحداثة الأوروبية بأنها مليئة بالصراع والتناقضات، وأرجع السبب في ذلك إلى التناقض بين رأس المال والعمل المأجور، وذهب إلى أن العلاج يتمثل في نظام اشتراكي-شيوعي، إذ هو الذي سيحقق الوفاق والانسجام المفتقد. وعلى الرغم من نقده الحاد للرأسمالية إلا أن تصوره عن الشيوعية كان في حقيقته تحقيقاً لمشروع الحداثة الغربية وحلاً لتناقضاتها مثلما كانت الدولة عند هيغل. «الفئة الأولى كانت تحاول تجميد إنجازات الحداثة، أما الفئة الثانية فكانت تحاول التعجيل والإسراع في عملية التنوير وفق معايير ثورية». أما نيتشه فقد ركز على سلبيات الحداثة ووجه نقداً عدمياً لها ورفض قيمها ومؤسساتها واستعاض عنها بفكرته عن الإنسان الأعلى، التي يذهب هابرماس إلى أنها ما هي إلا صياغة جديدة للمعاني الجديدة عن الذاتية (Subjectivity) والفردية (Individuality) التي حملها مشروع الحداثة. فعلى الرغم من نقد

181

نيتشه الشامل للحداثة وعلى الرغم من عدميته إلا أنه قدم بديلاً
عنها وهو الإنسان الأعلى الذي هو مجرد آخر لمفهوم الذاتية.

يذهب هابرماس إلى أننا ما زلنا معاصرين للشباب الهيغيليين
ونيتشه، أي لا يزال أفقنا الفكري هو نفس أفقهم. فطوال القرنين
التاسع عشر والعشرين ظهرت خطابات فلسفية عديدة كل منها
يحاول صياغة تصور عن الحداثة وطرق علاج سلبياتها انطلاقاً من
أحد الاختيارات التي تناولها الشباب الهيغيلي: الدين أو الدولة أو
الاشتراكية أو العلم الحديث أو الفن أو الفلسفة. ويعد عالم
الاجتماع الأميركي دانيال بيل في نظر هابرماس أحد الذين أكدوا
دور الدين في إنقاذ مشروع الحداثة. فقد بالغ دانيال بيل في
تشخيص الأزمة الثقافية للرأسمالية ورأى أن الحداثة لم تعد قادرة
على الحفاظ على قيم الفردية وعلى معايير التساند الاجتماعي،
وأن الحل الوحيد يتمثل في نهضة أو إحياء ديني: «الإيمان الديني
المرتبط بإيمان بالتراث سوف يمد الأفراد (بوعي جمعي حقيقي)
وأمان وجودي».

ومن بين الاختيارات الأخرى التي لجأ إليها بعض المفكرين
لمعالجة حالة الوعي الحديث نموذج الفن باعتباره قادراً على
الإيحاء بنظرة جديدة إلى العالم ومحفزاً لحسم جديد، ويظهر ذلك
واضحاً عند نيتشه، إذ تحتل التراجيديا عنده مكان الدين، وهي
الكاشفة عن الحالة الأصلية للإنسان والمعبرة عن معنى الحياة
البشرية. ويذهب هابرماس إلى أن نيتشه متأثر في ذلك بشليغل
الذي أصبح الفن عنده بديلاً عن الدين، وشليغل بدوره يعبر في
موقفه من الفن ودوره الخلاق في حياة الإنسان عن موقف الحركة
الرومانتيكية كلها وأعلامها: هولدرلين ونوفاليس وشلينغ. فاتجاه

نيتشه نحو الفن باعتباره نموذجاً موحياً بمعان جديدة للحياة البشرية يمتد بجذوره إلى الحركة الرومانتيكية وهو ليس بموقف جديد.

ويذهب هابرماس إلى أن بعض أعلام ما بعد الحداثة نظروا إلى الفن نفس نظرة نيتشه إليه باعتباره كاشفاً عن معنى الحياة الإنسانية ونموذجاً يقومون على أساسه بتشخيصهم للحداثة، وأبرز مثال على هؤلاء فوكو. ولذلك ينظر هابرماس إلى أتباع ما بعد الحداثة على أنهم يلجأون إلى نماذج معروفة في تاريخ الفكر الغربي ليتناولوا بها قضايا الحداثة ويقوموا وصفاً لها. فمنهج فوكو الجينالوجي في تتبع أصول العلاقة بين السلطة والجنس والأخلاق في أوروبا منذ اليونان كما يتضح في كتابه «تاريخ الجنس» هو نفس منهج نيتشه في «جينالوجيا الأخلاق»، كما أن نقده للعقل من خلال دراساته الأركيولوجية للعلوم الإنسانية في «الكلمات والأشياء» هو نقد كلي شامل للعقل يصل إلى حد العدمية، ومثل هذا النوع من النقد مارسه نيتشه من قبل ويتضح أيضاً عند مدرسة فرانكفورت، وخاصة في كتاب «جدل التنوير» dialectic of enlightemment لهوركهايمر وأدورنو؛ إذ مارسا في هذا الكتاب نقداً كلياً للعقلانية الغربية وحكما عليها بأنها أعادت صور الطغيان القديمة. ويضع هابرماس مدرسة فرانكفورت مع فلاسفة ما بعد الحداثة جميعهم في سلة واحدة ويقول: «إن كلاً من «الجدل السلبي negative dialectics» ـ كتاب أدورنو الشهير الذي قيل عنه أنه وصيته الفلسفية ـ والتفكيك (déconstruction) (يقصد دريدا) و (الجينالوجيا) (يقصد فوكو) قد مارس نقداً كلياً ـ ونستطيع أن نقول عدمياً ـ للعقل، وذلك بدون أساس، وبدون

تحديد الموقف الذي ينقدون منه، وبدون الدفاع عن معيار آخر
خلاف كل المعايير التي يفقدونها. والأكثر من ذلك أنهم لا
يدركون ما يترتب على نقدهم سياسياً». ويعلن هابرماس أن ما
يترتب على نقدهم سياسياً هو عدم التمييز بين عوامل القهر وأمل
التحرر، وبين الحقيقة والزيف طالما أن نقدهم يثبت زيف كل
شيء. «لقد تم التمييز الأساسي الذي أقامه هيغل وماركس بين
الدور التحرري ـ التوافقي والدور القمعي ـ الاغترابي والعقلنة
الاجتماعية».

ويتعجب هابرماس من فوكو، بعد أن مارس نقداً للحداثة
الغربية كتب مقالاً حول محاضرة كانط الشهيرة «ما هو عصر
التنوير؟» (what is enlightenment?) يعلن فيها أن كانط أول من
أحدث قطيعة مع تراث الميتافيزيقا وحول الفلسفة من تأمل في
الكليات والماهيات الثابتة إلى تشخيص للعصر الحاضر، ويرى في
إجابة عن السؤال «ما هو عصر التنوير؟» «أنطولوجيا للواقع
المعاصر، بدأت مع كانط ومن خلال هيغل استمرت عبر نيتشه
إلى فيبر وهوركهايمر وأدورنو»، أنطولوجيا تأخذ على عاتقها
البحث في مغزى اللحظة الحاضرة، وتزيد في حدة الوعي
بالحاضر. والذي يتعجب منه هابرماس أن فوكو يلحق نفسه
بسلسلة الفلاسفة السابق ذكرهم والذي قال عنهم أنهم زادو من
حدة الوعي بالحاضر، ويربط مشروعه الفكري بمشاريعهم ويرى
أن محاضرة كانط عن التنوير هي أصل كل مشروع الحداثة
الأوروبية التي يرفضها فوكو وكل تيار ما بعد الحداثة، وهي فكرة
التقدم المستمر للجنس البشري نحو غاية أخلاقية تتمثل في

استقلال الفرد وسيادة القانون وسلام دائم بين الأمم. ويعلن كانط في المحاضرة كذلك، أن ما يميز التنوير ظهور دساتير جمهورية وإعلان حقوق الإنسان والوعي الثوري الجديد الذي ظهر مع الثورة الفرنسية في كل أنحاء أوروبا وعمل على تحقيق مبادئ القانون الطبيعي، في حين أن نظرية فوكو في السلطة وتحليلاته لمؤسسات السجن والإصلاح في العصر الحديث، ودراساته في «تاريخ الجنون» و «تاريخ الجنس»، تنكر على الحداثة الأوروبية إنجازاتها وطابعها المميز، وتعتقد في الهيمنة الكاملة للسلطة على الواقع بكل جزئياته. «كيف يتفق فهم فوكو لنفسه باعتباره مفكراً من مفكري تراث التنوير مع نقده الحاد لنفس نمط المعرفة، الذي ظهر عند هؤلاء المفكرين، والذي هو فكر الحداثة (التي ينقدها فوكو باسم ما بعد الحداثة)»؟

كما ينقد هابرماس فوكو لعدم وضوح النسق الذي ينقده، فبدلاً من نقده لأيديولوجيا معينة أو أفكار زائفة معينة أو نظام في الشرعية، ينقد شبكة متداخلة ومعقدة من علاقات السلطة والمعرفة، ويعتقد أن السلطة منتشرة وحاضرة في كل مكان، فهي كلية القدرة (omni potece) وكلية الحضور (présence omni)، ويعد هذا تصوراً ميتافيزيقياً عن السلطة يذكرنا بالقدرة اللامتناهية والحضور الكلي للإله في علم اللاهوت. ويصف هابرماس موقف فوكو بأنه أشبه بموقف المفكر الرواقي المنعزل عن مجتمعه والمكتفي بدور المراقب الذي ينظر إلى الواقع من أعلى، ويحكم عليه بالسقوط في حضيض القهر والهيمنة. ذلك لأن فوكو ليس لديه تصوراً عن حقيقة يدافع عنها إزاء ما ينقده، ولا حتى توجهاً للكشف عن حقيقة ليست نتاجاً آخر للسلطة.

185

(5) الحداثة بين عالم الأنساق وعالم الحياة المعاشة

إن نقد هابرماس لتيار ما بعد الحداثة ولكل خطاب حول الحداثة ينطلق من نظريته في العقلانية التواصلية. والحقيقة أن هذه النظرية هي ذاتها نظريته في الحداثة. فالعقلانية التواصلية هي النموذج الذي يريد هابرماس عن طريقه إثبات أن الحداثة مشروع لم يكتمل ولا يزال قادراً على الاستمرار. فلم يصغ هابرماس نظريته في الحداثة رداً على انتقادات فلاسفة ما بعد الحداثة؛ فلقد كانت هذه النظرية مكتملة منذ منتصف سبعينيات القرن العشرين؛ ولم يوجه نقده للتيار إلا في أوائل الثمانينيات. فماذا يقصد هابرماس بالعقلانية التواصلية؟

يميز هابرماس بين نوعين من العقلانية: عقلانية أداتية (Instrumental Rationality) وهي العقلانية التي تمارس الحساب وتقويم الإمكانيات المادية المتاحة للوصول إلى الأهداف واختيار أفضل الوسائل لتنفيذ الأغراض العملية، وهذا النوع من العقلانية يظهر في تعامل الإنسان مع الطبيعة ويتجسد في العلم والصناعة والتكنولوجيا الحديثة. أما النوع الثاني فهو العقلانية التواصلية التي تنظم عملية التفاعل بين الناس وتشكل فهم الجماعة لذاتها، ويظهر هذا النوع من العقلانية في المجال الأخلاقي والسياسي. ويقيم هابرماس تمييزه بين العقلانية الأداتية والتواصل على أساس فهمه لطبيعة النشاط الإنساني؛ فهو يفهم هذا النشاط على أنه عمل (Labor) وتفاعل (Interaction). فبينما فهم ماركس الممارسة الإنسانية أو الـ (Praxis) على أنه عمل فقط، فهمها هابرماس على أنها عمل وتفاعل في الوقت نفسه مقولة الوقت. مقولة العمل تحدد علاقة الإنسان بالمادة والعالم الخارجي ومقولة التفاعل

تحدد طبيعة علاقة الناس ببعضهم البعض في حقبة معينة؛ والعقلانية الأداتية ترجع إلى ذلك الجانب من الممارسة الإنسانية باعتبارها عملاً، والعقلانية التواصلية ترجع إلى الجانب الآخر من الممارسة الإنسانية باعتبارها تفاعلاً؛ وبينما اقتصرت الماركسية على التنظير لعملية التطور في قوة الإنتاج، ورأت أن الإمكانات البشرية التي تؤدي إلى التطور تتمثل في الفعل الأداتي أو العمل أو المعرفة الوظيفية، يرى هابرماس أن التطور يلحق عملية التفاعل أيضاً ويتم في المستوى المعياري (Normative) لا في المستوى التنظيمي (Organizational) فقط. وبينما ألحقت الماركسية العلاقات الاجتماعية بأسلوب الإنتاج، إذ رأت أن كل أسلوب في الإنتاج هو الذي يحدد طبيعة العلاقات الاجتماعية ويتحكم فيها، يعلن هابرماس أن للعلاقات الاجتماعية منطق آخر في التطور مستقل عن تطور قوى الإنتاج. لقد ذهب ماركس إلى أن أسلوب الإنتاج هو المسؤول عن انتقال المجتمع من شكل تنظيمي إلى شكل آخر، وأن التغير في أسلوب الإنتاج هو أساس ومصدر الحركات والثورات الاجتماعية، أما هابرماس فيذهب إلى أنه «هناك أسباب وجيهة... للقول بأن... الوعي الخلقي والمعرفة (بمعايير التفاعل) والفعل التواصلي و (الطرق الاجتماعية السليمة في التعامل مع الصراع) تؤدي إلى ظهور أشكال أكثر نضجاً من التكامل الاجتماعي»، وإلى تطور المجتمع ككل. فالتطور لا يجري على قوى الإنتاج فقط، بل على الأنساق المعيارية أيضاً. وهذه الأنساق المعيارية تساهم في تشكيل المجتمع وفي تطوره تماماً كما تفعل قوى الإنتاج. كما أن الحركات الاجتماعية والثورات لا يحفزها تغيير في أسلوب الإنتاج فقط، بل يحفزها

كذلك تغيير يجري على وعي الجماعة بذاتها وعلى نظرتها إلى العالم وعلى قيمها ومعاييرها.

وعلى أساس نظريته في العقلانية التواصلية قدم هابرماس تشخيصاً لعملية التحديث (Modernization) أو العقلنة (Rationalization) التي تمت في الغرب أبتدأ من عصر النهضة. فبينما ركز ماركس وفيبر على جانب واحد من عملية التحديث وهو الجانب الأداتي أو الوظيفي الذي أدى إلى تطور قوى الإنتاج عند ماركس وظهور أشكال أكثر عقلانية في السلطة وهي السلطة البيروقراطية عند فيبر، أعلن هابرماس أن عملية العقلانية هذه التي تمت على مستوى الاقتصاد والسياسة ليست إلا جانباً واحداً من العقلانية، أما الجانب الآخر فهو عقلنة تمت على مستوى عالم الحياة المعاشة (Life World)، وأدت إلى زيادة التطور في الوعي الأخلاقي والانتقال من رؤية العالم الميتافيزيقي اللاهوتية، إلى فكرة الحق الطبيعي (Natural Rights) وتجسدها في دساتير الدولة الحديثة، وإلى زيادة وعي المجتمعات الحديثة بذاتها مما أدى إلى ظهور القوميات. وبذلك أصبحت معايير التفاعل الاجتماعي محايثة (Immanent) أي نابعة من العلاقات الاجتماعية ذاتها، بعد أن كانت مفارقة، أي تعود إلى مصدر إلهي.

ويذهب هابرماس إلى أن أول مظهر لعملية عقلنة الحياة الاجتماعية، وانتقال النسق المعياري للمجتمع من رؤية دينية إلى رؤية دنيوية (Secular)، هو حركة الإصلاح الديني التي أدت إلى نهاية سلطة الكنيسة، وأصبح الدين بذلك شأناً خاصاً بالفرد وعلاقة خاصة بينه وبين اللّه، كما أدت إلى أن تحولت

البروتستانتية إلى أخلاق توجه السلوك العملي نحو النجاح المادي في الحياة الدنيا؛ وبذلك كانت الأخلاق البروتستانتية بداية لظهور الأخلاق الرأسمالية. ويستعين هابرماس بدراسة فيبر الشهيرة عن «الأخلاق البروتستانتية وروح الرأسمالية» ليثبت أن عقلنة عالم الحياة المعاشة التي صاحبت الأخلاق البروتستانتية أدت إلى ظهور النسق المعياري المصاحب لأسلوب الإنتاج الرأسمالي. فالعقلنة التواصلية لعالم الحياة المعاشة كانت شرطاً لظهور أسلوب جديد في الإنتاج ولتطور العقلنة الأداتية المتمثلة في الاقتصاد والإدارة.

وتمثلت المشكلة الأساسية للتحديث في أن العقلنة في ميدان الاقتصاد والسياسة أي العقلنة الأداتية، تمت بمعدل متسرع جداً حتى كانت لها آثار سلبية على عالم الحياة المعاشة، وبذلك طغى الاقتصاد على كل الجوانب الأخرى من الحياة، وزادت الهيمنة الإدارية على كل جزيئاتها، ويقدم هابرماس تفسيراً جديداً لمظاهر اللامعيارية (Anomie) التي وصفها دوركايم، والاغتراب والتشيؤ عند ماركس، وظاهرة فقدان الحرية وفقدان المعاني في الحداثة الأوروبية عند فيبر على أنها جميعاً سلبيات ناتجة من التناقض بين عملية العقلنة الأداتية والتواصلية، وعن زيادة تطور عالم الأنساق الاقتصادية والسياسية على حساب عالم الحياة المعاشة.

وقد ركز تيار ما بعد الحداثة في تشخيصه للحداثة على الجوانب السلبية فقط، ذلك لأنه لم ينظر إلا إلى الجانب الأداتي الوظيفي لعملية العقلنة فبدت أمامه سلبياتها، وبالتالي حكم على الحداثة كلها بالفشل انطلاقاً من أنها أدت إلى فقدان الحرية والمعنى في الحياة الاجتماعية وإلى زيادة القهر والسيطرة. ولذلك

يعلن هابرماس أن الحداثة قادرة على الاستمرار، ولا يزال فيها مضمون يمكن الدفاع عنه وهو إنجازات العقلانية التواصلية المتمثلة في الديموقراطية والحقوق الطبيعية والنظام الجمهوري والوعي الأخلاقي الحديث على معايير تواصلية.

ليوتار والنقد الكانطي للتاريخ

نبيل سعد(*)

ولد جان فرنسوا ليوتار رائد فلسفة ما بعد الحداثة في فرساي قرب باريس عام 1924 ودرس هناك إلى أن حصل على درجة «الأغريغاسيون» عام 1950. وانخرط في العمل السياسي وكان عضواً في مجموعة راديكالية تسمى «الاشتراكية أو البربرية» من عام 1954 إلى عام 1964، وكان ينشر مقالات بانتظام في الصحيفة التي تصدرها المجموعة، ثم كتب في صحيفة (Pouvoir Ouvrier) ـ سلطة العمال ـ ثم قام بالتدريس في جامعات باريس: السوربون ونانتير، (حيث كان له دور هام في أحداث مايو 1968، التي هزت فرنسا وزعزعت حكم الجنرال ديغول، وأصابت كافة مناحي الحياة في فرنسا بالشلل بسبب إضراب دام شهراً كاملاً. وهي الأحداث التي أصبحت علامة فارقة في الحياة السياسية والاجتماعية والنفسية والاقتصادية والمالية للشعب الفرنسي). كما قام ليوتار بالتدريس في جامعة باريس/ فانسان

_____

(*) كاتب وناقد مصري، ترجم كتاب ليوتار «الحماسة» وصدر بالقاهرة.

وباريس/ سان دوني حتى بلغ سن المعاش عام 1987، وهو عضو مؤسس لكلية الفلسفة في باريس ثم أصبح ثاني رؤسائها. وكان أيضاً أستاذاً زائراً في عدة جامعات أميركية منها: جامعة كاليفورنيا/ سان ديغو، وجامعة جون هوبكنز وجامعة لموري وجامعة كاليفورنيا/ إرفين حيث أصبح أستاذاً للفرنسية والنظرية النقدية. وقام بالتدريس أيضاً في عدة جامعات ألمانية. توفي جان فرنسوا ليوتار عن أربع وسبعين عاماً، عام 1998.

كتب ليوتار هذه الدراسة عن النقد الكانطي للتاريخ في الوقت ذاته الذي كان يؤلف فيه كتابه «الخلاف» (Le différend) (1983) وهو أهم مؤلفاته. ويقول عن هذه الدراسة، التي ظهرت في فرنسا عام 1986 في كتاب عنوانه «الحماسة»، أنه أعاد مراجعة نصها الأصلي بالكامل لكي تتناسق مع روح الفكر الذي قاد تأليفه له بين عامي 1980 و1981 وكان ذلك متزامناً مع إعداده لكتاب «الخلاف»، هذه الملحوظة تعتبر ضرورية لتوضيح الأهمية التي أولاها الفيلسوف لكتابه الصغير «الحماسة»؛ فقد أتاح له الفرصة لكي يبلور فيه بعض مضامين ما بعد الحداثة في «نقد الحكم» لكانط وفي تصوره «للجليل».

عنوان الكتاب يشير إلى الحماسة التي أثارتها الثورة الفرنسية (1789) في كل مكان. ما معنى هذه الحماسة التي عاينها كانط ودرسها؟ وهل يمكن الحديث عن التاريخ بطريقة واحدة؟ ماذا لو كان التاريخ ـ أو ما يسمى تاريخاً ـ في حقيقة الأمر خطاً يتعرض إلى ما لا نهاية دون أن يتوقف ودون أن يتعقد في عقبة كأداء، بل أنه يعود ويلتف نحو نقطة أخرى ليبدأ من جديد...؟

يتكون التاريخ في هذه الحالة من ملايين الملايين من «الجمل»

التي يتعين تبويبها في «عائلات» أو «أسر» من جمل تتباين قواعد صياغتها. ويصبح دور «الناقد» هو ما يؤديه «القاضي» عندما يفصل في الموضوع بأن يعلن «هذه هي القضية» أي أن يفصل بين هذه «الجمل».

يجب أن يكون الحذر هو سمة الناقد الرئيسية عند دراسته للتاريخ، وهو يعزل «الجمل» في أسر من الوقوع في شرك الأيديولوجية، إن هو أراد أن يجد له معنى شاملاً. البحث عن المعنى يجب أن يكون بحثاً عن «علامة» تاريخية ويجب أن يعلن عن أنه كذلك فقط، وأن يكون البحث لدى الجماهير التي تشاهد الأحداث الهامة وليس «أبطال» هذه الأحداث وهم يقومون بأعمالهم الخارقة ويصوغون ــ عن نيات جليلة ــ أهدافاً متعالية.

بعد مرور أكثر من قرنين على الثورة الفرنسية والحماسة التي أثارتها ــ ولا تزال ــ في جميع أنحاء المعمورة ــ يظل النقد الكانطي للتاريخي/ السياسي متوقداً في حداثته سواء بالنسبة للثورة الفرنسية أو لدى تطبيقه على عصرنا في ثورات أخرى.

المسألة المحورية التي يطرحها ليوتار هي أن مشكلة الحكم الناقد تعتبر أساسية بالنسبة للمجالين السياسي والجمالي. إنه يعتبر أن «الجليل» عند كانط يسمح بأن نتعامل مع التاريخ بالأسلوب النقدي بشرط أن نعترف ونقر أن «تقديم» قضاياه للنقد ــ بالمعنى الكانطي للكلمة ــ للبت فيها، له خطوط يجب ألا نتخطاها لكي نحترم خصوصيتها وتفردها وتناقضها، آخذين في الاعتبار عوالمها الاجتماعية والسياسية. ويقول ليوتار في ذلك: «إن فكرة وجود «إدراك عام» (sensus communis) التي يشير إليها كانط لا تعني ولا تنطوي على فكرة «الإجماع» (consensus)، وإلا فإننا سقطنا في فخ الدوغمائية». وهو ما قام ليوتار بمحاولته في كل أعماله؛ إلا

أن أهم ما يميز كتاب (بل كتب) ليوتار ويرفع من أهميتها هو قوله: «إن قضايا التاريخي/ السياسي، الجمالي لها خصوصيتها». فقد استحدث فكرة «الأرخبيل» لتشكل كل مجموعة من القضايا المتجانسة ــ أو أسر جمل كما يسميها ليوتار ــ «جزائر» في كل البحر الرئيسي (Archipelagos عند اليونان). ويطور فكرته بأن يعطي ملكة الحكم مهمة إيجاد ممرات بين الجزر للربط بينها. ويقول: «هكذا تصبح كل أسرة من أسر الجمل مثل الجزيرة وتصبح ملكة الحكم ــ ولو بصورة جزئية ــ مثل أمير البحار الذي يقوم على هذه الجزائر ويقدم لأحدها ما وجده لدى الأخرى». (ولعل لهذه الفكرة صلة ــ قربت أو بعدت ــ بفكرة ابن عربي عن البرزخ الذي يصل بين التصورات). ولكن ليس هذا هو المجال لعقد المقارنة التي قد تتطلب بحثاً خاصاً بها؛ إذاً، أهم ما يود ليوتار توضيحه هو أن التاريخ ليس ناتجاً لغائية موحدة وإنما لغايات عدة غير متجانسة ومعقدة ويتعين علينا احترام خصوصية كل منها. عدم التجانس هذا يناقشه ليوتار باستفاضة هنا ويسحبه بعد ذلك على العلم والمجتمع وعلى التجربة الجمالية عموماً.

وفيما يلي نقدم خلاصة لكتاب «الحماسة»(*)

1 ــ بالرجوع إلى النصوص الكانطية المتعلقة بالتاريخي/ السياسي نلحظ تجاهلاً لعقيدة الحق. لماذا؟. توجد قرابة بين النقد (محكمة «النقد»، و «القاضي» الذي يفحص مصداقية

(*) هذه الخلاصة كتبها لكتابه الذي ترجمناه الى العربية وهو من اصدارات المجلس الأعلى للثقافة بالقاهرة 2001.

ادعاءات عائلات الجمل المختلفة والتعبير هنا فتغنشتايني عن قصد) وبين التاريخي السياسي: إذ يجب على هذا وذاك أن يصدرا الأحكام دون أن يكون لديهما قاعدة الحكم، وذلك خلافاً للقانوني السياسي (الذي يملك قاعدة الحق، من ناحية المبدأ). وبعبارة أخرى نقول: كما أن النقد عند كانط يجب ألا يقود إلى العقيدة (بل إلى النقد) كذلك يجب ألا تكون هناك عقيدة للتاريخي/ السياسي. بل ولعل العلاقة هي أكثر من قرابة بل هي مماثلة: والنقد (بالمعنى الكانطي) قد يكون هو السياسي في عالم الجمل الفلسفية، والسياسي قد يكون النقد (بالمعنى الكانطي) في عالم الجمل الاجتماعية/ التاريخية.

2 ـ يتحدد النقد عموماً بأنه تأملي ولا يتعلق بملكة ما، ولكن بما يشبه الملكة أو «كما لو أنه» ملكة (ملكة الحكم، الإحساس) ذلك لأن قاعدة تحديد العوالم الوثيقة الصلة به تتضمن ما هو غير محدود (حرية حركة الملكات فيما بينها). إنه يحدد مدى قانونية الادعاءات الخاصة «بالمعنى» بكل عائلة الجمل (المسماة «ملكة») على عائلتها من عالم الجمل («الموضوع» عند كانط، ولكنه المرسل إليه في كتابي «النقد» الثاني والثالث)؛ إنه يبت في الأمر موضحاً بذلك عدم المشاركة بين أسر الجمل المختلفة (تلك الخاصة بالتجربة والعلوم، والأفكار، والممارسة). ولكنه «يعثر على حلول وسط»[1]. وإذاً، يمكنه ـ ليس فقط التعرف إلى قانونية

---

(1) «نقد العقل الخالص» (أ: 1781، ب: 1786) نذكر فيما بعد هنا في الهوامش نقد وترجمة فرشيت تريمو ساج وباكو، الطبعة التاسعة، باريس PUF. 1980 ص 393. الترجمات المذكورة تمت مراجعتها وعدلت أحياناً.

محلية خاصة بكل أسرة من أسر الجمل ــ بل يمكنه أيضاً أن يقترح «ممرات» بين مناطق وموضوعات يخضع كل منها وبالرغم من ذلك لقواعد «لا متجانسة»، نقدم كشفاً ببعض الكلمات الدالة على هذه «الممرات»؛ مثال: نظام/ مخطط، رمز، نموذج، مثال الشعور أو المونوغرام...

3 ــ نضع كشفاً بأسر الجمل المختلفة التي تؤدي دوراً في موضوعات المعرفة التاريخية/ السياسية: وصفية (تجربة)، شارحة (فهم)، ديالكتيكية (مثال التأملي و / أو العملي)، أخلاقية (مثال منظم للأوامر العملية «كلية الموجودات العاقلة»)، غائية (فكرة غائية الطبيعة في الإنسان: التقدم)، خيالية (فكرة الخيال: رواية الأصول، رواية الغايات). كانط ذاته يكتب عموماً بطريقة تأملية (كناقد) في التاريخي/ السياسي: إذ يحدد قانونية هذه الجمل التي تقدم هذا العالم، ويقترح تعاملات ممكنة بينها، «ممرات» إشارات مختلفة، تستعاد بفضلها وحدة المسألة التاريخية/السياسية ولكنها وحدة غير محددة. لهذا فقد يحدث أن يستجيب نصها (أي تركيبة جملها) لقواعد هذه العائلة من الجمل أو لقواعد تلك. وفي النهاية فمهما كانت عائلة الجمل «المختارة» فإن هذه النصوص المكتوبة تقدم نفسها على أنها مشاركات في أحداث المسألة التاريخية/السياسية (دور الفلاسفة) ضرورة الـ (Öffentlichkeit): هي إذاً، حالة مباطنة للعالم الذي تقدمه.

4 ــ «انسحاب» السياسة قد يصبح في هذه الإشكالية إنسحاباً لادعاء كاذب طرحته هذه أو تلك من عائلات الجمل بأنها وحدها القادرة على تقديم السياسي كله؛ ومن ثم انسحاب المذهب السياسي ــ أياً كان هذا الانسحاب ــ يمحوه على الدوام مطلب

196

التوحد المنظم بدقة. وهو المطلب الذي يغذيه الرعب والقلق إزاء عدم المشاركة (المسمى تدمير الرباط الاجتماعي أو «إلغاء القانونية»). إن فلسفة السياسي، أي النقد الحر أو التأمل «الحر» في المسألة السياسية تبدو هي نفسها سياسية، فهي تميز بين عائلات الجمل اللامتجانسة التي تقدم عالم السياسة وتستدل على طريقها بواسطة «الممرات» («الخيط المرشد» كما كتب كانط) التي تدل على بعضها البعض.

قراءة لمفهومي الجميل والجليل
من منظور ما بعد حداثي

عمرو أمين(*)

مقدمة

يعد الحوار الفكري، بين جان فرنسوا ليوتار (1928 ـ 1998)
أحد أهم فلاسفة ما بعد الحداثة وأهم منظريها في مجال
الإستاطيقا أو علم الجمال؛ ويورغن هابرماس (1929) أهم
ممثلي الجيل الثاني من مدرسة فرانكفورت وتراثها النقدي، أهم
مناقشة فلسفية دارت في النصف الثاني من القرن العشرين. وتدور
المناقشة ـ والتي يمثل قطبيها فيلسوف ما بعد حداثي وآخر مؤمن
بتراث الحداثة وقدرتها على أن تجدد نفسها وتتلافى المأزق الذي
وقعت فيه ـ حول عدة محاور من أهمها المحوران: السياسي
والفني. فبينما يحاول هابرماس إقامة نظرية تعتمد على العقلانية

(*)   جامعة مصر للغات ـ مدينة أكتوبر.

التواصلية (Communicative Rationality) للخروج من مأزق الذاتية الذي انتهت إليه الحداثة، يرى ليوتار أن أي نظرية شاملة ما هي إلا نموذج حكائي (Grandnarrative) جديد يعيد إلى الأذهان الأحداث المروعة التي انتهت إليها فترة الحداثة والمتمثلة في فظائع الحرب العالمية الثانية. فليوتار لا يرى أن النظام الشيوعي الستاليني أو ألمانيا النازية مجرد حوادث عارضة أو نتائج جانبية غير مرغوب فيها ومن الممكن تلافيها في رحلة الحداثة، وإنما هي النهاية الحتمية لها، حيث أن النظريات الشاملة، التي تسعى لتوحيد كل الأقاصيص (Narratives) وإعطاء تفسير شامل لكل شيء تحت مظلتها، لا بد وأن تتمخض عن الشمولية والنظم السياسية المستبدة.

وفي هذا الإطار السياسي تدخل عدة محاور رئيسية من أهمها اللغة والفن. ففي قلب المناقشات والحوارات الفلسفية نجد فهمين مختلفين للدور الذي تلعبه اللغة في تحديد وجهة النظر الملائمة للتعامل مع الموقف الفلسفي الراهن. ويعتمد كل من الفيلسوفين على نظرية أفعال اللغة (Speech Acts) للفيلسوف الأميركي سيرل (Searl). لكن، في حين يعتمد هابرماس فيم حاولته لإرساء قواعد العقلانية التواصلية على فكرة «وضع الحديث المثالي» (Ideal Speech Situation) يرفض ليوتار تلك المحاولة لتأسيس نظام براغماتي كلي (Universal Pragmatics) ويعتمد على فكرة اللغة كصراع (Agonistics of Language)؛ ويوضح إهمال هابرماس لجوانب اللغة التي لا تعمل على تأسيس حوار وإنما تعمل على أساس أن اللغة استراتيجية (Strategic Action) لا تهدف فقط لتقديم معرفة وإنما تقوم بخلق قواعدها الخاصة بها أثناء

الاستخدام[1]. يرى هابرماس أن أي مستخدم للغة لا بد وأن يعتمد على أفكار أساسية طالما قبل استعمال اللغة، وهذه الأفكار هي أن يقدم الحقيقة وأن يتحدث في موضوع ما وأن يقدم معلومات كافية عنه وهكذا. ويوضح هابرماس أن هذا النموذج ما هو إلا وهم ضروري أو مثال لا يمكن تطبيقه تماماً. وعلى الرغم من ذلك، فلا بد من وجوده وإلا كيف يمكن لنا أن نميز الكذب إذا لم توجد أساساً فكرة الحقيقة. أما ليوتار فإنه يرفض ذلك التمييز بين الحقيقة والكذب والعدل والظلم برمته طارحاً فكرة الأداء (Performativity). ويعتمد مبدأ الأداء على أن المعلومة في عصر ما بعد الحداثة لم تعد قيمتها تكمن في صدقها أو كذبها وإنما في قدرتها على إعلاء الناتج النهائي للنظام، وكذلك في إمكانية جعلها جزءاً من ذلك النظام. فلم يعد محك الحكم على المعلومة هو السؤال «هل هي صادقة أم لا؟» وإنما تحول إلى «هل من الممكن استخدامها أم لا؟». وهذا هو منطق عصر ما بعد الصناعة والذي أصبحت المعرفة فيه هي السلعة الأساسية. وهكذا يتضح لنا أن موقف هابرماس من اللغة موقف الباحث عن أسس ثابتة ومنطقية تمكنه من تأسيس نظريته النقدية، أما ليوتار فلا يبحث عن الأسس والقواعد وإنما عن قدرة اللغة على خرق القواعد باستمرار سعياً نحو الجديد والمجهول. وفي ظل هذا الموقف يحاول كل منهما أن يؤيد فكرته موضحاً جوانبها

---

(1) Emilia Steuerman, «Habermas vs. Lyotoral: Modernity vs. Postmodernity» in Andrew Benjamin ed. *Judging Lyotard*. London: Routledge, 1992, p. 105-111.

المختلفة، وسوف يركز هذا المقال على الدور الذي يلعبه الفن في كل من النظامين الفكريين وسوف يحاول كذلك إقامة مقارنة بين مفهوم الإستاطيقا عند كل من الفيلسوفين وترجيح كفة أحدهما على الآخر.

1 ـ النظرية الإستاطيقية كنتاج للنظرية السياسية الاجتماعية

تتميز الحداثة في رأي هابرماس بتقسيم العقل الإنساني ـ والذي كان كلاً موحداً في الرؤية الميتافيزيقية السابقة عليها ـ إلى ثلاث مجالات، وهي المجال المعرفي والأخلاقي السياسي أو العملي وأخيراً المجال الإستاطيقي. وبهذا فإن توضيح كانط لحدود تلك المجالات ومعالمها يعد تأسيساً لملامح الحداثة. إلا أن هابرماس يأخذ على الحداثة ذلك التقسيم لأن نتيجته المباشرة هي أن تنقسم المعرفة الإنسانية إلى ثلاث مجالات متفرقة تتباعد باستمرار، ويقوم المتخصصون في كل مجال بتطويره على حدة مما لا يعود بالفائدة على الحياة اليومية العادية بسبب التخصص الشديد في تلك المجالات. ولهذا فإن الحياة سوف تعاني ولا محالة من القفز الثقافي والفني والمعرفي الشديد.

ويرى هابرماس أن أسوأ مثالب الحداثة هي الاهتمام الشديد بالجانب المعرفي (العلمي) وتطويره وإعطاؤه الأولوية على حساب الجانبين الأخلاقي والفني. ويلاحظ هابرماس كذلك النتائج السلبية لاستقلال الفن الحداثي عن الحياة (Autonomy)، فيرى أن هذا هو سبب المشكلة التي وقع فيها وذلك لنشأة علاقة تضاد بينه وبين الحياة، مما أدى إلى أن يصبح الفن الحداثي مرآة نقدية للعالم الاجتماعي. وتقدم تلك المرآة صورة سلبية للمجتمع مما

حدا بالفن إلى مزيد من العزلة[2]، وهذا هو سبب ظهور نظرية الفن من أجل الفن ورفض نظرية الفن من أجل المجتمع. ولا يغفل هابرماس عن محاولات الطليعيين من السرياليين لربط الفن بالحياة مرة أخرى؛ ولكنه يرى أن هذه المحاولات فاشلة لسببين رئيسين:

أولاً: «عندما يتم تحطيم الأطر التي تضم عناصر المجال الثقافي والتي تم تطويرها على حدة، فإن المحتويات تتشتت. ولا يتبقى أي شيء من المعنى أو الشكل المفكك. ولا يتلو ذلك أي أثر تحرري.

أما الخطأ الثاني فله نتائج أكثر أهمية، تتميز المدلولات المعرفية والتوقعات الأخلاقية والتعبيرات الذاتية بطبيعة مترابطة في التعامل اليومي. فعمليات التعامل تحتاج إلى تراث ثقافي يغطي كل المجالات المعرفية والأخلاقية العملية والتعبيرية. ولذلك فلا يمكن إنقاذ الحياة اليومية من الانحطاط الثقافي عن طريق فتح مجال ثقافي واحد فقط ـ وهو الفن ـ لأن ذلك سيوفر مدخلاً إلى ذلك المجال فقط من مجالات المعرفة المتخصصة والمعقدة»[3].

ويرفض هابرماس ذلك الوضع تماماً، فالحل بالنسبة له يتمثل في خلق تفاعل غير محدود بين الجوانب الثقافية الثلاثة، وبهذا يتم توحيد الثقافة مرة أخرى وإعادتها إلى الحياة اليومية. ويرى

---

(2) - Jurgen Habermas, «Modérnity: an Incomplete Project.» in Peter Brook ed. *Modernism/ Post modernism*. London, Longman, 1992, P. 133.

(3) - *Ibid.*, p. 134.

هابرماس أن الفن يلعب دوراً هاماً في هذه العملية، فهو أحد العناصر المنوط بها إعادة توحيد هذه المجالات المعرفية والأخلاقية وتقديمها للمجتمع في صورة فنية جذابة، وبهذا تتم إعادة الصورة الموحدة لكلية المجتمع واتساقه مرة أخرى. وهكذا يتضح أن تصور هابرماس للفن يعتمد على فكرة الجميل (The Beautiful)، وذلك لأن الجميل فقط هو الذي يتمتع بالقدرة على توحيد ملكتي الفكر (الإدراك والفهم) وبالتالي مجالات العقل المختلفة. وبهذا يتضح أيضاً أن فهم هابرماس للإستاطيقا ينبع من قلب نظريته الفلسفية الاجتماعية.

وعلى النقيض من ذلك فإن وجهة النظر ما بعد الحداثية ترفض عملية إعادة التوحيد تماماً وترى فيها تجديداً أو «عودة للرعب» على حد تعبير ليوتار، الذي يدعو إلى «شن الحروب على الرؤى الكلية». ويؤكد ليوتار أيضاً أن «الوهم الترانسندنتالي» الذي خلقه هيغل هو وحده الذي يمكن أن يؤدي إلى إعادة الوحدة مرة أخرى. ولكن هذا الوهم هو السبب في الفظائع التي انتهت بها حقبة الحداثة في نهاية الحرب العالمية الثانية[4]. وعلى هذا، فإن ليوتار يرفض تماماً توحيد هذه المجالات في صورة نموذج حكائي (Metanarrative). إذ إن ما بعد الحداثة هي أساساً رفض وإعلان لعدم مصداقية تلك النماذج الحكائية الكبرى. ولهذا يرفض ليوتار

---

(4) Jean-François Lyotard, «Answering the Question: What is Postmodernism?» in *The Postmodern Condition: A Report On Knowledge*. Trans. Geoff Bennington and Brian Massumi. Minnesota: Univ. of Minnesota Press, 1993, p. 82.

الدور الذي يمنحه هابرماس للفن ويرى أن العمل الفني لا يجب أن يلتزم بتقديم أي حقائق. وهكذا فإن ليوتار يقدم فهماً للإستاطيقا على أنها تعبير عن الجليل (The Sublime). وهذا أمر يحتمه رفضه لفكرة الجميل الذي يعتمد على التناسق أو التوافق بين المدرك والمفهوم، أي تشكيل المدرك الحسي على أساس المفهوم العقلي. وإذا ما أخذنا في الاعتبار فكرة فريدريك جيمسون عن عدم تفرقة ما بعد الحداثيين بين الإستاطيقا والسياسة ـ حيث أن كلاً منها ما هو إلا ترجمة فعلية لصورة عقلية ـ فإننا نستطيع أن نستوعب رؤية ليوتار للجميل على أنه يقود إلى الاستبداد السياسي وإلى محاولات لتشكيل الواقع الحياتي على أساس أفكار بحتة مما يؤدي إلى الرعب والإرهاب.

2 ـ النظرية الجمالية (Aesthetic Theory)

وعلى الرغم من وحدة المرجعية الفكرية التي يرتكز عليها كل من هابرماس وليوتار، ألا وهي كتاب «نقد ملكة الحكم» لكانط، إلا أن كلاً منهما يعتمد عليها بأسلوب يختلف تماماً عن الآخر. وفي هذا الكتاب ميز كانط بين نوعين من الحكم الإستاطيقي وهما: الجميل والجليل. ويتم إصدار الحكم عند كانط عندما يتم إيجاد المفهوم العقلي (Concept) للمدرك الحسي (Percept). ففي حالة الجميل، يتوافق المدرك الحسي مع الفهوم العقلي عنه ويحدث حالة تناسق أو تناغم تؤدي إلى الشعور باللذة. أما الجليل، على العكس من ذلك، فهو إحساس ينتاب الإنسان عندما يتعرض لخبرة الإحساس بشيء ما لا يمكن إيجاد مفهوم مناسب عنه، ولذلك فإنه يبقى غير واضح أو محدد المعالم. وهكذا يمكن

205

أن توصف مشاهد الطبيعة بالجمال. ولكن في حالة رؤية جبل شديد الضخامة فإن الإنسان يشعر برهبة تصاحب الشعور بالمتعة. والسبب في ذلك ليس المشهد نفسه وإنما أن هذا المشهد قد أثار في الذهن فكرة مطلقة عن كائن لا متناهٍ في الضخامة. وعلى هذا فإننا يمكن أن نصف المشاهد الطبيعية بالجمال ولكن الحكم بالجليل يتم الاحتفاظ به فقط لأفكار العقل المطلقة (The Absolutes) التي لا يوجد لها تمثيل مادي (Representation) ولا يمكن خلق مفهوم محدد عنها[(5)]. والشعور بالجليل هو شعور معقد، فهو مزيج من الرهبة واللذة ـ على العكس من الشعور بالجمال وهو مجرد إحساس بالسعادة ـ وسبب الرهبة هو إدراك الإنسان لعجزه عن تخيل أو تقديم عنصر ما يتوافق مع فكرته عن المطلق؛ أما سبب السعادة فهو إدراكه لقدرة ملكة الفكر على الوصول إلى آفاق غير محدودة. ويؤكد ليوتار في كتابه «دروس في تحليل الجليل» على فكرة أن الشعور بالسعادة المختلطة بالألم يرجع إلى عدم القدرة على التوحيد بين هاتين الملكتين[(6)]، فالفكر ينجذب ويبتعد عما يسبب له ذلك الشعور في اضطراد.

يوضح ليوتار كذلك وجود نوعين من التقديم لفكرة الجليل في الفن:

النوع الأول يركز على ضعف القدرة على التقديم وعجزها عن توفير مدرك حسي يتناسب مع الفكرة المطلقة للعقل.

---

(5) - Immanuel Kant, *Critique of Judgement.* New York: Hamfer Press, 1951 p. 83.

(6) - Jean-François Lyotard. *Lessons on the Anatytic of the Sublime.* Stanford: Stanford Univ. press. 1994. p. 68.

والنوع الآخر، على العكس، يركز على قوة ملكة الفكر وقدرتها على الوصول إلى أفكار يستحيل تقديمها بأي حال من الأحوال.

ويصف ليوتار النوع الأول بأنه يعاني من حنين أو رغبة عبثية لتأكيد الذات الإنسانية، ولذلك فهو يركز على النوع الثاني ويؤكد أنه يتناسب مع ثقافة ما بعد الحداثة التي تنكر مفهوم الذات.

يصف ليوتار العمل الفني ما بعد الحداثي على أنه ذلك الذي يقدم ما لا يمكن تقديمه (The Unpresentable). ولذلك فهو يتضمن فكرة التقديم السلبي (Negative presentation) أو تقديم شيء غائب والقبول بفكرة الإلماع أو التلميح إليه (Allusion). وفي سبيل ذلك، فإن الفن ما بعد الحداثي ينكر على نفسه شكل العمل الفني التقليدي ويبحث عن أشكال جديدة. والفنان ما بعد الحداثي يقدم عملاً لا يخضع لقواعد مسبقة ولكنه يسعى لوضع تلك القواعد أثناء تجربة صنع العمل الفني ذاته. ودور الفنان هنا ليس أن يقدم للمشاهد حقيقة ما - كما هو عند هابرماس - ولكن أن يقوم بالإلماع إليه وتوضيح وجـود ما يمكن إدراكه ويستحيل تقديمه. ولهذا فإن العمل الذي يعتمد على إستاطيقا الجليل لا يقدم المعرفة التي يسعى إليها هابرماس ولكنه يوضح فكرة أن الحقيقة لا يمكن الوصول إليها ويضعها دائماً موضع الشك(7).

وإذا كان الجليل ينبع من الهوة بين ملكات العقل المختلفة ويمنع

---

(7) - Jean-François Lyotard. «The Sublime and the Avant-Garde» in Andrew Benjamin ed., *The Lyotard Reader,* London: Basil Blackwell. 1989. p. 209.

تقديم معرفة أو حقيقة ـ وذلك أمر حتمي لأن المعرفة تحدث فقط عند توحد المدرَك والمفهوم وهو الأمر الذي يستحيل حدوثه في حالة الجليل ـ فإنه بالتالي يزيد من تلك الهوة. وبذلك فإن الجليل يتوافق مع حالة عدم اليقين التي تسعى معظم الأعمال ما بعد الحداثية إلى تقديمها.

ويجعل ذلك الوضع الاستمتاع بالعمل الفني الذي يعتمد على الجليل أمراً من الممكن حدوثه فقط على المستوى الفني وليس الاجتماعي أو الأخلاقي أو المعرفي. ولذلك فإن ليوتار يؤكد استقلال العمل الفني والإستاطيقا عن المجالات المعرفية الأخرى وهو يشارك الحداثيين في هذا الرأي. أما هابرماس، فعلى النقيض من ذلك، فإنه يركز على توسيع مجال الإستاطيقا ليشمل المجالين المعرفي والأخلاقي، وهو بذلك يقدم رؤية شديدة الشبه بكثير من ما بعد الحداثيين، الذين يصرون على أن المعرفة الإنسانية ترتكز على كثير من المفاهيم التي تندرج أساساً تحت مظلة الإستاطيقا[8]، وبهذا فإن هابرماس ـ الحداثي ـ يشترك في بعض الآراء مع ما بعد الحداثيين وليوتار ـ ما بعد الحداثي ـ يشترك في البعض الآخر مع الحداثيين.

ويوضح ليوتار الطبيعة الثورية للفن ما بعد الحداثي الذي يعتمد على فكرة الجليل. فهذا الفن يعتمد على الحكم التأملي (أو الإنعكاسي) (Reflective Judgement)، والذي يسعى للتقويم لا عن طريق تطبيق مفاهيم مسبقة على العمل الفني، كما هو الحال في

(8) - Particia Waugh. *Practicing Postmodernism: Reading Modernism.* London: Edward Arnold, 1992, p. 32.

الحكم المتعين (Determinant Judgement)، فالعمل الفني يقوم ببناء هذه المفاهيم بنفسه. ولذلك فالعمل ما بعد الحداثي هو عمل منعكس على ذاته (Self-reflexive)، باحث عن الشروط التي تجعله عملاً فنياً، رافض للمفاهيم التقليدية عن الفن. ولهذا السبب أيضاً فإن العمل ما بعد الحداثي يبدو دائماً ثائراً على التقاليد الفنية الموجودة بالفعل ويسعى لخرقها والخروج عنها، ولذلك فهو يوصف دائماً بالقبح. فهابرماس ـ على سبيل المثال ـ يرى أن القبح أمر ملازم للأعمال الفنية ما بعد الحداثية. أما ليوتار فيؤكد أن السبب في ذلك هو بقاء مفهوم الإستاطيقا محدوداً لدى هابرماس بمفهوم الجميل غير قادر على تخطيه. أما العمل ما بعد الحداثي الذي يسعى دائماً لخرق قواعد الجميل المقبولة لدى الجمهور فلا بد وأن يبدو متسماً بالقبح. ولكن هذا القبح يلعب دوراً أكثر أهمية في جماليات ما بعد الحداثة التي هي في الواقع جماليات مضادة (Anti-aesthetics). فهذه الجماليات المضادة تعتمد في تقديمها للجليل على تمزيق العمل الفني والتجريد وإنكار الوحدة والتناسق. وهذا التناقض الظاهري بين الجماليات المضادة والقبح من ناحية، واعتماد إستاطيقا ما بعد الحداثة على الجليل من ناحية أخرى، يحمل في طياته حقيقة عميقة: إذ كان الفن ما بعد الحداثي يعتمد على الجليل، فإنه يعاني من الخطر الدائم المتمثل في أن يخطىء المشاهد الظن ويعتقد أن المطلق الذي تم الإشارة إليه قد تم تحقيقه، أو أن العمل الفني يوضح طريقاً يمكن بها بلوغ ذلك المطلق، مما يتنافى مع كل من مبادىء ما بعد الحداثة وهدف العمل الفني. لذلك فإن تقديم الجليل عن طريق القبح يعد أمراً ضرورياً، إذ يمنع الاعتقاد أن هذا المطلق قد تم

تحقيقه بالفعل[9]. ويؤكد ليوتار أنه لا يوجد تعارض بين الجليل والقبح إلا لمن يخلط بين مفهوم الجليل (The Sublime) ومفهوم فرويد عن الإعلاء (Sublimation). والجماليات المضادة المتمثلة في القبح وتمزيق العمل الفني المصاحبة للفن ما بعد الحداثي تمنع أي توجه نحو المثالية أو الاحتفاظ بأي أوهام يتم السعي وراء تحقيقها؛ كما أنها تمنع المشاهد من أن يجد نفسه في مواجهة نص موحد يمنحه الإحساس بالوحدة الاجتماعية أو رؤية للمجتمع على أنه كل، مما يجعله يسعى للبحث عن موضع له في هذا الكل؛ وبهذا يتم اختزال فرديته وتقويض ثورة العمل الفني في مواجهة المجتمع. والأهمية الأخيرة لهذه الجماليات المضادة هي أنها توضح تماماً أن السعي وراء المطلق هو أمر عبثي لا يمكن تحقيقه، على الرغم من ضرورة الاهتمام به، وذلك لأنه يوفر فرصة دائمة للثورة على الوضع القائم. والثورة في هذه الحالة لا تهدف إلى تحقيق أمر ما أو إعادة الثبات، وإنما تهدف إلى الاستمرار. ولهذا تصبح الإستاطيقا عند ليوتار راديكالية في حالة ثورةٍ دائمةٍ على نفسها.

وعلى هذا، فإن فهم هابرماس للإستاطيقا على أنها تتمركز حول الحكم بالجميل يتناسب مع إدراكه على قدرة الجميل على أن يقوم بتوحيد المجالات المعرفية في إطار الحياة اليومية. أما إصرار ليوتار على الجليل فيرجع إلى إهتمامه بإبقاء هذه المجالات

---

(9) - Richard Murphy. *Theorizing the Avant-Garde: Modernism, Expressionism, and the Problem of Postmodernity*. Cambridge: Cambridge University press, 1999, p. 287.

متفرقة لا تجمعها وحدة وهمية متعالية (Transcendental Illusion)، كما يرجع أيضاً إلى اهتمامه بالثورة الدائمة وعدم الركون إلى القواعد الموجودة بالفعل.

ويعد هذا الاهتمام بالثورة الدائمة من الأسباب الهامة التي تدعو ليوتار لأن ينبذ مفهوم الجميل في الإستاطيقا، وذلك لأنه يعتمد على تشكيل المدرك الحسي (العمل الفني في هذه الحالة) على أساس المفهوم العقلي. وهذا المفهوم العقلي يتم تشكيله في الدول ذات نظم الحكم الاستبدادية عن طريق الأجهزة السياسية. وفي هذه الحالة يتم الحكم على العمل الفني عن طريق تطبيق القواعد التي تمليها تلك الأجهزة السياسية مسبقاً على العمل الفني ورفض أي محاولة لخرق تلك القواعد. وبهذا تثبت تلك النظم الاستبدادية دعائمها وتجهض أي محاولة للثورة عليها وهي ما زالت في مهدها الفكري.

إلا أن أهم ما يحدد شكل الإستاطيقا الملائم لعصر ما بعد الحداثة يحسم الصراع في صالح ليوتار. فالفكرة المحورية التي تمثل جوهر النقاش هي أن الجميل يمنح نوعاً من المعرفة أما الجليل فلا يمكن الاستمتاع به إلا على نحو إستاطيقي خالص[10]. وتقدم العودة إلى التراث النقدي لمدرسة فرانكفورت أفكاراً قيمة عن العقل الأداتي (Instrumental Reason) يمكن أن تسهم في تحديد مفهوم وشكل الإستاطيقا في عصر ما بعد

(10) - Paul Crowther. «The Immatériaux and the Postmodern Sublime». in Andrew Benjamin ed. *Judging Lyotard,* London, Routledge, 1992, p. 202.

الحداثة. والعقل الأداتي هو العقل المهيمن في المجتمعات الرأسمالية الحديثة التي فقد فيها العقل دوره كملكة فكرية وتم تقليصه إلى مجرد أداة لتحقيق أهداف معينة، وبالتدريج فقد العقل رؤيته للهدف وأصبح مجرد أداة لتوفير الوسائل. وقد أدى ذلك إلى فقدان العقل للقدرة على إدراك أي حقائق في ذاتها حيث أصبح كل شيء مجرد وسيلة[11]. فإذا لم يكن الجميل قادراً على تحقيق أي هدف اجتماعي أو تقديم أي حقيقة فإنه سيصبح مجرد حلقة في سلسلة لا نهائية من الأسباب التي لا تؤدي إلى نتائج. وبهذا يفقد العمل الفني الذي يعتمد على فكرة الجميل قيمته حتى لو كان مضمونه ثورياً. أما الجليل، والذي يمنع أي وحدة بين القدرة على الفكر والقدرة على التقديم، وذلك لأنه يعتمد على الأفكار المطلقة التي يستحيل تقديمها، فإنه لا يقدم أي حقيقة ولا يضيف معرفة ـ وذلك لأن المعرفة تتحقق عند كانط فقط عند توحد المدرك والمفهوم ـ بل يتم الإستمتاع به على نحو إستاطيقي خالص، مما يبقيه عملاً ثورياً لا يمكن إدماجه في سلسلة لا نهائية من الأسباب والنتائج (Means-ends rationality).

3 ـ الخاتمة

في خلال تنظيره للفن ما بعد الحداثي ينبذ ليوتار نوعاً آخر من الفن ألا وهو الفن الواقعي أو الذي يدعي الواقعية. ويعتبر ليوتار هذا النوع من الفن والذي يزعم تقديم صورة موضوعية للمجتمع

(11) - Max Horkheimer. *The Eclipse of Reason*. New York: Continuum, 1974, p. 7.

غير مناسب للعصر الذي غزت فيه الرأسمالية كل مجالات الحياة وسيطرت فيه الصورة على الأصل. ويرى ليوتار أن هذه الواقعية تعمل بمبدأ كل شيء مقبول «Anything goes» [12] في ظل غياب أي محك للحكم على الفن من حيث كونه جيداً أم رديئاً في العصر الحالي؛ ولذلك فهي واقعية تبحث عن المادة والربح فقط. وهذه الواقعية تحاول إرضاء كل الأذواق كما يحاول رأس المال إشباع كل الحاجات طالما كان لدى أصحابها القدرة على الشراء [13]. بالإضافة إلى ذلك، فإن تلك الواقعية الجديدة تنكر كل تراث الحداثة القائم على إدراك عدم قدرة الواقعية في القرن التاسع عشر على تقديم الحقائق الجديدة التي بدأ الإنسان يشعر بها.

وعلى هذا، فإن تنظير ليوتار للفن ما بعد الحداثي والذي يعتمد على فكرة الجليل يمنحنا طريقاً ثالثاً يتفادى عيوب فكرة الجميل، التي يعتمد عليها هابرماس والتي تبقى دائماً مهددة بأن تصبح جزءاً من العقل الأداتي وعيوب الفن الرديء، الذي يبحث عن المادة فقط، كما أنه يوفر لنا فرصة دائمة للثورة على التقاليد الفنية والانطلاق نحو ممارسات فنية حرة بدون قيود.

---

(12) Jean-François Lyotard. «Answering the Question: What is Postmodernism?», p. 76.

(13) *Ibid.*

القسم الثاني

قراءة لمفهوم «الحكاية»
عند ليوتار وريكور
كمنظورين متقابلين لما بعد الحداثة

منى طلبة^(*)

أولاً: موضوع الدراسة

أ ـ الموازنة بين ليوتار وريكور

لعل أول ما يلفت الانتباه عند النظر إلى ما أنتجته الفلسفة والنقد الأدبي المعاصران هو تضخم مصطلح «الحكاية» (RECIT) الذي أصبح يستخدم في سياقات ودلالات غير تلك التي اعتدنا عليها في الفكر التقليدي. وأحاول هنا، توضيح مفهوم الحكاية في الفكر المعاصر في علاقتها الوثيقة بالفكر واللغة الإنسانية، وذلك من خلال الموازنة بين مفهوم الحكاية (RECTI) عند علمين

(*) مدرس في قسم اللغة العربية ـ جامعة عين شمس.

معاصرين من أعلام الفلسفة الفرنسية هما جان فرنسوا ليوتار (Jean François Lyotard) وبول ريكور (Paul Ricoeur).

ويعد ليوتار من أهم الشخصيات المنظرة لفلسفة «ما بعد الحداثة»، في حين أن ريكور هو من أهم الفلاسفة المنظرين لفلسفة «الهيرمينوطيقا». ويشترك الفيلسوفان في «تعريف الحكاية لا بوصفها حقلاً جديداً هاماً للبحث، بل أبعد من ذلك بوصفها لحظة محورية للعقل البشري، ونمطاً للتفكير مشروعاً بقدر مشروعية المنطق الصوري»[1]، وهما يرسخان في هذا الإطار لفلسفتين متقابلتين: فلسفة ما بعد الحداثة عند ليوتار، وفلسفة الهيرمينوطيقا عند ريكور من داخل رحم واحد، هو رحم امتزاج النظرية بالتطبيق في الفلسفة المعاصرة بوجه عام؛ «إذ لم تعد الفلسفة المعاصرة تقنع بالتحرك فقط داخل مفهومات نظرية بحتة، بل نجدها وقد هبطت إلى عالم الإنسان، وبدلاً من أن تتخذ نقطة بدئها من المثل الفكرية، نراها وقد أصبح اهتمامها ينصب على الأحداث الباطنية والخارجية على السواء. [لقد أصبحت الفلسفة] تحويلاً لأحداث التجربة من خلال العقل»[2]، هكذا يعبر كل من ليوتار وريكور عن منحى عصري جديد يربط مبحث المعرفة في

---

(1) جان فرنسوا ليوتار، الوضع ما بعد الحداثي، ترجمة أحمد حسان، القاهرة، دار شرقيات، 1994، ص 11 المقدمة بقلم فردريك جيمسون.

(2) جان لاكروا، نظرة شاملة على الفلسفة الفرنسية المعاصرة، ترجمة د. يحيى هويدي، د. أنور عبد العزيز، القاهرة، دار المعرفة 1975، ص 11.

الفلسفة، بمباحث الأدب واللغة والتاريخ، ويصل النظرية بالواقع. مما يتعذر معه الفصل بين النظرية الفلسفية والواقع الاجتماعي الغربي الذي تحاول النظرية إدراكه وتوصيفه بل وتوجيهه.

ولكن وعلى الرغم من أن الفيلسوفين ينظران إلى بنية الحكاية الأدبية بوصفها بنية ذهنية ولغوية تتم على أساسها المعرفة في المجتمع الإنساني، إلا أنهما يختلفان في تعريف هذه البنية، وفي تقويم وظيفتها المعرفية. وقد يغري هذا الاختلاف بالفصل التام بين الفلسفة المابعدحداثية والفلسفة الهيرمينوطيقية، إلا أننا سوف نرى أن هذا التقابل الحاد ينتظمه في العمق تكامل عامل على تقدم الحضارة الغربية بحسب واقعها المتاح، مما قد ينبهنا ربما إلى ما يخصنا وما يمكن لنا عمله ـ نحن أبناء العالم الثالث (كما يطلقون علينا) ـ إزاء هذه الاحتفالية المعرفية الهائلة بالحكاية، وسوف أحاول في هذا المقال عرض وجهتي النظر هاتين في تقابلهما وتكاملهما في إطار الحضارة الغربية، من خلال مراجعة كتاب «الوضع المابعدحداثي» La Condition Postmoderne 1979 لليوتار، وكتابي ريكور «الزمن والسرد» الصادر في ثلاثة أجزاء .Temps et Récit 1985-1983 و «الأنا بوصفها الآخر» Soi-même comme un autre 1990، وذلك لأن كتابي ريكور يكمل الواحد منهما الآخر فيما يتعلق بالقضية الرئيسية موضوع الموازنة في هذا المقال وهي: علاقة الحكاية الأدبية بالدرس الفلسفي، أو بالأحرى علاقة بنية الحكاية بطريقة عمل الفكر واللغة والمجتمع الإنساني.

وأود لفت الانتباه ـ في البدء ـ إلى أن ثمة فروقاً بين ما بعد الحداثة والتفكيك والهيرمينوطيقا، فكل من التفكيك والهيرمينوطيقا

منهج نقدي للغة والفكر، في حين أن مابعدالحداثة هو مفهوم يعبر عن طابع عام لواقع المجتمع الغربي المعاصر في مختلف ظواهره. وينتصر مفهوم ما بعد الحداثة لنسبية المعنى، في حين أن التفكيك يقوم على تقويض المعنى، وتقوم الهيرمينوطيقا على البحث عن كلية المعنى ونسبية التأويل. وعلى الرغم من أن المنهج المابعد الحداثي ليس موضع موازنة دقيقة بالمنهج الهيرمينوطيقي، فإن ما يهمنا في هذا السياق هو تتبع مفهوم الحكاية كموضوع أساسي مشترك عند المابعد حداثي (ليوتار) وعند الهيرمينوطيقي (ريكور). وقد وزان من قبل الفيلسوف الإيطالي فاتيمو بين الحداثة وما بعد الحداثة والهيرمينوطيقا في كتابه «نهاية الحداثة»، لوقوعها جميعاً ضمن الحقل الفلسفي الغربي المعاصر.

ب ـ الأسطورة والحكاية

ملاحظة أخيرة أود لفت الانتباه إليها قبل أن أشرع في المقال الموازن بين ليوتار وريكور، هي أن مصطلح «الحكاية» في الدرس الفلسفي والنقدي المعاصر ـ في تقديري ـ هو تطوير للفظ «الأسطورة» التي كانت مادة للعقيدة، ثم تطورت ـ بفعل دراستها ـ إلى بنية ذهنية أو عقلية هي «الحكاية» أي الوحدة الأساسية المكونة للأسطورة. وعلى الرغم من أن الفضل يعزى إلى كلود ليفي ستراوس (ولد عام 1908) في تحويل «الأسطورة» من مادة للعقيدة، أو للدرس البلاغي التقليدي، إلى بنية ذهنية عقلية هيكلية مجردة تتكون من عناصر بينها علاقات، فإن مثل هذا التحويل له إرهاصاته البعيدة في التاريخ الإنساني، التي ربما تعود إلى الحقبة نفسها التي كان يعتقد فيها بصدق الأسطورة.

فقد عرفت الأسطورة منذ نشأتها من يتحولون بها من مجرد صورة قابلة للتصديق إلى لغة قابلة للتفسير. وقد كانت قصائد هوميروس (إنجيل الإغريق) مسؤولة عن تثبيت وتدعيم صورة الآلهة الشبيهة بالبشر في أذهان الناس، هذه الآلهة التي تستطيع فعل كل شيء ما عدا تحدي القدر، حتى أن زيوس نفسه ملك الملوك وسيد الآلهة في الأسطورة اليونانية كان يستطيع أن يتحدى القدر ولكن كان من الخير له ألا يفعل. وقد فسرت هذه الأساطير ـ ومنذ العصور الإغريقية ـ بوصفها مناظرة للحقائق الفلسفية كما نرى مثلاً عند الفيلسوف أمبيدوقليدس الذي عاش في القرن الخامس قبل الميلاد، فهو يرى أن الإله زيوس هو رمز النار، والإلهة هيزا رمز الهواء. كذلك فسرت الأساطير بوصفها انعكاساً لظواهر اجتماعية، ففسر الفيلسوف اليوناني إيهيمير (في القرن الرابع قبل الميلاد) في كتابه المفقود «السجل المقدس» ظاهرة تعدد الآلهة والأرباب في الأساطير بأنهم هم الحكام والملوك القدماء الذين ألهوا أنفسهم بأنفسهم، أو ألهوا من قبل معاصريهم وأسلافهم لأنهم كانوا قد أدوا خدمات جليلة للناس، وربما ظهرت تفسيرات شبيهة قبل إيهيمير نفسه، فقد رأى هيرودوت أن الآلهة هم عظماء تاريخيون مؤلهون، وفسر الأساطير على أنها انعكاس للأحداث التاريخية.

وعن هذه الأساطير نشأ النظر الفلسفي والعلمي اليوناني فقد حاول طاليس ـ مؤسس الفلسفة ـ في فجر القرن السادس قبل الميلاد أن يسأل ـ وفق الأساطير اليونانية ـ عن نشأة الكون من الماء ومن الانفصال أو الاتصال الجنسي بين الأرض والسماء،

وأن يجيب عن هذا السؤال بمصطلحات المادة، فرأى أن الأشياء جميعاً هي أشكال منوعة من الماء الذي لا غنى عنه للحياة. ولم تتحرر هذه النظريات العلمية من الأسطورة حتى عند أفلاطون (427 ـ 347ق.م)، وأرسطو (384 ـ 322ق.م) اللذين فسرا العالم على أساس وجود صانع أول ومثل أزلية لا تتغير، أو على أساس وجود محرك أول يحرك العالم كما يحرك المحبوب محبه دون أن يحتاج إلى أن يقوم بأدنى حركة.

وفي العصور الوسطى نجح الاسكولائيون في التوحيد بين هذا المحرك الذي لا يتحرك وبين أب يسوع الدائب العمل. كما فسرت الأساطير على أنها مجازات وكنايات كما هو الحال عند بوكاتشيو (1313 ـ 1375) في كتابه «سلالة الآلهة». وقدم الفيلسوف الإنكليزي فرنسيس بيكون (1561 ـ 1626) في كتابه «حكمة القدماء» عدداً من التفسيرات للأساطير الإغريقية على أساس أنها استعارات وكنايات للحقائق الفلسفية.

وفي العصر الحديث نجد ديكارت (1596 ـ 1649) وقد فصل بين المعرفة العلمية والمعرفة الأسطورية والدينية، واضعاً أسس الدراسات العلمية الوضعية في القرن السابع عشر. غير أن التفسير النفسي للأسطورة ما لبث أن عاد ليزدهر في أواخر القرن التاسع عشر وبداية القرن العشرين على يد فرويد (1856 ـ 1939)، فهو يعود بنشأة الأخلاق والدين وتأنيب الضمير إلى عقيدة أوديب والتمرد على الأب، فكانت الأساطير ـ عنده ـ تعبيراً عن اللاوعي الفردي، ثم أصبحت ـ فيما بعد ـ تعبيراً عن اللاوعي الجمعي عند يونغ (1875 ـ 1961). ولكن الازدهار الحقيقي

لتفسير الأسطورة بدأ مع الدعوة للنظر إليها كنص له منطقة الخاص عند شلينغ (1775 ـ 1854) في كتابه «فلسفة الميثولوجيا»، أو بوصفها كنايات ومجازات عنها نشأت اللغة وتوسعت كما يرى ماكس موللر (1823 ـ 1900)، أو بوصفها «قوة اجتماعية مهمة، ترسي أسس المجتمع وقوانينه، وقيمه الأخلاقية» عند برونيسلاف مالينوفسكي (1884 ـ 1942).

في حين حاول باحثون آخرون التفتيش عن مظاهر استمرار الأسطورة في المجتمع الحديث، فالأسطورة هي نص مناظر للغة من جهة، ولمظاهر الحياة السياسية المعاصرة من جهة أخرى عند كاسيرو (1874 ـ 1945). وقارن ميرسيا إليهاد (1907 ـ 1986) في كتاب «أسطورة العود الأبدي» وكتاب «الأساطير والأحلام والأسرار» بين النماذج العليا للأساطير وبين النماذج العليا للأيديولوجيات السياسية في المجتمع الحديث، وبين تمثل الزمان والتاريخ في الأساطير، وتمثله في الأيديولوجيات الفلسفية مثل فلسفة هيغل التي تجعل من الحدث التاريخي تجلياً للروح المطلق، أو الفلسفة الماركسية التي تستهدف «الخلاص». كما أكد رولان بارت (1915 ـ 1980) في كتابه «ميثولوجيات» على استمرار هذه العقلية الأسطورية في المظاهر المدنية الحديثة: السينما والمسرح ومراسم الزواج والأزياء والتي تنتمي إلى الأيديولوجيا البورجوازية، تلك التي تحول وضعها التاريخي في الغرب إلى أسطورة دائمة أو ميتا ـ لغة. ويرى بارت أن الإنسان ـ في النهاية ـ لا يدرك واقعه إلا من خلال لغة أيديولوجية أو لغة شعرية، وكلاهما امتداد للغة الأسطورة. وأشار برغسون إلى

استحالة تجاوز الأسطورة (1859 ـ 1941) ذلك أن العالم يبدو كآلة تصنع الآلهة فكل إله يُنفى يحل محله إله آخر[3].

هكذا كانت الأسطورة ومنذ نشأتها إما حافزاً لمعرفة علمية، وإما أنها ـ وفق الدرس الحديث ـ تشكل بنية عميقة لا واعية للثقافة واللغة والفكر والنفس في المجتمع الإنساني، إما أنها تمثل معرفة بدائية خرافية مفارقة للمعرفة العلمية في المجتمعات الحديثة، أو أن نماذجها العليا وصورها ورموزها لا تكف عن التناسخ في أشكال وصور جديدة في الأيديولوجيات السياسية

---

(3) اعتمدت في دراسة الأسطورة في هذه الفقرة على المراجع الآتية:
المعتقدات الدينية لدى الشعوب، المشرف على التحرير: جفري بارندر، ترجمة د. إمام عبد الفتاح إمام، مراجعة د. عبد الغفار مكاوي، الكويت، عالم المعرفة، مايو 1993، ص 68 ـ 75 ـ 76.
د. نزار عيون السود، نظريات الأسطورة، عالم الفكر والمجلد 24، العدد الأول والثاني، يوليو/ ديسمبر، 1995، المرجع السابق، من ص 213 إلى ص 233.
أرنست كاسيرر، الدولة والأسطورة، الهيئة المصرية العامة للكتاب، القاهرة، 1975، ص 366 ـ 381.
Mircea Eliade *Les Mythes de l'éternel retour:* Archétypes et répétition' Ed Folio, Paris, 1969; p 159-173.
Mircea Eliade, *Mythes, Rêves et Mysreres,* Ed. Folio, Paris, 1957, 21-35.
Bergson, *Les Deux sources de la morale et de la religion;* Paris, PUF, 1988, p 38.
Roland Barthes, *Mythologies,* Paris, Seuil, 1957, p. 224-247.

ومختلف أشكال السلوك الاجتماعي في المجتمعات الحديثة، وإما أنها بنية ذهنية لا يمكن للإنسان تجاوزها.

على هذا النحو نرى أن مصطلح «الحكاية» بوصفه «نمطاً للتفكير»، ليس نبتة غريبة عن تراث معرفي صاحب الأسطورة منذ نشأتها وحتى يومنا هذا. كل ما في الأمر أن الأسطورة كبنية ذهنية إنسانية يتم تمثلها عن وعي تارة أو عن غير وعي تارة أخرى، وكلما تقدم الوعي في الكشف عن هذه البنية كلما كان أقدر على تقويم مساره في التاريخ. أو إن شئت قلت أن الأسطورة راوحت ومنذ نشأتها ما بين كونها مادة للتصديق أو مادة للتأمل.

بهذه المقدمة المختزلة نلقي بعض الأضواء على جذور مفهوم «الحكاية» عند كل من ليوتار وريكور، لنبدأ تحليلاً لخطاب كل منهما من خلال ثلاثة مداخل رئيسية هي: تعريف الحكاية، والحكاية والزمن والحكاية واللغة.

ثانياً: تعريف الحكاية

أ ـ ليوتار وأنماط المعرفة الحكائية

ليوتار: يعرف ليوتار الحكاية من حيث وظيفتها المعرفية، أي من حيث هي شكل للخطاب يضيع المعايير اللازمة لإنتاج المعرفة في مجتمع ما. فالبطل في الحكاية ـ صفاته وغايته ـ هي التي توجه المعرفة في المجتمع، ونحدد ما هو مشروع منها وما هو غير مشروع، وتميز بين من يعرف ومن لا يعرف. والتصديق بالحكاية هو الذي يضفي قوة لمشروعية هذه المعرفة ويعطيها صفة الحقيقة، وهو ما يؤدي في النهاية إلى ما يسمى بالإجماع الاتفاقي

أو التواصل بين أفراد الجماعة في هذا المجتمع. ومثل هذه الحكاية ليست مطابقة ـ من حيث بنيتها ووظيفتها ـ للبنية الذهنية التي يتم على أساسها تشريع المعرفة وإنتاجها فحسب، ولكنها مطابقة أيضاً لبنية اللغة في هذا المجتمع، ففي هذه الحكاية تكمن الكفاءة التي يتم على أساسها وضع المعايير التي تؤدى أو يمكن أن تؤدى بها اللغة في المجتمع.

من هذا المنطلق، أي من خلال تعريف ليوتار للحكاية كبنية معرفية، يميز ليوتار بين ثلاثة أنماط للمعرفة الإنسانية: الأولى: في المجتمع القبلي، والثانية في المجتمع الحداثي، والثالثة: في المجتمع ما بعد الحداثي. ونلاحظ في هذا الصدد أن المجتمع القبلي يستقل بمصطلح المعرفة الحكائية، والمجتمع الحداثي تسوده المعرفة الميتا ـ حكائية، أما المجتمع المابعد حداثي فيستقل بحسب رأي ليوتار بالمعرفة العلمية. ذلك أن المجتمع البدائي يعتمد في إنتاجه للمعرفة وتحديد مشروعيتها على «الحكاية» الأسطورية أو الخرافية الشعبية الخيالية، كما يعتمد في نقل هذه المعرفة وفرضها على منهج الرواية من شخص لآخر بما يحفظ وحدة هذا المجتمع القبلي. والمجتمع الحداثي يعتمد في إنتاج المعرفة وتحديد مشروعيتها على «الميتا ـ حكاية» أو «الحكاية الكبرى» أي على (أيديولوجيا سياسية) أو (نظرية فلسفية تأملية) لها شكل الحكاية الأسطورية الوهمية، وهذه الحكاية الكبرى تعتمد في نقلها وفرضها على منهج تبريري تقوم به المؤسسات. أما المجتمع الما بعد حداثي التكنولوجي، فلا يعتمد على أي حكاية أو ميتا-حكاية تبريرية، وتستمد مشروعية المعرفة فيه من

المعلومات التي يسمح بتدفقها التطور التكنولوجي وبنوك المعلومات وأجهزة الكمبيوتر، ولا يتحكم في إنتاج هذه المعرفة النقل أو التبرير كما هو الحال في المجتمع البدائي والمجتمع الحداثي ـ وإنما يتحكم فيه منهج براغماتي عملي ليس بحاجة إلى «أصول اجتماعية أو أهداف كبرى» وإنما إلى ابتكارات جديدة أو «نقلات جديدة وغير متوقعة»، فالعقد المؤقت هنا يحل محل المؤسسات والأهداف الكبرى، وهذا العقد يتسم بمرونة تستجيب لتنوع الابتكارات وحاجات الذات الفردية.

I ـ النمط المعرفي الحكائي

ويقتصر ليوتار في تعريف النمط المعرفي الحكائي على نموذج خطابي واحد هو الخطاب الأدبي الخرافي والشعبي، ويضرب مثلاً عليه بالحكاية الخرافية أو القصص الشعبية عند قبائل الكاشيناهوا الهندية. و «تحكي القصص الشعبية ما يمكن تسميته أنواع التأهيل الإيجابية والسلبية، وبتعبير آخر النجاحات والإخفاقات التي تلاقيها جهود البطل، وهذه النجاحات أو الإخفاقات إما أنها تضفي المشروعية على المؤسسات الاجتماعية (وظيفة الأساطير)، أو أنها تمثل نماذج إيجابية أو سلبية (البطل الناجح أو الفاشل) للتكامل في المؤسسات القائمة (الخرافات والحكايات)، بهذه الطريقة تتيح الحكايات للمجتمع الذي تحكى فيه، من جهة، أن يحدد معاييره للكفاءة، ومن جهة أخرى، أن يقيم على أساس تلك المعايير ما يؤدى أو ما يمكن أن يؤدى فيه». والمعرفة الحكائية على هذا النحو هي معرفة معيارية ثابتة غير قابلة للتطور، تدور بمقتضاها

علاقة الجماعة بنفسها وبالوسط المحيط. وهي تقدم مشروعية فورية عن طريق روايتها، مشروعية غير قابلة للاستقصاء ولا للتساؤل، وهي ترخص لنفسها دون تدليل أو برهان[4].

II ـ النمط المعرفي الميتا-حكائي

وينتقل ليوتار من هذه المعرفة الحكائية مباشرة إلى النمط المعرفي الميتا ـ حكائي (للحكايات الكبرى) (Master Narratives) في مجتمعات الحداثة، التي سادها ـ بحسب ليوتار ـ نموذجان للخطاب:

1 ـ خطاب سياسي ويضرب مثلاً عليه «بحكاية التنوير» أو «حكاية التحرير البشري» التي انبثقت عن الثورة الفرنسية في القرن الثامن عشر، «هذه الحكاية التي عمل فيها بطل المعرفة لبلوغ غاية أخلاقية ـ سياسية جيدة، هي السلام الشامل[5]، ويرى ليوتار أن هذه الميتا ـ حكاية السياسية وهمية.

2 ـ خطاب فلسفي تأملي، ويضرب ليوتار مثلاً عليه «بحكاية الوحدة التأملية» كفلسفة التاريخ عند هيغل والتي تم النظر بموجبها للتاريخ كتجل للروح المطلق، والفلسفات التأويلية ذات النزعة الكلية الموحدة، والفلسفة الماركسية التي ـ وإن تضمنت بعداً نقدياً ـ انتهت إلى كونها نظرية معاونة على صلاحية النظام. ويلاحظ ليوتار في هذا الصدد أن الماركسية قد تحولت في البلدان

---

(4) ليوتار، ص 41.

(5) ليوتار، السابق، ص 23.

ذات الإدارة الليبرالية المتقدمة إلى منظمات للنظام، كما كانت الماركسية في البلدان الشيوعية، النموذج ذا الصبغة الكلية الشمولية تحت إسم الماركسية ذاتها، وحرمت الصراعات ببساطة من الحق في الوجود[6]. ومثل هذه الميتا ـ حكايات السياسية والفلسفية جميعاً ـ في نظر ليوتار ـ هدفها خلق مجتمع يشكل كلاً عضوياً، وعمليات التجديد الخاصة بهذه الميتا ـ حكايات هدفها إعادة التوافق الداخلي، ولا يمكن أن تكون نتيجتها سوى مجرد صلاحية النظام، فكل مشكلة تحيل إلى حالة النظام ككل، وهو ما يؤدي إلى حالة من بارانويا العقل أو جنون العظمة أو الفاشية.

ومن هنا يأتي العقل المابعد حداثي ليتشكك إزاء هذه الميتا ـ حكايات التنويرية والفلسفية التي أطاحت بالماضي لتسرع بخطاها نحو «اليوتوبيا» التي ترسخ لفكرة التقدم في المستقبل، وهو ما لم يتحقق، إذا كانت حصيلة هذه الميتا-حكايات حروباً ومشاحنات واستعماراً وإرهاباً وهيمنة وقنابل ذرية وتهديدات نووية. فثل هذه الميتا-حكايات تتنكر للماضي بصورة جذرية وتراهن على المستقبل بما يجعلها تضحي بواقعها الراهن، فالشعب والواقع والعلم الوضعي ليست إلا صوراً فظة لما يجب تحقيقه. ومن ثم فإن راوي هذه الميتا ـ الحكاية لا يجب أن يكون الشعب الذي يتمرغ في وضعية معرفته التقليدية، وإنا يجب أن يكون الراوي ميتا ـ ذات تعبر عن الشعب من خلال توسط المعرفة التأملي[7].

---

(6) السابق ص 35.

(7) السابق، ص 53.

III ـ النمط المعرفي المابعد حداثي

أما النمط المعرفي المتقطع للوضع التكنولوجي المعلوماتي المابعد حداثي فتسوده ثلاثة أنواع من الخطاب:

1 ـ خطاب يستهدف تحويل المعلومات إلى سلعة للاستهلاك والربح، ومثل هذا الخطاب يؤسس لسلطة اقتصادية مكونة من رجال الأعمال والمديرين المتحكمين في المعرفة والمعلومات وسبل احتكارها وتسويقها كسلعة، وهو ما تمثله الدولة الرأسمالية وطبقية التكنوقراط ومديرو المنظمات الكبرى من جهة، والشركات المتعددة القوميات من جهة ثانية.

2 ـ خطاب يستهدف تحويل المعلومات وتدفقها عبر وسائل الاتصال إلى مادة للتواصل الحر الشفاف بين مختلف الجماعات الإنسانية، ومثل هذا التواصل المعلوماتي يسمح بقفزة اجتماعية واسعة تؤدي إلى نمط جديد، وهو المجتمع العقلاني الذي يسوده الإجماع بين المواطنين الأحرار. ومثل هذا الإجماع يتحقق عبر شفافية المعلومات الحالية من «التشويش» والسيطرة، تلك الشفافية تكون حاصل النقد المستمر، وهو ما تنادي به مدرسة فرانكفورت الفلسفية في ألمانيا وعلى رأسها هابرماس.

3 ـ وخطاب يستهدف التمرد على هذين النوعين من الخطاب، وذلك لأن الخطاب الأول يكرس للسلطة، والخطاب الثاني يكرس (لميتا ـ حكاية) وهمية غير قابلة للتصديق، ومن ثم فإن دأب المابعد حداثي هو التمرد على السلطة والتشكيك في الحكايات الكبرى، أو في أي معنى مركزي تتبناه الجماعة، لأن مثل هذا المعنى يقوم بالضرورة على القمع أو السلطة أو الوهم، ويتبنى المابعد حداثي في المقابل فلسفة براغماتية للتعبير عن تمرده، تقوم

على تحويل المعلومات إلى مادة للابتكار الخالص المعفي من أي
غاية كبرى سوى لذة الابتكار ذاتها لدى الفرد. هذا الابتكار الذي
يقوم على الاشتقاق اللانهائي للمعلومات هو عبارة عن خطابات
فردية هامشية يحدها جميعاً انتماؤها للمعرفة العلمية لا المعرفة
الحكائية.

هكذا نرى أن عبارة «الوضع المابعد حداثي» ـ عنوان كتاب
ليوتار ـ تنطبق ـ بصفة عامة ـ على هذه النماذج الثلاثة الأخيرة
من الخطاب: والتي سأسميها (التجاري والتواصلي والتفكيكي)
بوصفها تعتمد جميعاً على تدفق المعلومات في صياغتها لخطابها
المعرفي من جهة، وانتمائها جميعاً لمرحلة تاريخية تالية لمرحلة
الحداثة، ولمنطقة جغرافية بعينها تشمل المجتمعات الأكثر تطوراً.
إلا أن مصطلح «ما بعد الحداثي» ينطبق أكثر ما ينطبق ـ وبصفة
خاصة ـ على النموذج الثالث من الخطاب الذي يتبناه ليوتار
ويدعو إليه. فهو أكثر هذه المشروعات تمرداً على السلطة وعلى
الوهم الأيديولوجي، وهو أكثرها قدرة على إنتاج المعرفة، وثقة
في فردانية الفرد العملية. المفتتة للمعلومات والمولدة لآخر قابلة
للتفتيت الابتكاري، «فما بعد الحداثي يتميز بغياب النظرية
ورفضها، وبقدرته على الوجود في اللانظرية»[8]. ومع ذلك فإن
إدانة ليوتار للنموذج الأول من الخطاب المابعد حداثي ـ أي
للخطاب المعرفي التجاري ـ لا تخرج به بأي حال من الأحوال
من إطار المعرفة العلمية. قد ينتقد ليوتار هذا الخطاب من حيث

---

(8) صوفي بيرتو، الزمن والحكي وما بعد الحداثة، ترجمة إبراهيم عمري،
مراجعة محمد السرغيني، مجلة نوافذ، عدد يونيو 1998، ص 83.

الغاية وهي إرادة السلطة، ولكنه لا ينفيه كمعرفة علمية مضادة للمعرفة الحكائية. في حين أنه يخرج النموذج الثاني ـ أي الخطاب المعرفي الطامح للتواصل العقلاني بين المواطنين الأحرار ـ من إطار المعرفة العلمية، وينسبه ليوتار إلى المعرفة الميتا ـ الحكائية التي هي دائماً معرفة مرفوضة، وذلك لأنها معرفة لا تنشد الحقيقة من جهة، ولأن أي إجماع رمزي هو إما وهم وإما وسيلة للإرهاب من جهة ثانية. وبهذا يتمم ليوتار التناقض الثنائي الأساسي الذي تقوم عليه أطروحته، وهو التضاد بين المعرفة الحكائية التي تغلب عليها الخرافة العلمية والمعرفة العلمية المابعد حداثية التي تنشد الحقيقة[9].

ب ـ ما بعد الحداثة تمرد أم ميلاد جديد للنظام؟

يضع ليوتار تحت خانة «المعرفة الحكائية» الحكاية الخرافية لقبائل الهنود البدائية، وتحت خانة «المعرفة العلمية» المعرفة الحداثية: التي تتكون من الخطاب السياسي التحرري ـ والفلسفي التأملي ـ والسلطوي الرأسمالي ـ والتواصلي المعرفي ـ والهامشي الابتكاري. ومن خلال النقد يقوم ليوتار بتفريغ خانة المعرفة العلمية من الفلسفات السياسية والتأملية والنقدية، لأنها جميعاً عبارة عن ميتا حكايات. فلا يبقى لدينا ـ عند النظر الأخير ـ تحت هذه الخانة الخاصة بالمعرفة العلمية الخالصة أو المتطهرة من أي شكل حكائي أو ميتا ـ حكائي سوى خطاب السلطة المتحكمة في تسويق المعلومات بدافع «لذة التربح»، والخطاب

---

(9) ليوتار، السابق، ص 23.

الهامشي المفجر للمعلومات بدافع «لذة الابتكار» من خلال شحذ الحساسية للاختلاف[10]. فهما معاً يتبعان نفس معيار التشغيل التكنولوجي، وهو معيار ليس له علاقة بالحكم على ما هو صادق وما هو عادل وإنما ما هو فعال أو غير فعال (لذة الابتكار)، أو ما هو مربح أو غير مربح (لذة التسويق والربح).

وبذلك يبدو لنا في النهاية، أن هذا الخطاب المابعد حداثي أو هذا «اللعب العلمي الحر» وحده هو والخطاب الرأسمالي لإنتاج وتسويق المعلومات جديران باسم المعرفة العلمية التي هي موضع التحريض في هذا الكتاب، أو بعبارة أدق لا يعدو هذا اللعب العلمي الحر سوى أن يكون تكريساً للنظام الرأسمالي، وإن اتخذ في الظاهر شكلاً متمرداً عليه، فمثل هذا التمرد يبدو وكأنه انفصام كما لاحظ ذلك فردريك جيمسون في مقدمته للكتاب إذ يقول: «يبدو أن ليوتار ينتسب هنا إلى كتاب «ضد أوديب» لجيل دولوز (Gilles Déluze) وفيليكس غاتاري (Felix Guattari) اللذين حذرانا بدوريهما في ختام هذا العمل من أن الأخلاق الفصامية التي يقترحانها ليست على الإطلاق أخلاقاً ثورية، بل طريقة للبقاء في ظل الرأسمالية. واحتفاء ليوتار بأخلاق مشابهة ينشأ بشكل بالغ الدرامية في سياق ذلك الرفض لمجتمع الإجماع... وفي هذا الرفض يجري تقويم تنبؤي لتحلل الذات، إلى حشد من الشبكات والعلاقات، من الشفرات المتناقضة والرسائل المتداخلة»[11].

---

(10) ليوتار، السابق، ص 25.

(11) فردريك جيمسون، مقدمة كتاب ليوتار، الوضع ما بعد الحداثي، ص 19.

ربما يكون الخطاب المابعد حداثي فصاماً، لكنه يتبدى ـ وعند
التدقيق في خطاب ليوتار ـ استراتيجية استكمال وتجديد للمشروع
الحداثي الفاشي، والمشروع المعلوماتي الرأسمالي. ذلك أن
ليوتار لا يلبث أن يكشف لنا عن الصلة الخفية التي تصل ما بين
المشروع المابعد الحداثي القائم على الخطابات الهامشية المبتكرة
والمشروع الحداثي القمعي ـ الذي يوهمنا بالتمرد عليه والقطيعة
معه في بداية كتابه ـ بقوله في تعريف المابعد حداثي في أواخر
الكتاب: «ما هو إذن ما بعد الحداثي؟ إنه بلا شك جزء من
الحداثي... في تسارع مدهش تستبق الأجيال نفسها، لا يمكن
لعمل أن يصبح حداثياً إلا إذا كان ما بعد حداثياً أولاً، وما بعد
الحداثة بناء على هذا الفهم ليست الحداثة عند نهايتها بل في
حالة الميلاد، وهذه الحالة دائمة»[12].

بين التمرد الظاهر على النظام الحداثي في البدء، والتبعية
المجددة له في خاتمة الكتاب، صلة خفية قد يكشفها لنا ليوتار
نفسه في قوله: «النظام يحبذ العقد المؤقت بسبب مرونته الأكبر
وتكلفته الأقل والزخم الإبداعي للدوافع المصاحبة له، وكل هذه
العوامل تسهم في تشغيل أفضل. وعلى أي حال، فليس مطروحاً
هنا على الإطلاق اقتراح بديل «نفي» للنظام: فنحن جميعاً نعلم
الآن ـ بينما السبعينيات من القرن العشرين تأتي إلى نهايتها ـ أن
أي محاولة لوضع بديل من هذا النوع، سينتهي بها إلى مشابهة
النظام الذي كان المقصود منها أن تحل محله. ويجب أن نكون
سعداء، لأن الميل نحو العقد المؤقت هو ميل ملتبس: لأنه ليس

---

(12) ليوتار، السابق، ص 108.

خاضعاً تماماً لهدف النظام، إلا أن النظام يحتمله[13]، مما يجعلنا نميل إلى أن الخطاب الهامشي المابعد حداثي ليس إلا تكريساً للنظام القائم بل وتنمية له تجعله في حال من الميلاد الدائم وهو ما لاحظه فردريك جيمسون في موضع آخر من مقدمته إذ يقول: «وعلى الرغم من أن ليوتار قد أيد شعار ما بعد الحداثة وانخرط في الدفاع عن بعض منتجاتها... فإنه في الحقيقة غير راغب تماماً في مرحلة ما بعد حداثية مختلفة جذرياً عن فترة الحداثة العليا، تتضمن قطيعة تاريخية وثقافية جوهرية مع هذه الأخيرة؛ فهذه التجديدات الشكلية المابعد حداثية في قدرتها اللامتناهية على الابتكار والتغيير والقطيعة والتجدد هي التي ستشبع النظام، الذي لولا ذلك لكان قمعياً... كما أن دينامية التغير الدائم هنا ليست إيقاعاً غريباً داخل نطاق رأس المال... إنها بالأحرى الثورة الدائمة للإنتاج الرأسمالي ذاته، وعند هذه النقطة يكون الجدل بتلك الدينامية الثورية ملمحاً من ملامح اللذة والمكافأة عن إعادة الإنتاج الاجتماعية للنظام ذاته»[14]. وهكذا يرى فردريك جيمسون ما بعد الحداثة كأزمة فصام داخل النظام تارة، أو كإعادة إنتاج للنظام ذاته تارة أخرى. ولكن ما لم يصرح به جيمسون هو أن فلسفة ما بعد الحداثة هي استراتيجية متكاملة يقدمها ليوتار لاستنقاذ مشروع الحداثة الغربية من خلال ثنائية البلاد الأكثر تطوراً والبلاد الأقل تطوراً.

فما أظن أن ليوتار كان غافلاً ـ حين كتب ليؤسس لما بعد

---

(13) السابق، ص 79.

(14) السابق، ص 16 ـ 20 ـ 21.

الحداثة التي يستمتع فيها الفرد بلذة الابتكار والممارسة الحرة للأخلاق النفعية ــ عن أن الثورة التكنولوجية والمعلوماتية الجديدة في المجتمعات الأكثر تطوراً لا يمكن أن تتمم هدفها وهو الربحية عن طريق امتلاك المعلومات واحتكارها فقط، وإنما هي بحاجة دائمة إلى الابتكار الذي يحول هذه المعلومات من إطارها الخام إلى سلعة جديدة للتسويق. فمن البديهي أن أهم شيء ليس فقط حفظ البيانات، وإنما القدرة على تحديث المعلومات. ومثل هذه المادة المعلوماتية الخام هي من الضخامة بحيث يمكن اعتبار «بنوك المعلومات هي موسوعة الغد، وهي تتجاوز قدرة أي واحد من مستخدميها، إنها الطبيعة بالنسبة للإنسان المابعد حداثي»[15]. وعلى هذا فإن التنبؤ بكل ما يمكن أن تتيحه المعلومات من ابتكارات ومتغيرات هي عملية مستحيلة ومكلفة للغاية كما يصرح بذلك ليوتار في كتابه. ومن ثم لن يكون من المجدي في ظل الوضع المعلوماتي المتدفق هذا أن تكتفي الدولة لتشغيل هذه الطاقة المعلوماتية الهائلة باستخدام بعض العلماء، وإنما هي بحاجة إلى تجنيد كل المبتكرين بشكل احتياطي من أجل معركة التسويق والربح. وهو بالضبط ما يريد ليوتار أن يقوم به المابعد حداثيون بشكل فردي وتطوعي، ودون أن يكلفوا الدولة عبء الشراء الفوري لمبتكراتهم أو حتى عبء الإنفاق على المبتكرين. وكأن ليوتار من خلال هذا الوضع المابعد حداثي يبدو ساعياً لتجنيد الأفراد لهذه المهمة، ولأن يعملوا وفق الاعتقاد أن كل ما يميزهم عن العلماء المستخدمين من قبل النظام هو فرق التوقيت،

---

(15) السابق، ص 67.

أو الفرق بين المستخدم والمخزون الذي ربما يسحب بعد حين، إذ يقول: «ويجب التمييز بين البارالوجيا [الخطاب الهامشي المابعد حداثي] وبين التجديد، فالأخير تحت سيطرة النظام، أو على الأقل يستخدمه النظام لتحسين فعاليته... أما الأولى [الابتكار المابعد حداثي الهامشي] فهي نقلة لا يتم في العادة إدراك أهميتها إلا فيما بعد... وحقيقة أن أحدهما يتحول إلى الآخر، في الواقع، هي حقيقة مألوفة لكنها ليست ضرورية»[16].

ليست ضرورية لأن ما يهم هو مشاركة الهامشيين من المبتكرين إلى جانب العلماء الرسميين، في التمتع بنفس الطبيعة، الطبيعة المعلوماتية التكنولوجية، فتلك الطبيعة توفر الثراء والرفاهية لكل من يتنفسها ويساهم في تشغيلها بشكل أساسي أو بشكل احتياطي تطوعي.

وفي هذا الصدد لا تهم الأصول الاجتماعية للمبتكرين، كل ما يهم هو انتظامهم في إطار الهدف العام وهو تقديم إبتكارات جديدة في إطار النسق الغربي الأكثر تطوراً. ذلك أن الحافز وراء اكتساب المعرفة أو انتاجها لا يعتمد على صدقها أو كذبها وإنما على فعاليتها أو إمكان بيعها. «وهذا يخلق إمكانية سوق ضخمة للكفاءة في المهارات التشغيلية، وسوف يكون من يملكون هذا النوع من المعرفة محط عروض أو حتى سياسات إغراء»[17].

وعلى هذا لم يعد المشروع الحداثي الاستعماري في حاجة للانتقال إلى بلدان العالم الثالث لاستنفاد ثرواته كمواد خام

---

(16) السابق، ص 75.

(17) السابق، ص 67.

لمصانعه، وإنما هو بحاجة ـ وقد تزيا بكسائد المابعد حداثي الجديد ـ إلى:

1 ـ الى استقطاب واستجلاب أموال العالم الثالث وعقول المبتكرين فيه إلى أرضه هو، بما يكفل له أحسن أداء. فهذا النظام المعلوماتي في وضعه الما بعد حداثي يحتاج إلى الأموال لأن التكنولوجيا تتطلب ثروة. فكل جهاز تقني يتطلب استثماراً، كما أن هذه التكنولوجيا هي التي ستجلب الثروة إذ يباع ناتجها، ويمكن عندئذ ـ كما يقول ليوتار ـ «إغلاق النظام على النحو التالي: يعاد تدوير جزء من البيع في رصيد أبحاث مكرسة لزيادة تحسين الأداء، وعند هذه اللحظة بالضبط، يصبح العلم قوة إنتاج، أي لحظة في دورة رأس المال»[18]. يحتاج إلى كل الأموال في العالم أولاً، ويحتاج إلى كل العقول المبتكرة في العالم ثانياً، وإلى إغواء كل خيال قادر على إعادة ترتيب البيانات في شكل جديد ثالثاً. بما يضمن لهذا النظام المعلوماتي كفاءة أعلى لتشغيل ما يحتكره من المعلومات من جهة، ويهيىء بلدان العالم الثالث ـ وقد فُرغَت من مبتكريها، ومن رؤوس أموالها القومية، ومن حكاياتها الموحدة لها (بضربة ما بعد حداثية واحدة) ـ لأن تكون سوقاً للسلع المعرفية التكنولوجية التي تحتكرها البلاد الأكثر تطوراً. هكذا لن يكون الاستعمار الجديد بحاجة للانتقال المكلف إلى الأراضي المستعمرة، عليه فحسب أن يمتص منها عقولها وأموالها لصالح مشروعه التنكولوجي المعلوماتي، ليعيد بيعه لها من جديد.

---

(18) السابق، ص 62.

2 ـ إلى استعمار اللاوعي وذلك من خلال تصنيع الثقافة، أي تقديم سلع ثقافية ومعلوماتية لافيزيقية وغير قابلة للقياس من طراز الوحدات المعلوماتية أو منتجات التسلية أو وسائل الإعلام «وبذلك تتغلغل صنمية السلعة إلى تلك المناطق من الخيال والنفس التي اعتبرت (وحتى المجتمع الصناعي) معقلاً أخيراً يستحيل اختراقه على المنطق الأداتي الرأسمالي».

3 ـ إلى وحدة البلاد الأكثر تطوراً، فالاستعمار الجديد لا يحتمل التنافس بين القوميات المختلفة (بريطانيا العظمى وفرنسا وألمانيا) كما كان الحال في إطار مرحلة الحداثة التي ضجت بالحروب العالمية فيما بين هذه البلاد. وإنما يجب أن تنتظمها وحدة المصلحة المشتركة في إطار هوية جامعة أكبر هي هوية (المجتمعات الأكثر تطوراً) كلها بما فيها أميركا والدول الصناعية الكبرى مثل كندا واليابان، في مواجهة البلدان الأقل تطوراً، الأقل باعتبار الأخيرة سوقاً لمنتج الأولى الصناعي المعلوماتي أيضاً.

ج ـ ميتا-حكاية ما بعد الحداثة

وإذا كان المشروع المابعد حداثي هو تكريس للنظام المعلوماتي الرأسمالي، وتجديد لمشروع الحداثة، فربما يساعدنا ذلك على الوصول إلى معنى هذه الثنائية التي تنتظم الكتاب لتضع الحدود ما بين ما هو حكائي وما هو علمي. إذ نلاحظ أن ليوتار من خلال تمييزه بين أنماط المعرفة الإنسانية، يختص الوضع الما بعد حداثي المعلوماتي التكنولوجي بالمعرفة العلمية الخالية من أي حكاية، أي من أي بنية ذهنية لها شكل السرد: الماقبل والمابعد

والغاية التي يراد إحرازها، والتي تتضمن الأصول الاجتماعية لمجتمع ما والأهداف الكبرى التي يريد بلوغها. فالمعرفة المابعد حداثية تتضاد مع المعرفة الحكائية، وتتجاوز المعرفة الميتا-حكائية السياسية والفلسفية الحداثية. إلا أن ليوتار لا يلبث أن يصف الوضع الما بعد حداثي بأنه «إنتاج لحكايات مبعثرة تحمل كل منها سحابة براغماتية قائمة بذاتها... وهي في مجموعها غير قابلة للتوصيل بالضرورة»(19). معنى ذلك أن كل الأنماط التي ذكرها ليوتار للمعرفة هي أنماط حكائية، وأن الاستثناء الذي خص به الوضع الما بعد الحداثي عاد ليوتار نفسه ليقوضه، لينسبه إلى ما أسماه «بالحكايات البراغماتية المبعثرة».

نحن إذاً، في الواقع لسنا أمام تناقض ثنائي حقيقي بين معرفة علمية وأخرى حكائية، وإنما نحن ـ وبحسب تقسيم ليوتار لأنماط المعرفة ـ أمام ثلاثة أنماط حكائية: 1 ـ حكاية 2 ـ ميتا ـ حكاية 3 ـ حكايات مبعثرة. وإذا صح ذلك، فعلام تنطبق هذه الثنائية المتضادة التي يقبض عليها ليوتار طيلة كتابه ليفرق بها بين ما أسماه بالمعرفة الحكائية والمعرفة العلمية؟ وفيما يختلف ما هو مبعثر من الحكايات الما بعد حداثية (البراغماتية) عما هو كلي في الحكاية البدائية والميتا ـ حكاية الحداثية (الغائية)؟

رأينا من قبل أن الخطاب المابعد حداثي ليس إلا تتمة مجددة للمشروع الحداثي وللنظام المعلوماتي الرأسمالي، فهو مع مخالفته لميتا ـ حكاية الحداثة ليس إلا تجديداً لها، ومع مخالفته لميتا ـ حكاية الإجماع عند هابرماس، لم يخرج عن إطار المعرفة في

---

(19) السابق، ص 24.

المجتمعات الأكثر تطوراً، ذلك أن مشروع هابرماس نفسه يقتضي شفافية المعلومات والتواصل الاتفاقي الحاصل على الإجماع بين البلدان الممتلكة للتكنولوجيا وللمعلومات أصلاً، فهي وحدها القادرة على إنجاز مثل هذا الإجماع العقلاني. ويبقى لنا بعد ذلك ما يخرج تماماً عن دائرة المعرفة ألا وهي الحكاية الخرافية البدائية. وعلى هذا يصرح ليوتار في أكثر من موضع بالثنائية: العلمي/ الحكائي، التي يريد أن يؤسس بمقتضاها للوضع المابعد حداثي للعالم الجديد، وهي ثنائية البلاد الأكثر تطوراً تكنولوجياً والعالم النامي الحكائي، كما يصرح بذلك ليوتار في أكثر من موضع إذ يقول:

ـ «فالمجتمعات الأكثر تطوراً يسميها ليوتار طوراً «الدول المتقدمة»، وطوراً «الغرب»، ثم يتبناها في النهاية بالحديث عنها بصيغة المتكلم «نحن أنفسنا في الغرب»، هكذا لا تكون الذات الما بعد حداثية ذاتاً بلا هوية داعية للامركزية الأوروبية، أو ذاتاً براغماتية لا تحدها غايات كبرى، إنما هي ذات تضع حدود فلسفتها البراغماتية، وغاياتها في إطار هوية «الغرب ككل» الذي يميزه لفظ التفضيل «أكثر تطوراً» عما هو «أقل تطوراً»، بحيث يصبح «الأكثر تطوراً» ـ في الحقيقة ـ نموذجاً مثالياً متعالياً بحد ذاته، أو يصبح حالة غائية يجب الحفاظ عليها دوماً ليظل هذا المجتمع في حالة دائمة من القوة بوصفه «الأكثر تطوراً» من الآخر «الأقل تطوراً»، من هنا قد نمسك بالأهداف الكبرى للميتا ـ حكاية الما بعد حداثية، فإذا كانت الميتا-حكاية الحداثية قد استهدفت تحرير البشر بشكل وهمي أو قمعي، فالميتا ـ حكاية

المابعد حداثية تستهدف الحفاظ على حالة البلاد الأكثر تطوراً، على حساب البلاد الأقل تطوراً بشكل سافر ودون كبير مراوغة.

ـ «موضوع هذه الدراسة هو ـ كما يقول ليوتار ـ وضع المعرفة في المجتمعات الأكثر تطوراً، وقد قررت أن استخدم كلمة ما بعد حداثي لتسمية هذا الوضع، والكلمة شائعة الاستخدام في القارة الأميركية بين السوسيولوجيين، وهي تحدد حالة ثقافتنا في أعقاب التحولات التي غيرت قواعد اللعب منذ نهاية القرن التاسع عشر».

ـ «إن المعرفة قد صارت القوة الرئيسية للإنتاج... وفي العصر ما بعد الصناعي وما بعد الحداثي سيحافظ العلم على، بل وسيدعم بلا شك، وضعه البارز في ترسانة الطاقات الإنتاجية. وفي الحقيقة فإن هذا الوضع هو أحد الأسباب التي تدفعنا إلى استنتاج أن الفجوة بين الدول المتقدمة والدول النامية ستتسع أكثر في المستقبل، لكن هذا الجانب من المشكلة لا يجب أن نسمح له بإخفاء جانبها الآخر والمكمل له، فالمعرفة في شكل سلعة معلوماتية لا غنى عنها للقوة الإنتاجية».

ـ «ثمة إذاً، عدم تكافؤ بين براغماتيات الحكاية الشعبية التي تقدم مشروعية فورية، وبين لعبة اللغة التي يعرفها الغرب باسم سؤال المشروعية أو بالأحرى المشروعية باعتبارها استقصاء».

إننا نستبق أنفسنا، لكن يجب أن يظل في أذهاننا ونحن نواصل طريقنا أن الحلول العتيقة ظاهرياً والتي وجدت لمشكلة المشروعية ليست عتيقة من حيث المبدأ، ولكنها عتيقة في تعبيرها فقط، ولا يجب أن يدهشنا أن نجد أنها قد واصلت وجودها في أشكال أخرى إلى يومنا هذا. ألا نحس نحن أنفسنا وفي هذه اللحظة أننا

مضطرون لإقامة حكاية عن المعرفة العلمية في الغرب لكي نوضح وضعها[20].

ويبلغ الوضع مداه للفصل بين المجتمع الغربي الأكثر تطوراً (المابعد حداثي المعلوماتي) وسائر بلدان العالم (الحكائية) حين يصبح الفارق بينهما كالفارق بين الإنسان والقرد، أو وفق نظرية داروين في التطور كالفارق بين كائنات حية أدنى وكائنات أرقى، وهذا ما يفسر لنا خضوع هذه الكائنات الأدنى إزاء الكائنات الأرقى، ويبرر ازدراء الأخيرة للكائنات الأدنى وتسخيرها لها. فالفارق المعرفي بين الغرب وغيره من البلدان ليس فرقاً كيفياً ولكنه فرق نوعي في الأساس، وعلى هذا لا يجب أن يستشري اليأس في نفوس علماء المعرفة العلمية الغربية لافتقادهم لأي معنى أو غاية إنسانية لما يصنعون، فيكفيهم عزة أنهم قادرون على الاحتفاظ بالمسافة بينهم وبين أصحاب المعرفة الحكائية، ففي مثل هذه القدرة يكمن امتيازهم وأملهم الملتذ بتفوقهم الإنساني العقلاني، معنى هذا أن إنسانية الغرب تكمن في ـ وفقط في ـ اختلاف الغرب المتفوق على الآخر الأدنى، وكلما طور الغرب هذه الآلية كلما كان لوجوده معنى. وما محاولات العالم الحكائي لاكتساب المعرفة العلمية والاستضاءة بها إلا محاولات عبثية على أي حال!!، يقول ليوتار: «من المستحيل، إذاً، الحكم على وجود أو صلاحية المعرفة الحكائية على أساس المعرفة العلمية أو العكس: فالمعايير المتعلقة بكل واحدة مختلفة. وكل ما نستطيع عمله هو أن نحدق في ذهول إزاء تنوع الأنواع الخطابية، مثلما

_____

(20) السابق، ص 23 ـ 28 ـ 44 ـ 48.

نفعل إزاء الأنواع النباتية أو الحيوانية». والتحسر على «فقدان المعنى» في ما بعد الحداثة لا يمثل سوى الأسى إزاء حقيقة أن المعرفة لم تعد حكائية بالأساس. ورد الفعل هذا لا يحدث بالضرورة. كما لا تحدث بالضرورة محاولة استنباط أو توليد المعرفة العلمية من المعرفة الحكائية كما لو كانت الأولى موجودة داخل الثانية في حالة جنينية... فالأنواع اللغوية مثل الأنواع الحية متصلة فيما بينها وعلاقاتها ليست متناغمة... والمعرفة الحكائية لا تعطي أولوية للتساؤل عن مشروعيتها الخاصة، وإنها ترخص لنفسها في براغماتيات نقلها دون اللجوء إلى التدليل والبرهان.

لهذا نجد أن عدم فهمها لمشكلات الخطاب العلمي يصاحبه تسامح معين: «فهي تعالج ذلك الخطاب أساساً على أنه نوع مختلف في عائلة الثقافات الحكائية. والعكس ليس صحيحاً، فالعالم يتساءل عن صلاحية المنطوقات الحكائية ويستنتج أنها لا تخضع مطلقاً للحجاج والبرهان، ويصنفها على أنها تنتمي إلى عقلية مختلفة، وهمجية. متخلفة، ومتأخرة ومستلبة ومكونة من آراء وعادات وسلطة وتعصب، جهل وأيديولوجيا، الحكايات هي أماثيل خرافات أساطير لا تصلح إلا للنساء والأطفال. وفي أحسن الأحوال، تجري محاولات لإلقاء بعض أشعة الضوء على هذه الظلامية، للتمدين وللتربية، وللتطوير»[21]. يترتب على هذه الثنائية إذاً، ما يلي:

1 ـ على هذا النحو نرى أن المثل الذي ضربه ليوتار على

---

(21) السابق، ص 47.

الحكاية الشعبية الخاصة بقبائل الكاشيناهوا الهندية ليس بريئاً تماماً، إذ به يضع الحلقة الأولى في سرده لما أسميه من الآن فصاعداً ميتا ـ حكاية الوضع المابعد حداثي. «فالتطهير العرقي» الذي تم مع إبادة الأميركيين للهنود سوف يستمر ويتمم مسيرته المابعد حداثية فيما يمكن أن أسميه «التطهير العقلي»، وذلك عن طريق إزاحة المعرفة الحكائية من العقل الغربي بوصفها ماضياً يشترك فيه هذا الغرب مع سائر الشعوب في العالم، ثم بإزاحة الميتا-حكايات الفلسفية والتأملية الغربية من تاريخ هذا العقل، وذلك أنها قد تتلاقى في مستقبل قيمي مأمول بكافة الشعوب، من أجل التكريس للثنائية المتضادة بين المعرفة الحكائية للعالم الثالث (والتي مثل لها بحكايات القبائل الهندية) وبين المعرفة الغربية التي وصلت إلى أوجها في الميتا ـ حكاية ما بعد الحداثية. تلك الثنائية التي يقوم كتاب ليوتار على تبريرها ووضع السيناريوات الممكنة للحفاظ عليها. فليوتار في الحقيقة لم يقدم لنا توصيفاً للمعرفة الحكائية والمعرفة العلمية، بقدر ما سعى إلى إعادة ترتيب تاريخ العلم الغربي وأهدافه بما يخدم اللحظة الراهنة من واقعه. ومثل هذه القصة الما بعد حداثية تقوم شأنها شأن كل ميتا-حكاية أيديولوجية على اقتطاع وإضافة وتزييف وإعادة تركيب بما يخدم الهدف النهائي للكاتب. فلا المعرفة الحكائية على هذا النحو الذي شكله بها ليوتار ولا المعرفة العلمية المعلوماتية الما بعد حداثية تمثل قطيعة عن النسق العام الرأسمالي المهيمن الذي يحركها كما يوهمنا.

وبموجب هذه الميتا ـ حكاية الاستراتيجية الما بعد حداثية، لن يكون الغرب في حاجة إلى التطهير العرقي الذي استنزف الأموال

والدماء من الطرفين (البلد النامي والمتطور) كما كان الحال في الماضي، وإنما إلى التطهير العقلي الذي يجعل من البلاد الأكثر تطوراً مركزاً جاذباً لعقول وأموال العالم الأقل تطوراً، أو مركزاً مهيمناً على هذا العالم.

2 ـ كما أن التنافس المتقاتل بين القوميات الغربية للسيطرة على الشعوب في الماضي سيتخذ طابع التنافس المتواطىء، لا التزاحم المتقاتل كما كان الحال في الماضي، ليجتمع الغرب في هوية امتلاك المعلومات التكنولوجية، أو هوية البلاد الأكثر تطوراً في مقابل الأقل تطوراً، وعلى هذه الدول الغربية أن تقبل التناحر كمبدأ مؤسس لهذه الوحدة، وهذا التناحر ليس إلا شبكات مرنة من ألعاب اللغة مما يجنب المؤسسات الشلل البيروقراطي ويفسح المجال لابتكارية اللاعبين ما دامت المصلحة العامة لهم مشتركة في النهاية.

3 ـ كما أن الأوضاع السياسية الفاسدة في الغرب لن تقابلها ثورة أو توقع لحدوثها، وقد استوعبت طاقات الأفراد في إطار وهم كونهم أفراداً أحراراً مبتكرين في بلاد أكثر تطوراً، مما يؤدي إلى استتباب الأحوال الرأسمالية التكنولوجية دون ثورة أو توقع لحدوثها.

4 ـ كما تحرر الميتا-حكاية المابعدحداثية البلاد الأكثر تطوراً من أي التزام مبدئي بقضايا ومشكلات البلاد الأقل تطوراً ـ التي كانت مستعمرات لها في الماضي ـ إلا في إطار ما هو نفعي وفعال وليس في إطار ما هو صادق أو عادل. ومن هنا تصبح مشروعة سياسية الكيل بمكيالين، وسياسة تناقض المواقف ومراوغتها، وهو ما يدخل في حيز المرونة المطلوبة من أجل

تحقيق أكبر قدر ممكن من الفعالية في الحفاظ على وضعية البلاد الأكثر تطوراً كمنتج معلوماتي، وعلى وضعية البلاد الأقل تطوراً كزبون دائم لهذا المنتج، وسوق جاهزمة للشراء والتبعية، وهذا يعني أنه يجب تفريغ هذه البلاد الأقل تطوراً من حكاياتها بالقدر الذي يسمح للنفوذ الغربي المعلوماتي من النفاذ إلى هذه البلاد لملء الفراغ الثقافي دون الوعد بنقل هذه البلاد إلى المجال الأكثر تطوراً، وإنما بالتلويح الدائم لها بهذا الإمكان. وبهذه الطريقة يتم امتصاص عقول وأموال هذه البلدان للمساهمة في تطوير تقنيات البلاد الأكثر تطوراً مع الإبقاء ـ في الوقت ذاته ـ على البلاد المتخلفة في حال ثابتة معلقة ما بين تخلخل الهوية والتطلع للنموذج الغربي، مما يثبت وضعيتها.

5 ـ كما أن هذه البلاد الأكثر تطوراً في النهاية والتي تكلفت في الماضي عبء تمويل مؤسساتها المرسخة لأيديولوجياتها، ستكتفي في عصر ما بعد الحداثة باستراتيجية تعليمية وثقافية معممة، تاركة لأفرادها عبء القيام بهذه المهمة. فمشروع ليوتار في النهاية برنامج تعليمي، وكأنه تقرير استراتيجي لصانعي القرار السياسي في الغرب، وليس مجرد فلسفة قابلة للتأمل. وقد كتبه ليوتار وفق منظوره الموحد للبلاد الأكثر تطوراً، فمنه طبعت نسختان ـ في الوقت نفسه ـ واحدة لكندا والأخرى لفرنسا. من أجل تعليم الساسة وصانعي القرار في معاهدهما. إذ يقول ليوتار في مقدمة الكتاب: «النص التالي نص مناسبة، إنه تقرير عن المعرفة في المجتمعات الأكثر تطوراً، تم تقديمه إلى مجلس الجامعات التابع لحكومة كيبيك، بناء على طلب رئيسه. وأود أن أشكره على تكرمه بالسماح بطبعه في فرنسا. يبقى أن كاتب

التقرير فيلسوف وليس خبيراً. الخبير يعرف ماذا يعرف، وماذا لا
يعرف. أما الفيلسوف فلا. أحدهما يستنتج، بينما الآخر يتساءل،
وهاتان لعبتان مختلفتان من ألعاب اللغة. نجدهما هنا ممتزجتين،
والنتيجة هي أنه لا هذه ولا تلك تنجح تماماً. على الأقل يمكن
للفيلسوف أن يعزي نفسه بالقول بأن التحليل الشكلي والبراغماتي
لخطابات مشروعية معينة، فلسفية ـ أخلاقية ـ سياسية، تكمن وراء
هذا التقرير سوف ترى النور يوماً... ومهما كان حال هذا
التقرير، فإنني أهديه إلى المعهد البوليتكنيكي [السياسي التقني]
للفلسفة بجامعة باريس الثامنة (فانسين)، في هذه اللحظة ما بعد
الحداثية جداً، التي تقارب [توشك] فيها هذه الجامعة على
الموت، بينما يشرف المعهد على الميلاد»(22).

بهذا التقرير ـ الذي يمزج بين الفلسفة والاستراتيجية السياسية
التعليمية ـ يساهم ليوتار في تجديد وميلاد أقوى للمجتمع الغربي
بإعلاء قيمة الإرادة الإبداعية للفرد، والاستفادة العملية من
معطيات الواقع، مما كفل لفلسفة ما بعد الحداثة ازدهارها
وانتشارها لا كمنظومة موجهة للمعاهد السياسية فحسب، بل كمادة
تعليمية معممة ومبسطة في المدارس الغربية. ولا غرابة حينئذ أن
يواكب هذا الازدهار الواسع لفلسفة ما بعد الحداثة انتشار لمفهوم
العولمة بما يقتضيه من هيمنة البلاد الأكثر تطوراً، ومن تزييف
للوعي بالمشكلات الاجتماعية الواقعية في المجتمع الغربي. وعلى
هذا لم يكن من الممكن أن تنفرد فلسفة ليوتار وحدها بالساحة
الثقافية الغربية، فقد زاحمتها وهاجمتها فلسفات أخرى مثل

(22) السابق، ص 25 ـ 26.

الفلسفة التأملية الهيرمينوطيقية عند ريكور، أو الفلسفة النقدية العلمية عند هابرماس، غير أنه من اللافت للانتباه أن هذه التيارات المعادية لفلسفة ما بعد الحداثة، لم تتناقض وإياها إلى حد المصادرة، وإنما إلى حد الدخول معها في دائرة جدلية، بما يوازن المسار الثقافي الغربي ويؤمن تقدمه المأمول، ذلك التقدم الذي تسعى إليه كافة جهود علماء الغرب على اختلاف مناحيها، بل وبفضل اختلاف هذه المناحي وتعايشها المتوازن معاً.

د ـ بول ريكور والحكي كضرورة معرفية

المعرفة الحكائية عند ليوتار تعبر عن مراحل قابلة للتجاوز تاريخياً، أو عن نمط من التفكير يرتبط بمجتمعات بعينها. غير أن الأمر ليس على هذا النحو عند بول ريكور، فهو يرى أن «بنية الحكاية» هي جزء من بنية العقل البشري، أو هي مقولة من مقولات العقل الإنساني، وهكذا سوف تتحول المعرفة الحكائية من شكلها التاريخي أو العنصري عند ليوتار، إلى ضرورة معرفية للعقل الإنساني عند ريكور. إذ يرى الأخير أن الإنسان لا يمكن له أن يدرك مقولة الزمن إلا عبر الشكل الحكائي. فالماقبل والمابعد والآن: هذه كلها مقولات لا علاقة لها بالزمن الساري اللانهائي الذي نعيشه. والشكل الحكائي وحده هو الذي يمكننا من الوعي بالزمن كماض لحاضر متجه إلى المستقبل، أو بالأحرى هو الذي يشكل وعينا الإنساني بالزمن.

فالذات ـ عند ريكور ـ لا تدرك نفسها إلا عبر رمز وحكاية، أي على نحو غير مباشر، عبر علامات هي رموز ونصوص أي عبر وسيط لغوي. ومن خلال هذا الوسيط غير الواضح تماماً

249

يجب على الذات أن تدرك أن المعرفة المطلقة مستحيلة إلى الأبد، وأن فهم الذات لذاتها هي مهمة شاقة ولا تكتمل أبداً. وعليها أن تبذل محاولات مستمرة لفهم هذه الرموز. «كما أن وجودنا لا يمكن أن ينفصل عن الاعتبار الذي نعطيه لأنفسنا، فعبر حكينا لقصصنا الخاصة نعطي أنفسنا هوية. فأن نفهم الكائن الذي هو نحن على نحو جوهري، أو أن نسعى لفهم الحوادث الإنسانية وتعليلها، كل هذا لا يتم إلا من خلال حكي قصة»[23]؛ فالزمن لا يصبح زمناً إنسانياً إلا إذا اتصل بحالة حكائية، والحكاية لا تبلغ معناها التام إلا عندما تصبح ظرفاً للوجود في الزمن[24] ومن ثم فإن بنية الحكي تنطبق على كل الأشكال التي يتم بها إدراك التجربة الإنسانية في «زمانيتها» ـ إن صح التعبير ـ مثل السيرة والسيرة الذاتية والفيلم السينمائي واللوحة الفنية... الخ وبهذا التعريف الذي يصل الحكي بإدراك الإنسان لتجربته في الزمان، يخرج ريكور ببنية الحكاية ـ من إطار القصر على شكل معرفي دون آخر، أو على مجتمع دون سواه كما هو الحال عند ليوتار ـ إلى إطار البنية الذهنية الملازمة لكل عقل إنساني.

والإنجاز الأكبر لريكور في هذا الصدد هو موازنته بين بنية الحكي الخيالية، وبنية علم التاريخ في العصر الحديث: تاريخ العلم، أو تاريخ الأمة، أو تاريخ الفرد. فإذا ما كان الشائع هو

(23) ترجمة لمقولة ريكور في كتابه «نظرية التفسير»، عن د. حسن البنا، مؤتمر النقد الأدبي على مشارف القرن الحادي والعشرين، جامعة عين شمس، أكتوبر 1997.

(24) P. Ricœur; *Temps et récit,* Paris, Seuil, 1983, p 835.

أن التاريخ يقص الواقع والحقيقة، وأن الحكاية الخيالية تقص الخرافة، فإن الأمر في نظر ريكور يحتاج إلى مراجعة لمعنى هذه الحقيقة التي يكتبها التاريخ العلمي في مجتمعاتنا الحديثة. فهو يرى أن الطبيعة الزمنية للتجربة هي المرجع المشترك بين كتابة التاريخ وحكي الخيال. كل حكاية تتكون من بداية وأزمة وغاية، وكاتب التاريخ الواقعي كحاكي القصة الخيالية يخضع ما لديه من معلومات إلى اختبارات وترتيبات تبرز الطابع الزماني المتتالي للتجربة. فالأحداث التاريخية في إطارها الخام المتنافر المتقطع، لا تصبح قابلة للفهم إلا في إطار حكائي. فما يعرف «بالحبكة» في الحكاية الخيالية يناظره «التركيب والتجميع» للأحداث التاريخية في كتابة التاريخ، وكل من «الحبكة» في القص و «التركيب» في التاريخ يوجه الأحداث نحو غاية أو معنى. وهذا الشكل الحكائي وحده هو الذي يضع مسافة بين معايشة الحدث وحكاية الحدث مما يجعل الأحداث قابلة للفهم.

ويمضي ريكور إلى مدى أبعد في الموازنة بين التاريخ والحكي، إذ يرى أن التفسير التاريخي لحدث ما يتعلق أساساً بفهم حكائي للحدث، أي بعلاقة هذا الحدث بما سبقه وبما ترتب عليه. فالتاريخ سواء أكان تاريخاً اجتماعياً أو اقتصادياً أو ثقافياً أو علمياً سيظل مرتبطاً بالزمن من جهة وبالتغيرات التي تربط الحالة النهائية بحالة مبدئية من جهة أخرى. فالواقع يعاش والتاريخ يحكى، «وعلى نحو نهائي [يمكن أن نقول]: إن التاريخ لا يمكن أن ينفصل عن القص، لأنه لا ينفصل عن الحركة التي يقوم بها فاعلون، وتقتضي أهدافاً وظروفاً وعلاقات ونتائج مرادة أو غير مرادة. والتفسير التاريخي مثله مثل الحبكة الحكائية هو

الوحدة الأساسية التي تركب هذه العناصر المتنافرة في كلية قابلة للفهم»[25].

ولا شك أن كتابة التاريخ تستدعي الرجوع إلى الواقع، إلى الوثائق وأرشيف المعلومات، في حين أن الحكاية الخيالية تتنكر لهذا الدليل المادي الوثائقي. ولكن هذا لا يعني أن الخيال الأدبي لا يستند إلى أي مرجعية، فكل نظم الرموز تساهم بشكل أو بآخر في إعادة تشكيل الواقع، أي أن الرموز المستخدمة في الحكي الخيالي لها مرجعية ما في الواقع، ليست هي مرجعية المطابقة، ولكنها مرجعية إعادة التشكيل.

من جهة أخرى، لا نستطيع أن نقول: إن كتابة التاريخ هي نفسها الوثائق، ذلك أن كتابة التاريخ تعيد بناء الحدث الماضي بناء على الوثائق، والمؤرخ في هذه الحالة ـ مثله مثل الحاكي ـ في حاجة إلى الخيال، ليركب حبكة ما تتيحها أو ربما تسكت عنها الوثائق. وبهذا المعنى يؤلف التاريخ الانسجام الحكائي الذي يتوافق مع الوثائق، أو بعبارة أخرى يبدو التاريخ وكأنه تفسير حكائي للوثائق. وهذا التفسير يخضع لفهم خاص من قبل المؤرخ للوثائق التي بين يديه، وهكذا يبدو الفهم نوعاً من التأويل الذي يمارسه المؤرخ لحكاية التاريخ، ويمارسه الحاكي لحكاية الأدب[26].

من هذا المنطلق يرى ريكور أن التاريخ هو شكل متطور عن

---

(25) P. Ricœur, *Dictionnaire des philosophes,* Paris, Narrativité, Phénoménologie; Hermeuneutique; p 65.

(26) Ricœur, *op. cit.,* p 68-69.

الفن الحكائي. وكلاهما يشبعان إدراكنا للزمن في انقسامه إلى ماض وحاضر ومستقبل. وكلاهما تصرف خيالي في مادة واقعية: الوثائق بالنسبة للتاريخ، والواقع المعاش بالنسبة للأديب. وكلاهما نوع من الفهم لهذا الواقع وتفسير له يمر عبر وسيط لغوي. ولكن السرد التاريخي يختلف عن السرد الحكائي، فالحدث الماضي الذي يحكيه التاريخ لا يخضع للمعايشة والملاحظة وإنما للتذكر، ومع ذلك فالتاريخ يدعي أن ما يؤرخه الآن هو استحضار مطابق للحدث المعيش في الماضي، ويسم خطابه في هذا السبيل بطابع الجزم والصدق، وعلى هذا تقوم علاقة المؤرخ بالقارىء على أساس استراتيجية الإقناع والتدليل بالحجة. ومن ثم فالتاريخ هو مادة حكائية قابلة للنقض والمراجعة والبرهان. في حين أن السرد الحكائي الخيالي هو استحضار خيالي لحدث ماض، وخطابه هو محض «زعم»، فالقارىء منذ البدء يعرف أن ما يقرأه هو محض خيال، وبذلك تقوم علاقة الأديب بالقارىء لا على أساس الاحتجاج والاقناع، وإنما على أساس المواءمة بين عالم النص الخيالي وعالم القارىء الواقعي.

بعبارة أخرى، إن الارتباط الذي يفرضه السرد الحكائي بين العالم الخيالي للنص والعالم الواقعي للقارىء، يقوم بالدور نفسه الذي يؤديه الدليل الوثائقي بالنسبة للسرد التاريخي. لأن الحاكي لا يملك الدليل المادي على ما يقول، وهو لا يطالب قارئه بالتأكد من صحة ما يحكيه، وإنما يطالبه بأن يقترح تقويمه وتقديره وتأويله الخاص للأحداث والشخصيات. فالسرد الأدبي لا يكتمل معناه إلا بالقراءة، كما لا يكتمل معنى السرد التاريخي إلا بالدليل. ثمة تداخل بين الفن والتاريخ، ولكن التاريخ يدعي أن ما

يركبه هو الحقيقة، أما الفن الحكائي فيعطي الأولوية للمعنى المولد مما هو متراوح بين الخيال والواقع، وبذلك يحتفظ الحكي بغموضه وميزته كعمل مفتوح وطاقة قادرة على التعبير عن القيم المجردة الكامنة وراء التغير الاجتماعي أكثر مما يستطيع ذلك التاريخ. بهذا المفهوم تبدو الحقيقة الأدبية التي يقدمها النص الأدبي أكثر ثراء وصدقاً مما قد يوميء إليه النص التاريخي من عناصر واقعية ستظل موضع الشك ما لم تكن لدينا الحجة التاريخية الدامغة لصدقها[27].

هكذا يختلف ريكور في فلسفته للمعرفة عن ليوتار، إذ يقرر ليوتار قطيعة تاريخية وابيستمولوجية بين المعرفة الحكائية والمعرفة العلمية، في حين يرى ريكور أن المعرفة الحكائية مستمرة في تشكيلنا المعاصر لتاريخ المعرفة. وكأن ليوتار أراد أن يقتطع المعرفة الحكائية من تاريخ المعرفة الغربية، ليعيد ترتيب هذا التاريخ، وتفسيره تفسيراً جديداً، أو حتى يضع المعرفة الحكائية في وضع معارض أو مقابل للمعرفة المابعد حداثية، أو بالأحرى أنجز ليوتار هذا الاقتطاع ليضع البلاد الأكثر تطوراً في مقابل البلاد الأقل تطوراً من جهة، وليتجاوز ميتا ـ حكايات الحداثة الغربية إلى ميتا ـ حكاية ما بعد حداثية جديدة من جهة ثانية، دافعاً عن نظرية ما بعد الحداثة شبهة الأيديولوجيا، على اعتبار أن الأسطورة أو الحكاية الخرافية مثلها مثل الفلسفة السياسية أو المثالية أو الماركسية هي أيديولوجيا زائفة معوقة للابتكار الخلاق لدى الفرد والجماعة، وأن ما بعد الحداثة تقوم على أساس لذة الابتكار وحرية الذات.

---

(27) Ricœur, *Temps et récit,* Tome I; Paris, Seuil, 1983, p 11-14.

في حين بدأ ريكور في تأصيل المعرفة البشرية منذ فجرها بالرجوع إلى الشكل الحكائي لا بوصفه يشكل بدايات المعرفة الغربية فحسب، ولكن بوصفه بداية وضرورة معرفية إنسانية عامة ومستمرة، من خلالها يتم إدراك الزمن والتغير في الزمن. يساوي في ذلك بين الإنسان في كل مكان وكل عصر، علاوة على ذلك يشير ريكور إلى الجانب الإيجابي للمعرفة الحكائية (الحكي الخيالي والتاريخ الواقعي) بالنسبة للمجتمع: كل مجتمع، إذ يرى أن الشكل الحكائي هو الشكل الذي تعي به هذه المجتمعات ذاتها وتصحح مسارها في التاريخ، «فالمتخيل والمحكي هو الذي يشكل اللحمة الاجتماعية لكل مجتمع، كما يؤسس لوعي الجماعة بذاتها وأهدافها، ويزودها بمصدر ومخزن للهوية مرن ومتجدد باستمرار يشكل هويتها ويمنح لوجودها معنى». وسواء تمثل هذا الخيال في أسطورة أو حكاية خرافية أو أيديولوجيا سياسية أو فلسفة مثالية أو نقدية، فهذا لا يعني أن الهوية التي يتعرف إليها الفرد والجماعة من خلال المحكي الخيالي هي هوية ثابتة أو أيديولوجيا زائفة، فهذه الهوية تتحرك دائماً ما بين برنامجين سرديين: بين ما عليه الذات وما تريد أن تكونه، أي بين خصائصها المتاحة وإمكاناتها الأخرى الكامنة. ومثل هذه الهوية يمكن أن تتخلص من جانبها الجامد الزائف إذا ما ارتبطت بتصورات يوتوبية للمجتمع، فإذا ما كانت سمة الأيديولوجيا هي تبرير الوضع القائم وإضفاء شرعية عليه، فإن طرح هذه الجماعة ليوتوبيات جديدة وهي تصورات مثالية مخالفة للواقع يساعد على اكتشاف الممكن، وبهذا يكشف الجانب الإيجابي لكل من الأيديولوجيا (كأساس لترابط الجماعة وشعورها بالانتماء بما يمنح لحركتها صلاحية وقوة وسلطة) ومن

اليوتوبيا (تثوير الواقع وتغييره) في جدلهما الخلاق، عن وجهي الخيال الضامن لوحدة الجماعة: المحافظة والابتكار[28].

هـ ـ الهيرمينوطيقا والميلاد الجديد للحداثة

وعلى الرغم من الاعتبار الذي يرده ريكور للمعرفة الحكائية بوصفها ضرورة معرفية لكل إنسان ولكل مجتمع بها يتم إدراك الزمن والهوية والانفتاح على الممكن، إلا أننا يجب أن ننتبه إلى أن مقال ريكور هو أيضاً تأمل وانشغال بالأزمة الغربية لمجتمع الحداثة، ومحاولة لاستعادة المشروع الحداثي لصالح ما يجدده، شأنه في ذلك شأن ليوتار. فهما ينطلقان من هم واحد هو إرادة تجاوز سلبيات الحداثة الغربية إلى ما هو إيجابي وخلاق ومجدد لمسار الحضارة الغربية. كل من ريكور وليوتار مهموم بكيفية تجنيب الذات مشاعر الإحباط واليأس التي تنتابها لفراغ هذه الحداثة الغربية من معنى إنساني حقيقي. فليوتار يصرح بأن هذا اليأس الذي ينتاب العلماء في العالم الغربي اليوم يجب أن يمحى لصالح لذة الابتكار وحدها لدى الذات الفردية، ويوهم بأن هذه

---

(28) انظر في مفهوم علاقة الحكي بالتعرف إلى الهوية لدى الفرد والجماعات، وعلاقة الأيديولوجيا بالرباط الجماعي:

Ricœur, *Soi-même comme un autre*, Paris, Seuil, 1990, p. 137-198.

Ricoeur, *Idéologie et utopie*, Paris, 1997, 17-54.

وانظر أيضاً: بول ريكور، الهوية السردية، ترجمة د. سعيد الغانمي، مجلة القاهرة، عدد 81، نوفمبر 1997، ص 52 ـ 58.

ود. محمد سبيلا، الأيديولوجيا نحو نظرة تكاملية، الدار البيضاء، المركز الثقافي العربي، 1992، ص 208 ـ 209.

اللذة يمكن لكل ذات أن تحققها بشكل براغماتي، وتمارس من خلالها إنسانيتها وحقها في الوجود بعيداً عن أي سلطة أو قمع مباشر. وبهذا سوف يسترد مشروع ما بعد الحداثة قدرته على مقاومة اليأس المصاحب لعواقب الحداثة، مما يجعل كل ذات تنتمي - على سبيل التماثل - إلى المجتمع المعلوماتي الراهن الأكثر تطوراً. وذلك في مقابل الذات والجماعة المندمجة في المعرفة الحكائية في المجتمعات الأقل تطوراً والتي ربما ينعم أفرادها بتلاحمهم الاجتماعي المباشر والفوري، إلا أنهم غارقون في «ظلامية العقل». ربما كان هذا اليأس المهدد للإنتاجية، ولمقام هيمنة الدول الأكثر تطوراً، والذي ربما يؤدي إلى ثورة في هذه المجتمعات هو ما يشغل ليوتار حين أراد استبدال اللذة الفردية بالتوافق أو الثورة الجماعية عند قوله: «لا تمثل المعرفة العلمية مجموع المعرفة، وقد وجدت على الدوام بالإضافة إلى ـ وفي تنافس ونزاع ـ نوع آخر من المعرفة، سأسميه حكائياً... ولا أقصد بأن المعرفة الحكائية يمكن أن تتغلب على العلم، لكن نموذجها مرتبط بأفكار عن الاتزان الداخلي والتعايش، تبدو بجوارها المعرفة العلمية المعاصرة بائسة، وخصوصاً إذا كان عليها أن تكون خارجية بالنسبة للعارف ومستلبة عن مستخدمها بدرجة أكبر مما كانت عليه حتى الآن. والتثبيط الناشيء عن ذلك لدى الباحثين والمعلمين لا يمكن إغفاله على الإطلاق، فمن المعروف جيداً أنه خلال الستينيات من القرن العشرين، وفي كل المجتمعات الأكثر تطوراً، قد بلغ أبعاداً متفجرة بين من يعدون أنفسهم لممارسة تلك المهن ـ أي الطلاب ـ بحيث طرأ انخفاض ملحوظ في الإنتاجية في المختبرات والجامعات العاجزة عن حماية

نفسها من عدواه. وليس مطروحاً توقع أن يؤدي هذا، بأمل أو بخوف، إلى ثورة، فلن يغير هذا نظام الأشياء في المجتمع ما بعد الصناعي ما بين عشية وضحاها. لكن هذا التشكك من جانب العلماء يجب أن يؤخذ في الاعتبار كعامل رئيسي في تقييم الوضع الحالي والمستقبلي للمعرفة العلمية. ومما يزيد ضرورة أخذ ذلك في الاعتبار ـ وهذه هي النقطة الثانية ـ أن فتور معنويات العلماء له أثره على مشكلة المشروعية التي هي المشكلة المحورية[29].

وريكور ينطلق من نفس الهم الذي يشغل ليوتار: هم اليأس الذي أصيبت به الحداثة الغربية، ويريد تجاوزه من خلال رد الاعتبار هذه المرة لذات المؤول في انتمائها للمقدس المنسي، فإذا كان المابعد حداثي هو الانفصال عن الحكاية والتشكك إزاء الميتا-حكايات، التي أثبتت تخلفها أو فشلها، فالهيرمينوطيقي هو ـ بدوره ـ تشكك إزاء ظاهرة الحكاية والميتا ـ حكاية، بوصفها رموزاً تخفي غير ما تظهر، وتنطوي على طاقة هائلة كامنة جديرة بالتأمل المجدد للقيم الإنسانية. وكما كانت فلسفة ما بعد الحداثة نتاجاً للتقدم المعلوماتي والعلمي الذي شهده عصر الحداثة، كانت الهيرمينوطيقا الفلسفية نتاجاً للتقدم في العلوم الإنسانية مثل علم النفس والفينومينولوجيا وعلوم اللغة في عصر الحداثة. إذ يقول ريكور في كتابه «تعارض التفسيرات»: «إذا ما كنا نتحدث عن مشكلة الرمز الآن، في هذه الحقبة من التاريخ، فهذا يتعلق ببعض ملامح «حداثتنا»، ومن أجل شن هجوم مضاد ضد هذه الحداثة نفسها. في ذلك الظرف التاريخي الذي تم فيه نسيان علامات

---

(29) ليوتار، الوضع ما بعد الحداثي، ص 31، ص 55.

المقدس، وافتقاد الإنسان لنفسه كمنتم للمقدس. هذا النسيان للمقدس ـ كما نعرف ـ هو الثمن الذي تم تقديمه [في إطار الحداثة] لإنجاز مهمة عظمى هي تغذية الإنسان وإشباع حاجاته عن طريق التحكم في الطبيعة من خلال التكنولوجيا الكوكبية. غير أننا في هذه الحقبة ذاتها نريد أن نعيش شحن لغتنا [بالدلالة]، نريد أن نعاود الانطلاق من اللغة في امتلائها. بيد أن هذا الطموح هو أيضاً هدية من هدايا الحداثة، لأننا نحن الحداثيين أصحاب الفيلولوجيا، والتفسير، والفينومينولوجيا، والتحليل النفسي، والتحليل اللغوي.

هكذا نرى أن نفس الحقبة التي فرغت اللغة من [المعنى] هي ذاتها التي تعيد ملئها من جديد. على هذا فليس الندم على الصروح المنهارة هو الذي يدفعنا في مسيرتنا، ولكنه الأمل في إعادة إبداع اللغة، إننا نريد أن نكون من جديد في حالة استجواب أو حالة استفهام. «فالرمز يتيح الفكر» هذه العبارة تعني... أن كل شيء قد قيل في غموض، وبأنه يجب دائماً أن نبدأ كل شيء وأن نعاود البدء وفق معيار التفكر»[30].

ومثل هذا النهج الهيرمينوطيقي للتعامل مع الرموز لهو تعبير عن يأس الحداثة وعلاج لهذا اليأس في الوقت ذاته، وهذه هي الدائرة [وهي ليست دائرة مميتة وإنما دائرة حيوية ومحفزة]: «الهيرمينوطيقا تبدأ مما هو قبل الفهم، أي من ذلك الذي تحاول وهي تفسره أن تفهمه. وعن طريق هذه الدائرة الهيرمينوطيقية أستطيع اليوم أن أتواصل بالمقدس... فالوجود ما زال قادراً على

---

(30) Ricœur, *Le conflit des Interprétations,* Paris, Seuil, 1969, p 284.

أن يكلمني، وهذا ـ بلا شك ـ في حالة البراءة الأولى للرمز، أي في مرحلة ما قبل ـ النقد، والتي كان فيها الرمز مادة للاعتقاد المباشر. كما أن الوجود قادر على أن يكلمني في حالة أخرى، يمكن أن أطلق عليها حالة البراءة الثانية [وهي الحالة التي تنشدها الهيرمينوطيقا] والتي تقع في مرحلة (ما بعد ـ النقد) لرموز (ما قبل ـ النقد)»[31].

يرى ريكور إذاً، أن ثمة ماضياً حكائياً مقدساً ثري الدلالة أن ينتمي إليه الحداثيون إذا ما جددوا تفسير رموزه وفق خبرتهم الحداثية (علم النفس ـ الفيلولوجيا. . . الخ) وإذا ما تجاوزوا هذه الخبرة إلى حال الهيرمينوطيقا التي تشكل فلسفة للفكر انطلاقاً من الرمز الحكائي، فلسفة تفيد من كل الخبرات النقدية للحداثة، وترد لذات المؤول ونسبية التأويل اعتبارهما في سبيل غايات قيمية عليا.

ما بين ريكور وليوتار هم مشترك لاستنقاذ منجزات الحداثة من اليأس المخيم. وبينهما محاولات لابتكار مخارج من هذا المأزق بالتركيز على الذات الفرد: الذات المؤولة أو الذات الهامشية المبتكرة. وبين ريكور وليوتار أيضاً انشغال بالتحرر من سلطة الأيديولوجية الثابتة، غير المنفتحة على الاحتمالات في النظر إلى مستقبل الغرب، وهما يثقان ـ في هذا الصدد ـ بقدرة الإنسان ما بعد الحداثي على الابتكار المعلوماتي (عند ليوتار)، أو الإبداع التأويلي للمعنى (ريكور). فالمعلومات في تقطعها وغزارتها المغرية بالابتكار عند ليوتار قد تناظر الرموز كطاقات موحية

(31) Ricœur, *op. cit.*, p 294.

بالمعاني التي لا تنفد عند تفكرها عند ريكور. لكن الفيلسوفين يختلفان في الغاية الكبرى المرجوة من هذا المستقبل. فريكور يريد استنقاذ الماضي الحكائي الغربي المنسي باستخلاص القيم المؤسسة للجماعة في المستقبل. وليوتار يريد الحفاظ على الحاضر التكنولوجي الغربي في ازدهاره المهيمن الحاضر. وعلى هذا الأساس يستمسك الأول بالحكاية والميتا-حكاية من أجل الوصول إلى حال جديدة من إعادة التأويل للقيم الإنسانية الجامعة، في حين يوهم الثاني بالإطاحة بالحكاية والميتا-حكاية للوصول إلى حكايات متناحرة ومبعثرة هي عند التحليل النهائي عناصر مكونة لميتا-حكاية البلاد الأكثر تطوراً. صحيح أن ريكور قد اقتصر في كل كتبه على مراجعة الماضي اليوناني والمسيحي التوراتي بوصفهما مصدري الهوية الغربية، مغفلاً تماماً تداخلات هذا الماضي وجدله بسائر الحضارات الشرقية، إلا أن نظريته في العمق وفي الغاية الأخيرة تحتمل مثل هذا الجدل بين الحضارات على مستوى الشكل الحكائي المعرفي ومستوى القيم الإنسانية الجامعة. في حين أن نظرية ليوتار في مصادرتها على الماضي الإنساني المشترك، ورهانها على مستقبل ذي حد ثنائي فارق بين البلاد الأكثر تطوراً صاحبة المعرفة العلمية، والأقل تطوراً صاحبة المعرفة الحكائية، لا تحتمل بحال من الأحوال إلا تكريس هذه الثنائية، أو امتثال البلاد الأقل تطوراً للنمط الأكثر تطوراً. فالماضي الذي يبحث ريكور عن أشكاله وقيمه ـ بأدوات حداثية ـ يضم المشترك الإنساني، في حين أن الحاضر الذي يثبته ليوتار يقتصر على تلك البلاد الأكثر تطوراً. ومن ثم فهما يختلفان في النظر للزمان واللغة والرابطة الاجتماعية.

ثالثاً ـ الحكاية والزمن

أ ـ ليوتار: ثنائية الزمن ونهاية التاريخ

يفصل ليوتار بين المعرفة الحكائية التي تقوم على بنية سردية الماقبل والمابعد، والتي يتم دائماً تكرارها، وبين المعرفة العلمية التي لا تعتمد على بنية سردية وإنما على معلومات متفرقة يتم تخزينها. وعلى هذا النحو يميز ليوتار بين علاقة كلٍّ من المعرفة الحكائية والمعرفة العلمية بالزمن. فالمعرفة الحكائية تقوم على أساس تثبيت الماضي (كبنية سردية) لاستهلاكه دوماً. في حين أن المعرفة العلمية المابعد حداثية تخزن الماضي (كمعلومات) مستحضرة دوماً لإنتاج معارف وابتكارات جديدة. وعلى هذا النحو يختلف الماضي المستمر في المعرفة الحكائية، عن الماضي المفكك إلى حضور معلوماتي في المعرفة العلمية. فالزمن في المعرفة الحكائية ماض دائم، أما الزمن في المعرفة العلمية المابعد حداثية فحضور دائم. بهذا المنظور الزمني الثنائي للمعرفة يؤسس ليوتار للتمييز بين البلاد الأكثر تطوراً في حفاظها على حالتها الراهنة، وبين البلاد الأقل تطوراً في انحصارها في حالتها الماضية.

وبهذا المنظور أيضاً يستكمل ليوتار ميتا ـ حكاية ما بعد الحداثة كما سبق وأن فصلناها، فهو لا يقدم في تأريخه وتصنيفه لأنماط المعرفة تصوراً علمياً للزمن، بقدر ما يقدم تصوراً ميتافيزيقياً أو بالأحرى أيديولوجياً له. فالزمن عنده زمنان: زمن الماضي وزمن الحاضر، وهذان زمنان مكانيان ثابتان، الأول زمن

ماض يقع في البلاد الأقل تطوراً صاحبة المعرفة الحكائية، والثاني زمن حاضر يقع في البلاد الأكثر تطوراً صاحبة المعرفة العلمية. على هذا النحو يرهص التصور المابعد حداثي للزمن عند ليوتار لمقولة فوكوياما عن نهاية التاريخ. «ومن المعروف أن فرانسيس فوكوياما المحلل الأميركي الذي عمل نائباً لمدير قسم التخطيط السياسي في وزارة الخارجية الأميركية قد ذاع صيته عام 1989، بعد أن نشر مقالة بعنوان: «نهاية التاريخ» وتبعها عام 1991 بكتابه عن «نهاية التاريخ والإنسان الأخير»، حيث افترض فيهما، أن العالم قد وصل إلى نهاية التاريخ الذي لا ينبىء بأي تطور محتمل، ذلك أن انتصار الغرب الليبرالي هو من القوة بحيث تنهار معه أي بدائل منهجية قادرة على الحلول محل الليبرالية الغربية التي باتت تبدو كحقيقة مطلقة. وعلى هذا فإن الأفق قد انسد فعلاً في وجه طموح الإنسان إلى التغيير. وعلى هذا يرى فوكوياما «أن العالم سينقسم إلى كتلتين رئيسيتين: كتلة بلدان العالم الثالث التي ستظل غارقة في مستنقع التاريخ، وكتلة البلدان الغربية التي وصلت إلى نهاية التاريخ»[32]. لكن ليوتار كان أكثر حذقاً من فوكوياما إذ وضع التفاوت الساحق بين بلدان العالم وبين البلدان الأكثر تطوراً لا على مستوى الوعي بالتاريخ فحسب، بل على مستوى كوني زمني. ليبدو المابعد حداثي مهيمناً

(32) أنظر: د. ماهر الشريف، أطروحتا «نهاية التاريخ» و «صدام الحضارات» (عرض نقدي)، ضمن أوراق المؤتمر الدولي حول «صراع الحضارات أم حوار الثقافات؟» 10 ـ 12 مارس 1997، القاهرة، منظمة تضامن الشعوب الأفريقية الآسيوية، ص 2 ـ 4.

لا على مقدرات الشعوب، بل على صيرورة الزمن بأسره. فهو يريد التحكم في الزمن، محتفظاً لبلاده بزمان متجدد، وفارضاً زماناً متجمداً على الآخرين.

I ـ خصائص الزمن الحكائي والزمن العلمي

ويلاحظ ليوتار فيما يتعلق بزمنية المعرفة الحكائية، أن استمرار هذه المعرفة يعتمد:

أولاً: على تكرار التلاوة، ومثل هذا التكرار لا يؤدي إلى تذكر الماضي بل على العكس يؤدي إلى نسيانه، ذلك أن الجماعة التي تتخذ من الحكاية الشكل الرئيسي للكفاءة ليست بحاجة إلى تذكر ماضيها أو تفهمه، فهي تستعيض بفعل تكرار التلاوة ـ كطقس ـ عن الوعي بالزمن في تطوره: «وكلما اكتسب الزمن أسبقية وأهمية (في طقس التلاوة) كلما كف الزمن عن أن يكون دعامة للذاكرة ليصبح نبضاً لا تحيط به الذاكرة، (مما) يمنع ـ غياب الفصل الملحوظ بين الفترات الزمنية... (و) يسلمها إلى النسيان».

ثانياً: إن تكرار الحكاية من حقبة لأخرى ومن راوٍ إلى مروي إليه يوهم بأن ثمة تماهياً في الزمن بين الماضي والحاضر، وعادة لا يكون الأمر كذلك في الحقيقة، مما يجعل هذا النوع من الزمنية سريع الزوال وغابراً.

ثالثاً: تعتمد المعرفة الحكائية في انتقالها على السماع، والمستمع الحالي يكتسب حق الوصول إلى نفس السلطة التي كانت للراوي الأول بمجرد الاستماع. ويجري الزعم بأن السرد هو نقل أمين حتى لو كان الأداء الحكائي شديد الابتكارية والاختلاف من راوٍ لآخر ومن حقبة لأخرى.

رابعاً: لا تقتصر المعرفة التي تنقلها هذه الحكايات بأي حال، على وظائف النطق، فهي تحدد بضربة واحدة ما يجب أن يقوله المرء، وما يجب أن يستمع إليه المرء لكي يتكلم، والدور الذي يجب عليه أن يلعبه في مشهد الواقع لكي يكون موضوعاً للحكاية. مما يجعل «الناس بمعنى من المعاني، (ليسوا إلا ذواتاً) تجعل الحكايات راهنة، وهم لا يفعلون ذلك فقط عن طريق حكايتها، بل كذلك بالاستماع إليها وحكي أنفسهم من خلالها»، بعبارة أخرى تلعب الحكايات داخل مؤسساتهم دوراً أساسياً ذا مشروعية فورية غير خاضعة للتحليل أو الاستقصاء أو الإبداع. والجماعة لا تعثر على المادة الخام لرابطتها الاجتماعية في معنى الحكايات، بل غالباً ما تعثر عليها في فعل تلاوتها[33].

ويمثل ليوتار «لزمنية» هذه المعرفة الحكائية بما نجده عند قبائل الكاشيناهوا الهندية، ليصل بنا إلى مفارقتها «لزمنية» المعرفة العلمية الغربية التي يكون للزمن فيها خصائص أخرى:

أولاً: الذاكرة في المعرفة العلمية غير مغيبة بالتكرار. فالماضي مخزن وليس مستهلكاً دوماً كما هو الحال في المعرفة الحكائية، ويتم تحويله إلى رأسمال في العلم أي إلى نمط من الفهم، مثله مثل فائض القيمة على المستوى الاقتصادي، وهو يزداد اتساعاً وتعقيداً باستمرار من خلال تخزينه كمعلومات.

ثانياً: لعبة العلم تتضمن زمنية تعاقبية، أي ذاكرة ومشروعاً. فالمرسل الحالي لمنطوق علمي يفترض به أن يكون مطلعاً على المنطوقات السابقة المتعلقة بموضوعه (بيبلوغرافيا)، وهو لا يطرح

---

(33) ليوتار، السابق، ص 44 ص 43.

منطوقاً جديداً عن موضوعه إلا إذا كان المنطوق الجديد مختلفاً عن المنطوقات السابقة. هذه التعاقبية تفترض ذاكرة وسعياً إلى الجديد، وتمثل عملية تراكمية بالأساس، وإيقاعها هو إيقاع متغير.

ثالثاً: لا يكتسب أي منطوق علمي أي صلاحية من حقيقة تقريره. كما أن انتقاله لا يتم عن طريق الراوي والمروى له، وإنما عن طريق التعليم، والمخاطب في التعليم هو الطالب الذكي الذي يستطيع أن يجدد وأن يكون مرسلاً جديداً وليس مجرد راوٍ عن راوٍ. وعلى هذا فإن تعليم المنطوق العلمي ليس غياباً في الزمن الغابر وذلك لأنه لا يتم تعليم هذا المنطوق إلا إذا كان لا يزال يقبل التحقق في الحاضر من خلال التدليل والبرهان. كما أن أي منطوق جديد لا يمكن قبول صحته إلا إذا دحض المنطوق الأسبق عن طريق الإدلاء بحجج وبراهين»[34].

II ـ مغالطات التميز بين الزمنين

هذا التمييز بين زمنية المعرفة الحكائية وزمنية المعرفة العلمية قد يبدو صحيحاً عند النظرة الأولى، ولكن بعد تدقيق في المفارقة بين الزمنين قد يطلعنا على المغالطات التي ينطوي عليها هذا التضاد الذي بناه ليوتار لخدمة هدفه النهائي لتكريس الوضع المابعد حداثي:

أولاً: زمنية المعرفة الحكائية التي يضرب ليوتار مثلاً عليها بمعرفة قبائل الكاشيناهوا هي معرفة شفاهية، ولا يمكن اعتبارها

---

(34) السابق، ص 44 ـ 47.

مقابلة، هكذا ـ وبضربة واحدة ـ للمعرفة المعلوماتية المابعد حداثية، في تجاوز غريب لكل المراحل التاريخية الفاصلة والواصلة بين المعرفتين، والتي تمثل مراحل تطور أو تداخل. وحتى تصح المقارنة فيجب مقارنة هذه المعرفة الشفاهية القبلية، بالمعرفة الكتابية السابقة على المعرفة المعلوماتية التكنولوجية. هذا إذا نظرنا للأمر بمنظور تاريخي، أما إذا نظرنا إليه بمنظور تزامني فسوف تدلنا البحوث الحديثة أن ثمة تخزيناً مدوناً للمعارف عرفته الشعوب في كافة العصور، حتى وإن اتخذ هذا التدوين شكل الرسم أو الحفر على الأحجار. المسألة في هذه الحالة في حاجة إلى مراجعة، وإلى إمعان للنظر في علاقة وسائل المعرفة بعضها ببعض: الشفاهة والرسم والكتابة والحفظ التكنولوجي، أو تطورها، أو هيمنة عنصر منها على الآخر. ففي المعرفة الكتابية لا يلعب الدور الشفاهي للراوي والمروى له والسرد كل هذا الدور الأساسي في انتقال المعرفة المزعوم ثباتها، إذ كان للكتابة دورها في حفظ الحكاية مما جعلها قابلة لقراءات جديدة باستمرار. كما أن انفصال التدوين عن النقل الشفاهي ليس ملحوظاً على هذا النحو في حضارات أخرى قديمة مثل الحضارة المصرية أو الحضارة اليونانية القديمة، كما أن المعرفة الشفاهية في عصرنا التكنولوجي قد تسربلت بزي جديد في وسائل الاتصال. وعلى هذا تبدو هذه الفرضية الثنائية تبسيطية للغاية أو بالأحرى قاصرة.

الأمر الثاني: إذا كان المراد هو تعيين ما يختلف به الوعي بالزمن في المعرفة الحكائية عنه في المعرفة العلمية، فإن الوعي

بالزمن المطلق الحكائي والزمن المتطور العلمي كان موجوداً لدى الإنسان منذ أقدم العصور، إذ إنه يمثل ضرورة عقلية كما انتهى إلى ذلك علماء الإدراك ودارسو المخ البشري في عصرنا الحديث. وفي هذا الصدد يقول لنا إدغار مورين (Edgar Morin) في كتابه «معرفة المعرفة»: «إن أجدادنا الصيادين، جناة الثمر، الذين استطاعوا على مدار عشرات الآلاف من السنين أن يطوروا تقنيات الحجارة، ثم العظم، ثم المعادن، كانوا يمتلكون ويستخدمون ضمن استراتيجيات المعرفة والحركة فكراً تجريبياً، منطقياً وعقلانياً. ومع ذلك فقد ظل هؤلاء البدائيون يقرنون كل حركاتهم التقنية بطقوس وعقائد وأساطير.

لقد كان الأنثروبولوجيون المحدثون هم أنفسهم غير عقلانيين وتبسيطيين إذ لم يدركوا أن البدائيين كانوا يتحركون بين نمطي تفكير متكاملين: واحد رمزي أسطوري والثاني تجريبي تقني، دون أن يخلطوا بينهما. لقد ظل نمطا التفكير متعايشين متعاونين، كما لو كان الواحد منهما بحاجة إلى الآخر، كانا يختلطان في بعض الأحيان ولكن دائماً بشكل مؤقت، فكل تخل عن المعرفة التقنية يقود الإنسان إلى الموت، وكل تخل عن العقائد الأساسية يفكك المجتمع، وقد استطاعت الحضارات الكبرى التاريخية أن تطور نمطي التفكير معاً، وأن تطور كذلك ما بينهما من جدل... كما ظل التفكير الرمزي مرتبطاً بالتفكير العلمي لعدة قرون، ولم ينفصلا إلا بعد نيوتن في الغرب حيث مت القطيعة الجذرية بينهما، وتأسست على ذلك المعارضة أو القطيعة بين العقل والأسطورة، بين العلم والدين. على أن التطورات العلمية والتكنولوجية الباهرة لم تنجح في تغييب الأديان أو محو

الأساطير، وبشكل متناقض، بدا العلم والعقل ـ في طموحهما لسيادة وتوجيه البشرية ـ وقد أصابتهما عدوى الأسطورة»[35].

«وعلى الرغم من أن عقليتنا تختلف كثيراً عن العقلية البدائية وعقلية العصور الوسطى، ومن أن نمطي التفكير صارا متعارضين، إلا أننا نحيا في عصرنا الحاضر، ليس فقط تعارضهما، وإنما تعايشهما معاً، وتداخلاتهما وتبادلاتهما الخفية اليومية. مشكلة نمطي التفكير إذاً، ليست فقط مشكلة أصلية، أو مشكلة تاريخية متطورة، ولكنها أيضاً مشكلة كل الحضارات بما فيها الحضارة المعاصرة، إنها قضية انثروبولوجية ـ اجتماعية في الأساس. إن نمطي التفكير العقلاني والأسطوري اللذين امتزجا معاً في الحضارات البدائية، تطورا بشكل متوازٍ في الحضارات التاريخية، وأمكن لهما أن يتعايشا في تكافل في حضارتنا المعاصرة، ذلك أنهما قبل كل شيء ينهلان من النبع نفسه، ولا أعني بذلك صدورهما عن نفس العقل/ المخ البشري بصفة عامة، ولكن من المبادىء الأساسية التي تتحكم في العملية العقلية ـ المخية للإنسان، فالأسطورة إنسانية، وعملية الإدراك لدى الحيوان تجهل الأسطورة، والمخ البشري لا يستطيع إدراك العالم إلا وفق عمليات تتراوح بين الفصل والجدل بين الفكر الأسطوري المجازي والفكر التجريبي العقلاني»[36].

إذا كان الأمر كذلك، فلماذا وثب ليوتار فوق التطور التاريخي

---

(35) Edgar Morin, *La Méthode: 3-La Connaissance de la connaissance,* Paris, Seuil, 1986, p 154.

(36) Edgar Morin, *op. cit.,* p 155-169.

للمعرفة البشرية وحلها إلى عنصرين متعارضين. وإذا كان قد أراد أن يضع قطيعة بين المعرفة الحكائية والمعرفة العلمية على أساس نوعي محض افتراضي، فقد تحققت مثل هذه القطيعة في عصر الحداثة، فماذا يريد ليوتار؟ ربما يريد أكثر من القطيعة، إنه يريد ـ في إطار ما بعد الحداثة ـ استعادة هذه الحكايات. إن القطيعة هنا غير مفيدة. إذ يجب في مجتمع المعلومات التكنولوجي التزود ما أمكن بالمعلومات، والحكايات تصبح نافعة لهذا المجتمع فقط، وفقط بوصفها مصادر للمعلومات، يتم تفتيتها وتحويلها إلى مادة قابلة للتصنيع وللابتكار. بعبارة أخرى من المفيد في عصر ما بعد الحداثة ـ لا المصادرة على الحكاية كما كان الحال في عصر الحداثة ـ ولكن الإبقاء عليها كمصدر معلومات من جهة، ونسيانها كمستودع للقيم أو كوحدة تأملية في الوقت ذاته.

من أجل هذا يطالب ليوتار بحاجة ما بعد الحداثة «لنسيان» الحكاية وليس القطيعة مع الحكاية، أو استبدالها بميتا-حكايات أيديولوجية فلسفية وسياسية. فإذا كان اللجوء للحكاية حتمياً، فليتحول المابعد حداثي بالحكاية إلى ما يمكن أن نسميه بالتذكر القائم على النسيان. يقول ليوتار: «ليس من المستبعد إذاً، أن يكون اللجوء إلى الحكاية حتمياً، على الأقل إلى المدى الذي ترغب فيه لعبة اللغة الخاصة بالعلم في جعل منطوقاتها صادقة، لكنها لا تملك الموارد اللازمة لكي تكسب صدق تلك المنطوقات المشروعية بجهدها الخاص، وإذا كانت هذه هي الحال، فمن الضروري أن نقر بوجود حاجة للتاريخ.. ليس بوصفه حاجة للتذكر أو مشروعاً، بل على العكس بوصفه حاجة للنسيان»[37].

(37) ليوتار، السابق، ص 48.

وهكذا يبدو الزمن عند ليوتار في ماض دائم في المعرفة الحكائية البدائية، أما الزمن في المعرفة الميتا-حكائية أي «الأيديولوجيات التي تميز الحداثة، فهو عنده أيضاً زمان سردي ذلك لأن الأيديولوجيات الحداثية» تتضمن دائماً «قبل» و «بعد»، وهما ليسا متماثلين. وقد تكون هذه الأيديولوجيات محافظة عندما تفضل «القبل» على حساب «البعد»، وقد تكون تقدمية في حالة العكس، أما المعرفة المابعد حداثية فهي تقيم حواراً مختلفاً مع الماضي، فهي ترفض التاريخ، وتتنكر للمستقبل ولمفهوم الزمن الذي له غاية، وترغب في حاضر يتم فيه تعميم ما هو متقطع، ذلك أن تجاوز عدد كبير من العناصر المتقطعة يخلف انطباعاً بالسرعة، تلك السرعة التي هي أعظم تجربة خاضها الغرب منذ قرنين، فما بعد الحداثي يريد إلغاء التاريخ واحتمال الصيرورة من خلال الحفاظ على زمن حيوي حاضر سمته السرعة والانقطاع[38].

وعلى الرغم من المنظور الأيديولوجي الثنائي للزمن الذي يؤسسه ليوتار للتمييز بين البلاد، يبدو لنا ـ عند التأمل ـ أن أبدية الماضي التي تعوق المعرفة الحكائية عن الوعي بالزمن في تطوره، هي الوجه الآخر لأبدية الحاضر التي تعوق المعرفة المعلوماتية المابعد حداثية عن الوعي بالزمن في تواصله. صحيح أن الماضي الحكائي يبدو زمناً ساكناً، إلا أن الحاضر المعلوماتي الابتكاري

---

(38) صوفي بيرتو، الزمن والحكي وما بعد الحداثة، ترجمة ابراهيم عمري، مراجعة محمد السرغيني، مجلة نوافذ، عدد يونيو 1998، ص 86 وما بعدها.

يبدو حاضراً بلا مستقبل. وحالة النسيان المعادلة لعدم الوعي بانقسام الزمن التي تعانيها المعرفة الحكائية، تتكافأ في نظري وحالة النسيان التي يتم بها تفكيك الماضي إلى معلومات وابتكارات معلوماتية منقسمة الى معلومات أخرى، وكأننا في زمنية الانشقاق اللانهائي.

وعلى هذا النحو تبدو دوامة الزمن الأبدي وكأنها تبتلع كلاً من المعرفة الحكائية، والمعرفة المعلوماتية. وربما يفسر لنا ذلك لماذا كلما تمسك الغرب بأبدية حضوره في اللحظة الراهنة المميزة بين البلاد الأكثر تطوراً والبلاد الأقل تطوراً، كلما تمسكت البلاد النامية بأبدية حضورها في الزمن الماضي. فالحالان تقعان في إطار الندية، وتغيبان صيرورة الزمن ومستقبل التلاقي.

ب ـ ريكور: حكائية الزمن واستمرار التاريخ

سبق أن بينا أن كلاً من التاريخ (تاريخ العلم وتاريخ الدولة وتاريخ الشخص) والحكي (الأسطوري الديني الأدبي) ـ عند ريكور ـ ينهلان من نفس المعين السردي، ويعالجان مشكلة واحدة هي مشكلة الزمن في امتداده من الماضي حتى الحاضر وإلى المستقبل، وهو ما يجعل لكل من التاريخ والحكي بعداً غائياً يتم بمقتضاه التعرف إلى الهوية، هذه الهوية التي تتحرك بين الإمكانات المتاحة والآمال المنتظرة. أكثر من ذلك يرى ريكور أن كلاً من الحكاية والتاريخ يقدم حلاً لمعضلات الزمن. فالزمن زمنان: زمن معيش وزمن كوني، وبينهما يقع ما يسميه ريكور «بالزمن الثالث» (Tiers Temps) زمن التاريخ وزمن الحكاية. هذا الزمن الثالث هو وحده الذي يستحق أن نطلق عليه الزمن

الإنساني، ذلك «لأن الزمن الإنساني ليس شيئاً آخر غير الزمن المحكي»[39].

على هذا النحو سوف نرى أن ريكور لا يقدم تصوراً استراتيجياً أيديولوجياً للزمن كما كان الحال بالنسبة لليوتار، بقدر ما يقدم تحليلاً فلسفياً للزمن وعلاقته بالحكاية. ليصل إلى الحد الذي لا يصبح الزمن فيه مدركاً إنسانياً إلا عن طريق الحكي والتاريخ معاً. إن كلاً من زمن الحكي وزمن التاريخ لا ينتميان لأي من الزمنين: الزمن المعيش (ذلك الزمن السيال المتدفق) أو الزمن الكوني (تلك الحركة المتكررة للأفلاك إلى ما لا نهاية)، إنهما يشاركان الواحد والآخر، وذلك من خلال تأسيسهما المبتدع لزمن ثالث، هو الزمن الإنساني (ذلك الزمن الذي يحتوي على الماضي والحاضر والمستقبل). بعبارة أخرى، يقع كل من التاريخ والحكي بين الزمن الظاهراتي والزمن الموضوعي، بين زمن الموت والزمن التذكاري بين الزمن المعيش والزمن الكوني.

مرة أخرى، ينطلق ريكور في فلسفته هذه عن الزمن من الثقافة الغربية وإليها، فهو يبدأ من مصدريها الأساسيين: المصدر الفلسفي اليوناني، والمصدر التوراتي المسيحي، وعلى هذا يتخذ من أرسطو والقديس أوغسطين في منظوريهما للزمن قاعدة أساسية لمناقشة معضلات الزمن في كتابه «الزمن والسرد». ويرى ريكور أن أرسطو قد عالج الزمن من الناحية الفيزيقية، أي من ناحية الكم، أو عدد اللحظات الحاضرة، والتي بمقتضاها يتم التقويم، أما القديس أوغسطين فقد عالج الزمن من الناحية النفسية، أي

---

(39) ليوتار السابق المقدمة بقلم فردريك جيمسون، ص 17.

الزمن كما تعيه النفس طولاً وقصراً بحسب أحوالها ووعيها. عندنا إذاً، زمنان: واحد موضوعي والآخر ظاهراتي، ويرى ريكور أن لا الزمن الأول ولا الثاني يقدمان إجابات شافية لمعضلات الزمن في تحديها للإنسان.

فبالنسبة لأرسطو الزمن المعدود هو الحركة، ومثل هذا الزمن يتطلب روحاً تستطيع أن تميز وأن تعد اللحظات، كما أن اللحظة المحددة وحدها هي التي تتجلى كلحظة حاضرة. ولكن ما من شيء لدى أرسطو يوضح ما بين اللحظة والحاضر من جدلية. وما ينشأ عن هذه الجدلية من تفسير للحظة في وظيفتها المزدوجة: تقسيم الزمن وتوحيده.

وهنا يبرز دور أوغسطين في مواجهة هذه الصعوبة فيما أسماه «بالحاضر الثلاثي»: ذلك الحاضر الذي تعيه الروح في امتلائه بالماضي القريب المتذكر والمستقبل القريب المنتظر. ومثل هذا الوعي بالحاضر يمكن له أن يوحد الماضي والمستقبل. غير أن الصعوبات الناجمة عن كل من المنظور الأرسطي أو الأوغسطيني تقتضي المصالحة بين المنظورين. فليس من الممكن مواجهة مشكلة الزمن من طرف واحد، الروح أو الحركة[40].

هنا يأتي دور التاريخ والحكاية ليقدما معاً ومن خلال تشابكهما حلاً لمعضلة الزمن، أو بالأحرى ليقدما إجابات إنسانية على هذه المعضلة. فالتاريخ يسجل الزمن المعيش على الزمن الكوني، أما الحكي فهو يقدم تنوعات خيالية كاشفة عن الخصائص غير الخطية

---

(40) Paul Ricoeur, *Temps et récit,* Tome 3, Le temps raconté, Paris, Seuil, 1985, p 34-35-36.

لمسار الزمن. فتلك التنوعات هي التي تقر بأن الزمن والوجود يمكن أن يتجليا بعدة طرق. ومن هنا فالتاريخ يكتب حركة الإنسان في الزمن والحكي يكتب معاناة الإنسان للزمن. ولكن ثمة تشابكاً بين التاريخ والحكي، بين الزمن كحركة والزمن كمعاناة:

فالتاريخ ينطوي على عناصر حكائية أساسية: التقويم مثلاً في التاريخ يبدأ من حكاية تهب للأشياء مجرى جديداً انطلاقاً من لحظة محورية، وكل الأحداث يصبح لها وضع ما في الزمن محدد وفق مسافتها من هذا الحدث المحوري، فبداية التاريخ قد تعزى إلى ميلاد المسيح أو بوذا أو هجرة الرسول[41]. ومثل هذه الحكاية المحددة لبداية التاريخ هي التي تسمح لنا بالتوجه الدائم نحو سبيلين: من الحاضر إلى الماضي ومن الماضي إلى المستقبل. وما من تاريخ إلا وهو مكون مثل الحكي من تجارب سابقة وآمال منشودة من قبل البشر المتحركين والذين يعانون. هذا معطى أنثروبولوجي بدونه ما أمكن للتاريخ أن يكون ممكناً، ولا حتى موضوعاً للتفكير[42].

كما أن الحكي ينطوي على عناصر تاريخية أساسية: إذ يدعي أن ما يقدمه قد تم حدوثه بالفعل، كما أنه يضبط أزمنة المجتمعات والبشر الذين يعيشون فيها. كما أن تصورنا لنظام العالم في علاقته بحركة البشر التي يسجلها التاريخ، مستمدة من الأساطير التي ساهمت في إرساء التكامل بين الزمن العادي في تركيزه على حياة الأشخاص الذين يتحركون ويعانون، وزمن العالم

---

(41) Ibid., p 150-145.

(42) Ibid., p 310.

المرسوم على صفحة السماء المرئية، من خلال الأعياد والطقوس، فقد علمتنا الأساطير أن هناك علاقة بين نظام العالم ونظام الحركة العادية للبشر[43].

من هذا المنطلق يرى ريكور أن التصور الحداثي للزمن قد شابته ثلاث مغالطات أدت إلى العواقب الوخيمة التي يعانيها المجتمع الغربي في هذه الأونة. هذه المغالطات هي:

1 ـ إن الحقبة الحداثية هي انفتاح على مستقبل غير مسبوق في تاريخ البشرية.

2 ـ الثقة في قدرة الإنسان على التعجيل بالزمن نحو الأفضل.

3 ـ إن الإنسان هو سيد التاريخ والمتحكم فيه.

الزمن الجديد والتعجيل بالزمن والتحكم في الزمن: هذه هي المفاهيم التي ميزت بصفة عامة عصر التنوير والحداثة الغربية. كما يرى ريكور أن مثل هذه المفاهيم قد آلت إلى الغروب في أواخر القرن العشرين، ذلك أن فكرة الزمن الجديد تقوم على أساس أن الحداثة هي قطيعة وأصل في الوقت ذاته، ومثل هذه الفكرة ترتبط بوهم الأصل من جهة، كما أنها تتنكر للمركبات المتنوعة للظاهرة الحداثية من جهة ثانية، وها نحن نرى أن هذه المرحلة لم تكن فجراً للتقدم المنشود كما ادعت. أما فكرة التحكم في التاريخ فقد ولت، إذ أثبت لنا مجرى الأحداث أن النتائج ليست كما كنا ننتظر أو نتوقع. فالحركة في التاريخ تتحرك في وسط، وظروف لم تنتجها، وهذا ما قصده ماركس حين قال: «البشر يصنعون تاريخهم ولكن في ظروف معطاة وموروثة

(43) Ibid., p 154-156.

يتلقونها». كما أن التعجيل بالتاريخ نحو مستقبل أفضل يفسح المجال لليوتوبيا. وعندئذ تفقد آمال الإنسانية كل جذر لها في التجربة المكتسبة، وتسقط نفسها على مستقبل خالص غير مسبوق. ومع هذه اليوتوبيا يتحول التوتر بين الماضي والمستقبل إلى انفصال أو انشقاق. ويصبح الحاضر بذلك ممزقاً بين منحيين من الهروب، الهروب من ماض يراد تجاوزه، ومن مستقبل غير محدد المعالم، لينغلق الحاضر على نفسه، ويتفكر ذاته كأزمة، وهذا هو حال حاضرنا المعاصر كما يرى ريكور(44).

ويريد ريكور أن يتحول من خلال فلسفة التأويل بهذه الوضعية الحداثية المخيبة للآمال إلى وضعية جديدة، وضعية تنظر للزمن من خلال «التاريخ الحاكي» و «الحكي التاريخي» في تشابكهما، على اعتبار أن الحدث يحدث والتاريخ يحكي، وأن مجموع الأحداث المنفردة لا تصبح تاريخاً إلا إذا اندرجت ضمن نظام كلي حاكٍ. كما أن الحكي الخيالي يقدم تنوعات خيالية لمعاناة الإنسان للزمن، وهو على هذا النحو لا يحل معضلات الزمن بقدر ما يحولها من عناصر كفيلة بالشلل والجمود إلى عناصر منتجة وحافزة للحركة.

ورؤية الهيرمينوطيقي هذه للزمن، تتخلى عن كل من المفهوم الهيغلي المطلق والمغلق للزمن، والمفهوم الحداثي له، وتقدم تأويلاً للزمن بوصفه إمكانات متاحة في حاضر «المبادرة الحي» الذي يتفجر مما بين «ساحة التجربة» أي الماضي المعطى، وبين «أفق الانتظار» أي المستقبل المنشود. «فما من شيء يقول: إن

(44) Ibid.

الحاضر يمكن اختزاله في الحضور، ولماذا لا يكون الحاضر هو زمن المبادرة، أي الزمن الذي يكون فيه ثقل التاريخ المنجز كامناً ومعلقاً ومتوقفاً، ويكون فيه حلم التاريخ ما زال في حاجة للإنجاز وللتحول إلى قرار مسؤول»[45]. فالحاضر هو الذي يتحرك بين توقعاتنا التي تتراوح بين الخوف والأمل، الحساب والتخطيط الموجه نحو المستقبل، وبين تفسيراتنا الموجهة نحو الماضي. والماضي والمستقبل على هذا النحو لا يتعارضان، وإنما يكيف الواحد منهما الآخر. كما أن العلاقة بين الماضي «مساحة التجربة» والمستقبل «أفق الانتظار» هي علاقة متغيرة، ففي واقع الأمر كل من «مساحة التجربة» و «أفق الانتظار» مقولتان متعاليتان تتطوران وفق الاستثمارات التي تتيحها حركة وفكر التاريخ لهما على مر العصور. إذ إن هذه المقولات «الميتا ـ تاريخية» لا يمكن في الحقيقة إنقاذها إلا من خلال تطبيقاتها الأخلاقية والسياسية المستمرة. إن مساحة التجربة وأفق الانتظار هي أيضاً مقولات معرفية بدونها لا يصبح التاريخ ممكناً[46].

في هذا الإطار يجب ألا يستسلم البشر لإغواء المستقبل اليوتوبي الخالص، فمثل هذا المستقبل لا يؤدي إلا لإحباط الحركة، إذ يسلمنا العجز عن النفاذ إلى التجربة الجارية وفهمها إلى عجز آخر عن تقديم صياغة قابلة للتطبيق في المستقبل. يجب أن تكون التوقعات محددة ومنتهية ونسبياً متواضعة، لتستثير التزاماً مسؤولاً. كما يجب أن تنطوي هذه التوقعات على آمال للبشرية

---

(45) Ibid., p 301.

(46) Ibid., p 304-311.

بأسرها. على ألا يختلط هذا الأمل بهيمنة مجتمع ما بصفة خاصة أو عدد قليل من المجتمعات المسيطرة. أما ماضي التجربة فلا يجب النظر إليه على أنه منته، وغير قابلٍ للتغيير أو التطور. يجب فتح ملف الماضي، وإحياء الطاقات غير المنجزة فيه، أو تلك التي تمت مصادرتها ووأدها. إن المسافة التي تفصلنا عن الماضي ليست فاصلاً من الموت وإنما مسافة لتوليد المعنى.

فالتراث هو عملية لا يمكن فهمها إلا جدلياً، من خلال التبادل بين الماضي المفسَّر والحاضر والمفسِّر. فكل قطيعة هي بالأحرى تجديد، وكل استمرار هو ترسيب ولا يجب في النهاية أن تصل العلاقة بين الماضي والمستقبل إلى حد الانشقاق أو المطابقة، وإنما يجب الحفاظ على ما بينهما من توتر حتى يكون هناك ثمة تاريخ[47].

يبدو لنا في النهاية أن «حاضر المبادرة»، عند ريكور قريب الشبه من «حاضر الابتكار» عند ليوتار. فكلاهما معني بحيوية الحاضر، وكلاهما رافض للاستكانة في غابر الماضي، أو الخدر في غياهب المستقبل، معني بحركة الإنسان في الحاضر بكل ما أوتي من ملكات الإرادة والإبداع هنا والآن. ولكن ثمة فارقاً ما بين مفهوم «المبادرة» عند ريكور، ومفهوم «الابتكار» عند ليوتار. فمفهوم الحاضر المبادر عند ريكور يندرج ضمن الزمن الحكائي/ التاريخي من الماضي المفسَّر إلى المستقبل المأمول. في حين أن الحاضر المعلوماتي المبتكر لدى ليوتار يندرج ضمن مفهوم متقطع من جهة وعنصري من جهة أخرى. فالحاضر الحيوي القابل

---

(47) Ibid., p 317.

للانقسام والتجدد إلى ما لا نهاية شأنه ـ شأن الحركة الكونية
للزمن ـ مكرس للحاضر المعلوماتي للبلاد الأكثر تطوراً «فاستباق
الزمن» من نصيبها. أما «الوجود في الزمن الغابر» الماضي
الحكائي فمكرس للبلدان الأقل تطوراً. وهما وحدتان زمنيتان
وثقافيتان منفصلتان ومتعارضتان. عندئذ يبدو لنا ريكور في تحليله
الهيرمينوطيقي للزمن أكثر عمقاً من ليوتار، أو بالأحرى أكثر بعداً
عن التصور الأيديولوجي الزائف للزمن الذي يطرحه ليوتار. ومع
ذلك فإن حكائية الزمن الإنساني لدى ريكور لا ترتد به «في معظم
دراساته» إلا إلى «مساحة تجربة» الماضي التوراتي المسيحي
واليوناني فحسب، لاستعادة مسار جديد للهوية الحكائية الغربية،
غير أن مجال «أفق التوقعات» الذي يطمح إليه ريكور في النهاية
هو أفق إنساني مشترك. كما أن استعادة الحكاية الماضية
كمعلومات فيما يشبه نسيانها عند ليوتار، يقابله استعادة ريكور
للحكايات كمعرفة وقيم لا كتلاوة مكررة؛ ومثل هذه الاستعادة
المفارقة تقتضي تعاملاً خاصاً مع اللغة من قبل كل من ليوتار
وريكور.

رابعاً: الحكاية واللغة

أ ـ ليوتار: أدائية اللغة والرابطة الاجتماعية الشكلية

فرق العالم السويسري دي سوسور بين اللغة والكلام، «فاللغة»
هي مجموع القواعد التي يتم على أساسها «الكلام» الفعلي. على
هذا النحو يشبه ليوتار «المعرفة الحكائية» أو «المعرفة المعلوماتية»
ببنية قواعد اللغة، فعلى أساس «الحكاية» أو «المعلومات» ـ

بوصفهما نمطين للتفكير ـ يتشكل مجموع القواعد التي يتم بموجبها الكلام في الثقافة الحكائية أو العلمية. وهذه المعرفة تتكون من منطوقات: إشارية وتقعيدية وتقويمية. ويرى ليوتار أن هذه المنطوقات تعمل بشكل منسجم ومقبول للمتحدثين في المجتمع الحكائي، وهو ما يعبر عنه باسم «الرأي العام» أو «الإجماع»، وبه يتم تمييز ثقافة شعب ما عن ثقافة أخرى. أما في المجتمع المعلوماتي فإن هذه المنطوقات تعمل على أساس صراع تناحري بين الأفراد.

وعلى هذا يرى ليوتار أن اللغة في المعرفة الحكائية هي لغة «مركزة» ثابتة ومكررة، في حين أن اللغة في المعرفة العلمية «إشارية»، متطورة باستمرار. ومثل هذه المعارضة بين نظامي اللغة المستخدمة في الحالين، ذات صلة بتصور ليوتار الخاص عن اللغة ووظيفتها الاجتماعية في مجتمع ما بعد الحداثة، فهي عنده ليست وسيلة مستقرة لتبادل الأفكار أو المعلومات أو الرسائل بين المتحدثين، وإنما وسيلة «لممارسة الحيل»، والتفوق على الخصم بما يدفعه لأن يكون مرسلاً لمنطوق جديد، فهي علاقة نزاع أساساً بين مُتحَايلين: «أن تتكلم معناه أن تقاتل». بهذا التعريف للغة المابعد حداثية، يناهض ليوتار اللغة الحكائية، كما يعارض مشروع هابرماس الذي يرى اللغة حواراً بين أذهان عاقلة تستهدف الإجماع الاتفاقي المحتمل، ذلك أن مثل هذا الاتفاق ـ بحسب ليوتار ـ لا يولد الابتكار، فالابتكار اللغوي يولد من الانشقاق ومن شحذ حساسية الاختلاف. فهل يعني هذا أن ليوتار تنازل عن الرابطة الاجتماعية التي يؤسس لها كل استخدام للغة؟

لا، فليوتار يحدثنا وبوضوح عن المفهوم المابعد حداثي للرابطة الاجتماعية. فهو (وعلى عكس مما هو شائع عند المابعد حداثيين في العالم الثالث)، لم يهمل للحظة واحدة طيلة كتابه الرابطة الاجتماعية بين الأفراد في المجتمع المابعد حداثي الجديد الذي يدعو له، ولكن انشغاله ينصب على وضع هذه الرابطة الاجتماعية في إطار من المرونة والحيوية الموائمة للوحدة المثالية الكبرى التي يقيم بحثه على أساس بلوغها. فالرابطة الاجتماعية هي ما يحتل عناوين فصلين من كتاب ليوتار «طبيعة الرابطة الاجتماعية: البديل الحديث»، و «طبيعة الرابطة الاجتماعية: المنظور المابعد حداثي»، ويقيم ليوتار هذه الرابطة الاجتماعية على أساس لغوي، فاللغة كما نعرف هي مؤسسة المؤسسات، وهي بنية التواصل والربط الأولي لأفراد مجتمع ما. ومن ثم فهي موضع اهتمام ليوتار، إذ كيف يقيم رابطة اجتماعية بين الأفراد في البلاد الأكثر تطوراً دون أن تصبح اللغة عائقاً دون التطور الإبداعي والابتكاري؟. إذ يقول: «كان الغرض الوحيد من هذا العرض التخطيطي... هو تحديد الإشكالية التي أنوي أن أجعلها إطاراً لمسألة المعرفة في المجتمعات الصناعية المتقدمة».

بهذه الإشكالية يعبر ليوتار عن رغبته في تجاوز للرابطة الاجتماعية الخاصة بعصر الحداثة إلى البديل الموائم للوحدة الجديدة التي يطرحها عبر كل ثنايا كتابه تحت مسمى «البلاد الأكثر تطوراً»، إذ يرى أن الرابطة الاجتماعية في مجتمع الحداثة تقوم على إرسال أحادي يستهدف تشكيل مجتمع كلي عضوي، كما أن الرابطة الاجتماعية في مشروع هابرماس تقوم على أساس النقد الذي يستهدف التواصل، ولا يقبل ليوتار هذه اللغة أو تلك

لتشكيل الرابطة الاجتماعية للبلاد الأكثر تطوراً، فالأولى وظيفية، والثانية نقدية، وكلاهما لا يصلح للوحدة الجديدة:

«وأنا أجد أن هذا الحل على أساس الانقسام (بين اللغة الأحادية ولغة النقد) غير مقبول، وأقترح أن البديل الذي يحاول (حل هذا التناقض بين اللغتين وإعادة إنتاجهما)، لم يعد صالحاً للمجتمعات موضع البحث؛ وأن ذلك الحل نفسه ما زال مشتبكاً في أحبولة نوع من التفكير التعارضي الذي أصبح متخلفاً عن أكثر المعرفة المابعد حداثية حيوية»[48].

فما هي هذه اللغة الحيوية المابعد حداثية؟ كل نظام لغوي يفترض سلفاً نسقاً محدداً. فإذا كانت اللغة في المعرفة الحكائية والميتا ـ حكائية تعمل وفق نظام مغلق على قواعد معينة أو على نسق معين، فإن النظام اللغوي المابعد حداثي يحطم الأنساق، ويقوم على أساس الاتفاق على منهج يسمح بتبني المتحدثين لألعاب مختلفة للغة. المهم هنا هو الاتفاق على منهج اللعب. فمثل هذا الاتفاق هو بذاته الرابطة الاجتماعية الجديدة، ومثل هذا المنهج الذي يقترحه ليوتار ـ في رأيي ـ يستبعد المركزية الأوروبية لصالح مركزية أشمل هي مركزية مصالح البلاد الأكثر تطوراً على اختلاف القارات، ففي إطار هذا النسق الواسع الذي يضم بلاداً تنتمي إلى عدة لغات وثقافات، يبدو لنا ليوتار مرسخاً لمركزية صغرى هي «ذات الفرد» تضمها مركزية أشمل هي مركزية «البلاد الأكثر تطوراً». فمثل هذه الذات هي الوحدة الصغرى التي يجب تدعيمها وصبها في قالب أوسع من الحدود القومية لهذه البلاد،

---

(48) ليوتار، السابق، ص 36.

بما يكفل ـ من جهة ـ انتماءها لمجتمع لاهوتي جديد هو المجتمع التكنولوجي المعلوماتي، ويكفل لهذا المجتمع ـ من جهة أخرى ـ هيمنته واستمراره في مواجهة المجتمعات الأخرى.

ولتجنب الصراع حول مضامين اللغة الذي يؤدي إلى تهديد الرابطة الاجتماعية للمجتمعات الأكثر تطوراً، ينتصر ليوتار للتناحر بين الأفراد على مستوى سطح اللغة. فقد رسخ ليوتار ـ كما رأينا ـ بما يكفي لما يمكن أن يكون مضموناً موحداً لهذه البلاد، ومميزاً لها عن سائر البلدان في العالم، حتى أصبح من قبيل العبث الصراع حول مصداقية هذا المضمون الجامع. أما ما هو جدير بالانتباه والعمل فهو كيفية تدعيم هذا المضمون بالحيوية اللازمة لاستمراره، عند هذا الحد يجب وضع منهج لغوي جديد يقوم على:

أولاً: استبدال كل ما هو سطحي وخلاق بالقيم العليا للحداثة: «إنه التزام باللعب الجمالي وبالسطح والسطحي بكل معاني الكلمة»، وأفول كل تعلق وجداني بالمهمة السياسية الرئيسية لمجتمع الحداثة وما قد يثيره هذا التعلق من إرهاب، فما بعد الحداثة لا تريد إنتاج ثقافة وإنما سلعاً ثقافية، كما يقول فردريك جيمسون.

ثانياً: إزاحة «بلاغة التحرر الكلية» لصالح «بلاغة الصراع» وهذه الأخيرة عبارة عن خطاب مكون «من جزئيات لغوية براغماتية»[49]. وفي هذا الإطار يتسم استخدام اللغة بوصفها ألعاباً، لأغراض براغماتية، المهم فيها هو «أحسن أداء» لها، لا

---

(49) ليوتار، السابق، ص 19 ـ 20.

«أقصى أداء». بما يقلل تكلفة الجهد ويشحذ المهارة، فالمهم هنا هو الكفاءة الابتكارية وليس الجهد المبذول[50].

ثالثاً: النظر للغة لا بوصفها نظرية للاتصال، بل بوصفها لعبة شطرنج. ويستعير ليوتار ذلك المثال من فتغنشتاين، ويزيد عليه في النظر إلى اللغة بوصفها «نظرية للألعاب تقبل التناحر كمبدأ مؤسس»[51]، على ألا يكون هذا التناحر مجرد رد فعل لفعل، بل أن يكون شحذاً لنقلات جديدة باستمرار، والمطلوب هنا هو أن يشعر المرسل (في هذه المعركة اللغوية) باللذة وبهجة الابتكار «كذلك يمكن التشديد على اتساع الوجود والابتهاج الذي ينشأ من اختراع قواعد جديدة للعبة»[52]. ولا يجب أن يرد عليه الخصم بلعبة معاكسة، فمثل هذه النقلات المعاكسة لا تضيف شيئاً، وإنما على المرسل أن يستهدف ليس فقط إزاحة الخصم، وإنما أيضاً محاولة إفقاد الخصم للاتجاه. إن نقل الصراع إلى مستوى اللعب اللغوي ضمن الاتفاق على قواعد اللعبة، يجنب هذه المجتمعات ــ في رأي ليوتار ــ الإرهاب والتصادم المباشر بين الأفراد، وممارسة العنف البدني من جهة، كما يحفز الخصم لأقصى طاقة ابتكارية يولدها الاختلاف والانشقاق من جهة ثانية، ويؤدي إلى تغيير اللغة التقليدية المقبولة لصالح تطور اللغة على مستوى الكلام من جهة ثالثة.

عند هذا الحد نرى مدى المساهمة الجديدة لليوتار، فالجدل

---

(50) السابق، ص 29.

(51) السابق، ص 39.

(52) السابق، ص 108.

285

السوفسطائي ليس مراده، وإنما مراده إذكاء الصراع اللغوي إلى أقصى حد، وتعميمه إلى أقصى مدى، مما يجعله جدلاً ابتكارياً، إذ يقول: «وهذه «النقلات» تثير بالضرورة «نقلات معاكسة». ويعلم الجميع أن النقلة المعاكسة التي تكون مجرد رد فعل ليست نقلة «جيدة». فالنقلات الجيدة التي تكون رد فعل ليست سوى تأثيرات مبرمجة في استراتيجية الخصم؛ إنها تكون في صالحه، وبالتالي لا تؤثر في ميزان القوى. لهذا فإن من الأهمية زيادة الإزاحة في الألعاب، حتى إفقادها الاتجاه، بحيث تتيح القيام بنقلة غير متوقعة (منطوق جديد)»[53].

رابعاً: إن هذه النقلات اللغوية المبتكرة ليست «تذرّي» لما هو اجتماعي، وإنما هي شبكات مرنة من ألعاب اللغة، فاللغة عبارة عن معركة لا تخاض «شذر مذر». ولكنها حرب لها قواعد تسمح وتشجع أقصى مرونة ممكنة للمنطوقات، وتتيح أكبر فرصة لتطورها، كما تتيح شكلاً جديداً للنظام. «ويشهد هذا على وجود هدف آخر داخل النظام هو معرفة ألعاب اللغة بوصفها كذلك، وقرار تولي المسؤولية عن قواعدها وتأثيراتها... وأبرز هذه التأثيرات هو بالضبط ما يجعل تبني القواعد صالحاً»[54].

خامساً: إن معيار الصحة الذي يستند إليه منهج ألعاب اللغة هذا هو معيار برهاني براغماتي. ولا يهم في هذا الإطار البعد القيمي للمنطوقات (صادق كاذب)، المهم هو الفعالية (فعال أو غير فعال)، وتقديم البرهان على هذه الفعالية، ولكن ما البرهان

---

(53) السابق، ص 28.

(54) السابق، ص 79 ـ 80.

على أن برهاني صحيح؟ يتمثل الحل العلمي لهذه الصعوبة ـ في رأي ليوتار ـ في مراعاة قاعدتين: أولاهما جدلية أو حتى حيلة بلاغية: إن ما يمكن استخدامه كدليل في النقاش يعتبر مرجعاً. فمن المسموح به الاعتقاد بأن الواقع هو على هذا النحو الذي أقوله. والقاعدة الثانية هي: إن المرجع الواحد لا يمكن أن يقدم تنويعة من البراهين المتناقضة أو غير المتسقة، أو بتعبير آخر: إن «الرب ليس خادعاً»[55].

سادساً: على هذا النحو يحدد ليوتار اللغة المابعد حداثية بوصفها لغة «أدائية» مثلها في ذلك مثل اللغة الوضعية التي تقوم على المزيد من طرح الحجج والبراهين، ولكنها أدائية تتفوق على الوضعية، إذ إنها ترتبط بمبدأ براغماتي عملي متغير. ذلك «إن براغماتيات المعرفة العلمية ما بعد الحداثية في ذاتها لها علاقة كبيرة بمطلب الأدائية»[56] ولكنها أدائية تتشدد في البحث عن طرق جديدة في البرهان، وعلى ابتكار «نقلات» جديدة وقواعد جديدة لألعاب اللغة، واختراع ما لا يمكن إدراكه.

ويقسم ليوتار اللغة إلى ألعاب إشارية، وتقعيدية (معيارية)، وتقنية. اللعبة الإشارية (هي ما تتم بها التفرقة بين ما هو صادق وكاذب)، واللعبة التقعيدية أو المعيارية (هي ما تتم بها التفرقة بين ما هو عادل وجائر)، أما اللعبة التقنية (فهي ما تتم بها التفرقة بين ما هو فعال وغير فعال). وهو يرى أن اللغة المابعد حداثية هي لغة تهتم كاللغة التكنولوجية بما هو فعال في المقام الأول، وأن

---

(55) السابق ص 45.

(56) السابق ص 69.

مثل هذه الفعالية ترتبط بالمصالح البراغماتية للذات. ومن ثم فهي فعالية متجددة باستمرار بحسب تعدد المواقف وقدرة الذات على الابتكار اللغوي، ومثل هذه الفعالية لها تأثير على معيار الصدق، فإمكانية إصدار أمر ما تزداد مع ازدياد فرص تطبيقه، وهو يكتسب مشروعيته من كونه أمراً واقعاً. وعلى هذا النحو تتخلى اللغة المابعد حداثية عن الحتمية لصالح التصرف البراغماتي، وهو ما يميزها عن اللغة «الأدائية» الحتمية التي تميزت بها الحداثة.

ومن ثم ليست هناك معايير ثابتة، ولكن كل موقف براغماتي يخلق معاييره المحايثة له، وبذلك لن يكون للنظام تحكم ما في الذات، وإنما عليه تزويد الذات بالمعلومات الكافية لتكوين لغتها بما يتسق ومصلحتها هي في الواقع، وعلى هذا النحو تضمن الذات حريتها في القرار من جهة، كما تضمن تخلقها بأخلاق واقعية وفق الحاجة إلى ما هو فعال، وما هو محدود في الزمان والمكان، لا تخلقها بأخلاق مثالية وهمية دائمة.

وهذا التنوع البراغماتي يقابله في الفن، لغة معبرة عن اللايقين، فهي تحرم كل تقديم للمطلق، وهي لغة تقوم على التجريد الفارغ، هذا التجريد يؤكد أن ثمة شيئاً يمكن إدراكه لكن لا يمكن رؤيته أو جعله مرئياً، ومثل هذا الشيء لا علاقة له بالمعنى ولا بالمطلق ولا بمبدأ الإجماع الشامل، وإنما بالشعور باللذة فحسب: اللذة التي يشعر بها الفنان والمتلقي. واللذة التي يشعر بها الفنان هي لذة مستقلة عن أي اهتمام يثيره العمل، وهي تتولد في نفسه من الصراع بين إدراك الشيء والقدرة على تقديم شيء مناظر للمفهوم. وبما أنه ليس ثمة تناظر بين الأمرين، فالفنان يلجأ إلى التجريد الفارغ الذي يعبر عن الألم الناشىء عن

هذا الصراع ولذة التعبير عنه بالفراغ. أما اللذة التي يشعر بها المتلقي، فهي تنشأ عن أن هذه الأعمال تمكننا من الرؤية بأن الرؤية مستحيلة![57].

على هذا النحو نرى كيف يضع ليوتار الحدود لمنهج لغوي يقوم على الصراع والتناحر بين المتحدثين بما يكفل حرية هذه الذوات في إبتكار نقلات متجددة في لعبة اللغة. على أن السقف العام الذي يضمن لهذه اللعبة أقصى مدى من التشظي والترابط الاجتماعي في الوقت ذاته، هو الاتفاق على منهج ألعاب اللغة في إطار نسق ألعاب اللغة وفي إطار نسق البلاد الأكثر تطوراً.

في المقابل يبدو الخصم الذي يستخدم اللغة من خارج القواعد البراغماتية التناحرية المعلوماتية الشكلية الغربية، ذاتاً خارجة عن المنهج اللغوي للبلاد الأكثر تطوراً. وهو بذلك خصم عاجز عن امتلاك قواعد هذه الألعاب من جهة، وفريسة سهلة لها من جهة ثانية، وربما كانت هذه الألعاب اللغوية التي لا تتبنى المواجهة البدنية أو الصراع الفعلي للخصم، وإنما مصارعته وإزاحته على مستوى نفسي، وهزيمته على مستوى فكري يفقده الاتجاه، دون تصفيته، أظهرت فعاليتها في تاريخنا المعاصر. إذ استطاعت البلاد الأكثر تطوراً أن تساهم عن طريق هذه الألعاب اللغوية البراغماتية المتغيرة، في انهيار أمم بأسرها دون أن تتكلف أعباء الدخول في حروب مباشرة معها. كما استطاعت وما زالت تعد بشحن بلاد العالم ـ التي لا تتبنى منهج الألعاب اللغوية الغربية ـ بكل دواعي التناحر والصراع والتشرذم والانهيار في النهاية. في الوقت ذاته

---

(57) السابق، ص 106 ـ 108.

الذي يزداد تضامن هذه البلاد الأكثر تطوراً واتفاقها على قواعد اللعبة اللغوية النفعية. هذا من جهة، ومن جهة ثانية، تبدو السلطة أو النظام الذي يوهم ليوتار بتضاد المابعد حداثي له، وكأنها لا تتبنى الآن مثلها مثل أفرادها إلا الخطاب البراغماتي الواقعي حيناً والمراوغ أحياناً، والحيل اللغوية القاضية تارة ثالثة، تلك الحيل التي وإن تعددت أقنعتها تجمعها هوية جديدة هي هوية المصالح المشتركة، أياً كان الثمن الفادح الذي يتكلفه العالم لتشغيل هذه الهوية. وأياً كان زيف ما تغوي به العالم من الانضمام إلى الأهداف الكبرى لهذه الهوية الجديدة المفرغة من أي قيمة سوى قيم: لذة الابتكار الفردي، ولذة الانضمام للأذهان العاقلة في هذا الكون!!

كما أن العدالة التي يوهم ليوتار بنجاح الذات في تحقيقها، إذا ما اقتصر النظام على إمداد هذه الذات بالمعلومات، ويسر لها الاطلاع عليها، هي حرية وهمية. فإذا ما كان الأمر الهام كما يقول ليوتار: «ليس أو ليس فقط إضفاء المشروعية على المنطوقات الإشارية المتعلقة بالصدق، مثل «الأرض تدور حول الشمس»، بل هو بالأحرى إضفاء مشروعية على المنطوقات التقعيدية مثل «يجب تدمير قرطاجة» أو «يجب تحديد الحد الأدنى للأجر بكذا دولار». في هذا السياق يكون الدور الوحيد الذي يمكن أن تلعبه المعرفة الوضعية هو اطلاع الذات العلمية على الواقع الذي يندرج ضمن إطاره تنفيذ المنطوق التقعيدي. إنها تتيح للذات أن نحيط بما يمكن تنفيذه، أو بما يمكن عمله. لكن ما ينفذ، وما يجب عمله، يقع خارج نطاق المعرفة الوضعية، وكون مهمة ما ممكنة هو أمر يختلف عن كونها عادلة. لم تعد المعرفة

هي الذات، بل هي في خدمة الذات، ومشروعيتها الوحيدة (رغم أنها مشروعية ضخمة) هي حقيقة أنها تسمح للأخلاق بأن تصبح واقعاً...»[58]. نقول إذا ما كان الأمر كذلك فإن المعلومات المعطاة، سوف تخضع للحاجات العملية للأفراد، ومثل هذه الحاجات العملية قد تجد أنه من العدل أن يتم تدمير قرطاج أو العراق أو كوسوفا، حتى لا يقل دخل الفرد عن كذا دولار!!.

وأخيراً، فإن الرابطة الاجتماعية التي يتوهم ليوتار وجودها مع انتقال الاستخدام اللغوي إلى مستوى الألعاب التناحرية، بهدف الابتكار وتحقيق المصالح المتغيرة والمحدودة بالموقف في الزمان والمكان، أي تحقيق نتائج مؤقتة لاستراتيجيات لغوية بما لا يمنح امتيازاً لأي نوع من أنواع الخطاب، لهي رابطة هشة في العمق، تتهدد المتحدثين بها والمتفقين على الأخذ بمنهجها قبل تهديدها للتلاعب بالخصوم من خارج البلدان المتطورة. ويتوهم ليوتار أن الخصم الذي تمت توعيته وموضعته في إطار شروط لعبة اللغة هذه لن يعاني مغبات مثل هذا التشظي اللغوي الذي يستهدف الابتكار. ولكن مثل هذا المجتمع سيصبح هو ذاته ضحية لهذه الثنائية التي تستظهر التواصل البراغماتي وتستبطن التصارع المحموم. وربما كانت هذه هي القضية التي تشغل ريكور، وغيره من المعارضين للغة ما بعد الحداثة في البلاد الأكثر تطوراً. تلك اللغة من خصائصها التواصلية بين الأفراد موهمة إياهم بالحرية في حين أنها تستغلهم من أجل هدف هيمنة النظام التكنولوجي الرباح على العالم.

---

(58) السابق ص 55.

ب ـ ريكور: رمزية اللغة والرابطة الإنسانية العميقة

التنافس الابتكاري هو الغرض النهائي لاستخدا اللغة كألعاب لدى ليوتار، في حين أن فهم اللغة، والتفاهم بها وحولها، هو الغرض النهائي من قراءة اللغة في معظم أعمال ريكور بدءاً من «الاستعارة الحية»، وحتى «الزمن والسرد»، و «الأنا بوصفها الآخر». فهو لا يقدم لنا مثل ليوتار أيديولوجيا لتعبئة الجماهير بقدر ما يطرح فلسفة للوعي بالذات والآخر.

حتى نفهم الجديد الذي يقدمه ليوتار والهدف النهائي من مشروعه اللغوي الذي يسمه «بمنهج ألعاب اللغة» في مقابل مشروع فهم اللغة لدى ريكور، يجب علينا مراجعة مفهوم اللغة. فاللغة عند إدغار مورين مثلاً، تتكون من منطوقات إشارية، ومنطوقات رمزية. المنطوقات الإشارية هي الكلمات التي تشير إلى الأشياء، والمنطوقات الرمزية تشير إلى المعنى، والمعنى ليس هو الشيء.

كما أن المنطوقات الإشارية تتضمن قواعد شكلية هي قواعد المنطق. في حين أن المنطوقات الرمزية لا تتضمن منطقاً وتتحدى محاولات تحويلها إلى مفاهيم، فالمنطوقات الأولى قائمة على الشعور الخارجي بالعالم، والثانية قائمة على الشعور الباطني بالعالم. ويرى مورين (Morin) أن اللغة الإنسانية قائمة على التزاوج بين المنطوقين الإشاري والرمزي[59].

واللغة التي يريد ليوتار سيادتها هي لغة إشارية تقعيدية ذات

(59) Morin, *op, cit.*, 155-169.

منطق شكلي وقدرة على البرهان، وهو لا يولي رمزية اللغة كبير اهتمام في مشروعه المابعد حداثي. في حين يركز ريكور على رمزية اللغة، ويرى أن «الفعل» ليس إلا نتاجاً لمفهوم الإنسان للرمز، أو بالأحرى نتاج لاجتهاد الإنسان لفهم الرموز الثقافية، التي تكونه وتحفز فعله. وكما ذكرنا من قبل يرى ريكور أن الذات تتكون من رموز حكائية في الأساس. فأنا مثلاً حتى أدرك نفسي أضع لنفسي حكاية عني، وكذلك تفعل الأمم والجماعات فهي تدرك ذاتها عبر حكاية، وكذلك فعل بنا ليوتار نفسه إذ يدرك الذات المابعد حداثية من خلال حكاية البلاد الأكثر تطوراً، تلك الحكاية التي تبدأ باستبعاد الخصم الحكائي، وتبرز البطل المعلوماتي في انتقاله من مرحلة الحداثة إلى المرحلة الحاسمة التي يتم فيها استبعاد الخصم الحكائي الممثل في البلاد الأقل تطوراً نهائياً في مرحلة ما بعد الحداثة.

هكذا يبدو الإنسان لدى ليوتار كائناً معلوماتياً يستخدم اللغة للجدل الابتكاري فحسب، على اعتبار أن الحقيقة هي الحقيقة البراغماتية، وهو يريد تعميم هذا النموذج، مما يجعل الهامشيين مبتكرين احتياطيين في معركة سيادة تكنولوجيا البلاد الأكثر تطوراً، ومما يجعل الذات المابعد حداثية فرداً في إطار قالب يتم فيه الاتفاق بين البلاد الأكثر تطوراً على قواعد اللعب. وربما تقترب رؤية ليوتار هذه مثلاً ـ مع فروق واختلافات ليس المجال لعرضها ـ من رؤية فكتور فركس في كتابه «الإنسان التقني» الذي يختتمه بهذه العبارات: «ما زال على الإنسان التقني أن يظهر إلى حيز الوجود... فإذا لم يقتصر ظهور الإنسان التقني بين العلماء

والفنيين فحسب، بل في نواحي الحياة في جميع الدول المتقدمة، فإن الثورة الوجودية قد تصبح أداة تحرير لا أداة تدمير»[60].

في حين يبدو الإنسان كائناً ثقافياً رمزياً يستخدم اللغة ويقرأها للوعي بالذات وللإرهاص للسمتقبل لدى ريكور، وهو الرأي الذي يشاطره إياه الكثيرون ـ مع فروق واختلافات ـ من علماء اللغة والاجتماع والنفس والأنثروبولوجيا والإدراك المعاصرين في الغرب من أمثال مورين وغاردنر وهانت وتشومسكي وغيرهم، إذ يتفقون على «أن الكائن الإنساني هو كائن ثقافي بالطبع، أي أنه الكائن الوحيد الذي يتميز عن غيره من الكائنات بنسق معقد يسميه هؤلاء بنسق عالم الرموز، فعلى هذا المستوى يتفوق الإنسان تفوق كلياً على عالم الحيوانات والحشرات والدواب من جهة، وعالم ما يعرف اليوم بالذكاء الاصطناعي أمثال الحاسبات والكومبيوتر من جهة ثانية، فمن بين مكونات هذا النسق «الرمزوي» عند الإنسان: اللغة المكتوبة والمنطوقة والقيم والمعايير الثقافية والمقدرة على استعمال أدوات ورموز المعرفة والعلم. فهو الكائن الوحيد الذي يتمتع بأنساق رفيعة المستوى في المجالات «الرمزوية» أمثال الدين والأساطير والسحر، وهو كذلك فريد في تميزه بالمقدرة على التفكير وتطوير عالم الأفكار إلى مستويات جد معقدة ومتشابكة التركيبة، فمن هذه الأمثلة يصبح من الشرعية تسمية الإنسان بالكائن الرمزوي (Homo Symbolicus) أو الثقافي»[61].

---

(60) فكتور فركس، الإنسان التقني، ترجمة أميل خليل بيدس، بيروت، دار الآفاق الجديدة، ص 157.

(61) د. محمد الزوادي، في الدلالات الميتافيزيقية للرموز الثقافية، الكويت، مجلة عالم الفكر، المجلد 25، العدد 3، مارس 1997، ص 11.

لكن ريكور يتعامل مع العالم الرمزي المكون للإنسان، من خلال منهج تأملي ذاتي هو منهج التأويل «الذي يجد اكتماله داخل تأويل الذات المؤولة لذاتها، هذه الذات التي منذ ابتداء تأويلها للنص فصاعداً، تفهم ذاتها بشكل أحسن ومغاير وتبدأ في تحقيق هذا الفهم الذاتي. إن اكتمال تعقل النص هذا داخل تعقل الذات هو الذي يميز نوعاً من الفلسفة التأملية الذاتية. ويمر فهم الذات عبر فهم رموز الثقافة التي تتوثق الذات داخلها وتتكون... فالذات لا تعي ذاتها على نحو مباشر كما هو الحال في الكوجيتو الديكارتي، إذ لا تمارس الذات وجودها ـ ولا تفهم هذا الوجود ـ إلا من خلال فضاء رمزي دلالي»[62].

ويولي ريكور أهمية قصوى لفعل القراءة بوصفه استعادة متجددة للنصوص وللرموز وللحكايات. فالخطاب الاحتجاجي البراغماتي الذي يحبذه ليوتار لتنمية اللغة وصناعة نقلات جديدة مبتكرة، يقابله الخطاب التأملي القارىء للنصوص والمجدد لها لدى ريكور، ومن هنا نلاحظ أن المنطق العملي النفعي المحفز لألعاب اللغة لدى ليوتار، يقابله منطق موائمة القارىء لنص بحسب واقعه لدى ريكور. ولكن حين تصبح حيل الابتكار هي الأساس في ألعاب اللغة عند ليوتار على اعتبار أن الحق في المنهج البراغماتي يتمثل في ارتباط القيمة بالمنفعة وبفاعليتها في تحقيق مشروع

---

(62) بول ريكور، النص والتأويل في كتابه *Du texte à l'action*، ترجمة: منصف عبد الحق، مجلة العرب والفكر العالمي، العدد 3، صيف 1988، بيروت، مركز الإنماء القومي، ص 47 ـ 48 أنظر المتن وهامش المترجم.

عملي لإنجاز غرض معين، يصبح البحث عن الحقيقة هو الأساس لدى قارىء ريكور على اعتبار أن الحق يدرك وفق حاضر المبادرات في كل عصر، وأن هذه المواءمة تؤدي إلى فهم متجدد للنص وللذات المؤولة نفسها. على هذا النحو لا تظل الذات مجرد حامل للمعلومات بدون هوية سوى هوية براغماتية هي قالب يضم جميع المشتركين في أرض البلاد الأكثر تطوراً، وإنما هي ذات تدرك هويتها العميقة بقدر اجتهادها في الوقوف على ما تشترك فيه من قيم مع الآخرين الذين تضمهم البلاد الأكثر تطوراً. فريكور نفسه لم يقدم مفهوماً إنسانياً جامعاً لكل الثقافات وإن نادى به، ولكن أعماله انصبت على المشترك التوراتي الإنجيلي اليوناني بصفة أساسية. لكن ريكور لا يفرق بين ما هو فعال وغير فعال في لعبة اللغة كما هو الحال عند ليوتار، وإنما بين ما هو زائف وحقيقي، إذ يفرق بين نوعين من الرمز:

الأول: الرمز كوسيط شفاف ينم عما وراءه في عالم المعنى.

والثاني: الرمز كحقيقة زائفة سطحية يخفي وراءه معنى حقيقياً.

وبذلك يفرق ريكور بين نوعين من التعامل مع الرموز التعامل التقليدي مع الرمز كوسيط شفاف، والتعامل الهيرمينوطيقي الذي يهتم بإزالة المعنى السطحي الزائف والكشف عن المعنى الخفي.

كما يرى ريكور أن تفسير الرمز يتم على ثلاثة مستويات:

1 ـ مستوى فينومينولوجي: وهو ما يسميه ريكور بالذكاء في توسع، وفيه يفسر الهيرمينوطيقي مثلاً الرمز الأسطوري في أسطورة ما بأسطورة أخرى أو بطقس آخر.

2 ـ مستوى هيرمينوطيقي: وهو ما يسميه ريكور بالذكاء في

انفعال، وفيه يشارك الهيرمينوطيقي الرمز في حيويته، تلك الحيوية التي تكون مرتعاً لتجاوز الوعي الزائف بالرمز.

3 ـ مستوى فلسفي: وهو ما يسميه ريكور بالذكاء المتأمل، وفيه تتم عقلنة الرموز وفض المجاز.

وهنا يتحرر ريكور إذ يرى أن عقلنة الرموز تؤدي إلى توليد أساطير دوغمائية، وفي هذا تكمن ظلامية الفكر، وضرورة العودة من جديد إلى درامية الرمز وغموضه الموحي.

وبذلك نصل إلى أهم نقطة في المشروع الهيرمينوطيقي عند بول ريكور، وهي مصداقية المنهج الهيرمينوطيقي: كان بول ريكور متسائلاً دائماً عن مصداقية المنهج الهيرمينوطيقي، فقد أراد ريكور من خلال منهج التأويل أن يقاوم كل سلطة زائفة، السلطة الدينية في ادعائها تثبيت المعنى، والسلطة السياسية في ادعائها صدق مقولاتها، وسلطة كل كلمة حاملة لأيديولوجية قمعية. ولكنه عاد ليضع منهج التأويل ـ الذي هو سبيل حرية الفرد ـ نفسه موضع تساؤل، وذلك حين يصبح المؤول نفسه موضع سلطة. فيقول: «إن كل تحليل للرمز يميت الرمز في النهاية، وهذا هو التحدي الحقيقي لمنهج التأويل، فكل محاولة للتفسير تكشف حقيقة ممكنة تغري بمصادرة الرمز نفسه الذي هو مكمن حقيقة أكبر من كل تأويل، يظل نسبياً على كل حال». هكذا يضع ريكور المحاذير الأساسية، التي يجب أن يأخذها المنهج الهيرمينوطيقي في الاعتبار حتى لا يتحول المؤول الهيرمينوطيقي إلى سلطة دوغمائية تحاربها كل هيرمينوطيقا جديرة بهذا الاسم. أول هذه المحاذير أن يعي المؤول نسبية حقيقة المعنى الذي يكشفه. وثاني هذه المحاذير هو ألا يحاول الهيرمينوطيقي أن يجعل تفسيره بديلاً عن الرمز ذاته أبداً.

وفي ذلك يقول: «إنني أرغب في فلسفة للتأويل تنطلق من الرمز ووفقاً للرمز بحيث تصبح مادته غير قابلة للهدم... ذلك أن عقلنة الرموز تتولد عنها أساطير دوغمائية، ولكن تفسير الرمز ينطوي على رؤية أخلاقية له. ومشكلتي هي: كيف نستطيع أن نفكر انطلاقاً من الرمز ذاته، دون العودة إلى التفسير البلاغي القديم، ودون الوقوع في شراك الغنوصية؟ كيف نستبطن من الرمز المعنى يجعل الفكر في حالة حركة، دون أن نفترض معنى موجوداً سلفاً، خفياً مغطى، ودون أن نتورط في شبه معرفة هي أسطورة دوغمائية؟... إنني أرغب في سلوك درب آخر، يكون التفسير فيه مبدعاً، يحترم الغموض الأصلي للرموز، ويترك نفسه للتعلم منها... وانطلاقاً من هنا يحرك المعنى، ولكن كيف يكون الفكر مرتبطاً بالرمز وحراً في الوقت ذاته. وكيف نمسك معاً بمباشرة الرمز ووساطة الفكر؟ إنه صراع الفكر مع الرمزية، لماذا يختزل الفكر الثراء الرمزي الذي لا يكف عن تعليم هذا الفكر؟... إن الرمز يضع الطمأنينة موضع تساؤل، كما أنه يحد من الثقة بالنفس والغرور النقدي وغطرسة الضمير الأخلاقي... فالوضوح يفقدنا العمق... وقد نهدم الرمز ولا نصل لشيء من غموضه المجهول... فما أن يفض معنى المجاز، حتى يبدو الرمز بلا جدوى.... هنا يجب التفكير فيما وراء الرمز، ولكن انطلاقاً منه ووفقاً له بحيث تصبح مادته غير قابلة للهدم، وبحيث تحفظ العمق الموحي للكلمة التي تسكن بين البشر»[63].

---

(63) منى طلبة، الهيرمينوطيقا، المصطلح والمفهوم، مجلة إبداع، القاهرة، ابريل، 1998، ص 68 ـ 69.

Ricœur, *Conflit des interprétations*, p 295-306.

خامساً: الخاتمة نحن وما بعد الحداثة

سبق وأن بينا أن كلاً من ريكور وليوتار مشغولان بقضايا واقعية تمس واقع ثقافتهم ومصالح مجتمعاتهم. وهما في هذا الأمر أو ذاك أمناء مع أنفسهم. ومن الغريب أن ما نستبقيه نحن من التجربة المابعد حداثية لليوتار هو تفكير خاضع لإغوائها الاستراتيجي دون قيمتها الفكرية. فأهم ما يمكن أن نستفيده من نظرية ليوتار هو تعاملها مع واقع المجتمعات العربية، وطموحها لشحذ ملكات الأفراد لأقصى مدى من الابتكار للتعامل مع مشكلات هذا الواقع. ولكننا نتبنى نحن ما بعد الحداثة على أساس التقليد، وهذا يعني أننا نخضع لإغواء النظرية، أكثر مما يمكن أن يكون جوهرها ويكون مفيداً لنا، وهو أن نتعامل مع واقعنا، وأن نشحذ ملكاتنا لابتكار ما يناسبه من حلول، بهذا المعنى نكون ما بعد حداثيين، وبغير ذلك فأي حداثة فيما نستحدث؟.

وعلى الرغم من صدور المفهوم الحكائي عند ريكور ـ في تقديري ـ عن منظور أكثر إنسانية مما هو عليه الحال عند ليوتار الذي يشيد حله لأزمة الحداثة على حساب استغلال الآخرين، فإن المنهج الهيرمينوطيقي لدى ريكور، هو منهج ملائم تماماً لحالة النسيان للحكاية التي تعانيها الحداثة الغربية، أما نحن في عالمنا الثالث فنعاني من كثرة التكرار لحكايتنا، أكثر مما نعاني من نسيانها، وربما كان الحاصل هو حالة نسيان في الحالين. ذلك أن زمن التكرار كما أوضح ذلك ليوتار عن حق هو نسيان بالضرورة. فنحن نكرر حكاياتنا في إطار النسيان لماضينا.

ومن المبالغة في حسن الظن أن نظن أن كلاً من ريكور وليوتار يكتبان ما يكتبان من أجل صالحنا نحن، وأنهما يجتهدان لحل مشاكلنا نحن في عالمنا الثالث، ومن السذاجة أيضاً أن نظن أن ما يكتبه ليوتار وريكور لا يخصنا شيء منه. ومن السذاجة أن نرى أن ثمة منهجاً واحداً من المناهج الثلاثة: الما بعد حداثي، والهيرمينوطيقي، والنقدي الهابرماسي، يستقل وحده بالساحة في ثقافة البلاد الأكثر تطوراً، وأن ندافع نحن ـ إلى حد التقاتل ـ في تبنينا لواحد من هذه المناهج، بوصفه الحل الوحيد للخروج من أزماتنا المعضلة. فمن الثابت للناظر إلى خريطة الثقافة الغربية أن هذه المناهج تتنافس بقدر ما تتشابك معاً في محاولة لدفع مسيرة الثقافة الغربية الى الأمام.

فإذا اعتبرنا كلاً من المشروع النقدي عند هابرماس والمشروع الهيرمينوطيقي عند ريكور والمشروع البراغماتي عند ليوتار كلها مشاريع فلسفية تنتمي إلى حقبة ما بعد المجتمع الصناعي الغربي، فإنها تنطلق جميعاً من الاهتمام بأزمة الحداثة وإرادة تجاوزها وتجديدها في الوقت ذاته.

فما يبدو تحريراً براغماتياً للذات ضمن استراتيجية البلاد الأكثر تطوراً لدى ليوتار، يلتقطه هابرماس ليمحصه من خلال النقد المستمر للخطاب المزيف المشوش السلطوي، ويتلقفه ريكور باحثاً عن هوية أعمق لهذه الذوات لتجمعها على القيم المشتركة. وهذه الاتجاهات جميعاً تعبر عن الهوة التي تفصل بين ما وعدت به الحداثة وما آلت إليه ومحاولاتها لرأب الصدع. ولكنها تختلف في الحلول المطروحة. لقد طرحت الحداثة في بدايتها شعارات التحرر البشري، ووصلت إلى آليات قمع أكثر استحكاماً، ودعت إلى أخوة جميع البشر وانتهت إلى تحويل العنصرية إلى واقع عملي تتميز به الأجناس الأرقى عن الأجناس الأدنى، وطالبت

بالسلام وشبح الحرب يخيم في كل مكان. ورأت أن المعرفة يجب أن تكون للجميع، وانتهت إلى نخبوية فكرية لا تختلف كثيراً عن وضع رجال الدين في العصور الوسطى، وعولت على التكنيك لإسعاد الإنسان فصار من أبرز مظاهر اغترابه.

في هذا الإطار نلاحظ أن مشروع ريكور يستهدف إجماعاً إنسانياً عميقاً، ومشروع هابرماس يستهدف تواصلاً شفافاً بين كائنات عاقلة، أما مشروع ليوتار فهو تعبير عن أزمة الحداثة أكثر مما هو تجاوز لها. فهو منذ البداية يحاول الإيحاء بأنه يقترح أسلوباً جديداً في التفكير يحل محل الأسلوب الحكائي البدائي، والميتا-حكائي الحداثي والذي تجاوزه الواقع. ولكنه في حقيقة الأمر غايته ـ في تقديري ـ نقد الأفكار والوعود، التي جاءت بها الحداثة ونزع الأهمية عنها، وإظهار الإنسان المتعلق بها مظهر الحالم المسكين الذي يديرظهره للواقع. وهذا التناول من جانب ليوتار هو في أحسن الأحوال نوع من المقاومة السلبية للخروج بالإنسان من حالة الإحباط التي تنتابه لفشله في تحقيق آماله، عن طريق نزع القيمة عن هذه الآمال. ومن جهة أخرى، يدافع ريكور عن الأمر الواقع، ويبرر الامتيازات التي تحظى بها الأقلية السياسية والاقتصادية والفكرية في مواجهة الملايين من العمال والعاطلين في المجتمعات الأوروبية، وكذلك الامتيازات التي تحظى بها الدول والشركات المهيمنة على مصائر شعوب العالم الثالث.

إن محاولة ليوتار تسعى لسد الطريق على أي محاولة جادة لتغيير العالم، وإغراء للإنسان بأن يسعى لخلاصه الفردي ناشداً الانضمام للنخبة والتي بطبيعتها لن تشمل كل الراغبين، كما أنها أيضاً محاولة لتخفيف العبء عن الدولة التي تقف مكتوفة الأيدي أمام التزايد المستمر في أعداد العاطلين والذي يطرد اطراداً عكسياً

مع النمو التكنولوجي. حيث يجعل من التدخل الفوقي للدولة لحل مشكلة من المشاكل ضرباً من السلطة وملمحاً من ملامح الحداثة، يدعو لترك الأفراد لمصائرهم والذين سيصفي مشاكلهم النزوع البراغماتي المابعد حداثي لكل فرد والحرب اللغوية للجميع ضد الجميع. والتفنن في استخدام المراوغة الكلامية كسلاح فعال ضد الخصم، وتفتيت الدول.

ما بعد الحداثة ضد هدف موحد للتاريخ وللذات، وهدفها ليس الإجماع ولكن العقد المؤقت[64]. ولكن في إطار هوية جديدة جامعة للبلاد التكنولوجية الأكثر تطوراً في مقابل البلاد المتخلفة، الواجب تفريغها من عقولها ورؤوس أموالها لصالح التشغيل المستمر للآلة التكنولوجية المعلوماتية الرباحة، مع الإبقاء على شعوب هذه البلاد على حال من الطموح والعجز عن مناهزة هذه الهوية الجديدة بعد تشديد الضربات على حكاياتها الراوية لهويتها، وذلك لتظل هذه الشعوب زبائن مستمرة للمبتكر الغربي. وهذا يعني إن ما يجب الانتباه إليه بالنسبة لنا ليس التبني المعلوماتي التكنولوجي وإنما لآلية النظرة الجديدة، والتي تتمثل في وجوب الالتفات لمعطيات واقعنا نحن بما يكشف عن إمكانات تطوره. دون أدنى تخاذل أو تجاهل لضرورة إعادة قراءتنا لتراثنا وكذا للحاضر الغربي المنسي بفعل التكرار والتشدق والتعصب والمبالغة والخضوع.

---

(64) انظر ليوتار، المرجع السابق، ص 102 ـ 79.

المحتويات

القسم الأول

القسم الثاني

303

Printed in the United States
By Bookmasters